KNAUR✳

Sanna Seven Deers wurde 1974 in Hamburg geboren und wuchs dort auf. 1997 heiratete sie den indianischen Bildhauer David Seven Deers und zog mit ihm in seine Heimat British Columbia. Heute leben die beiden mit ihren vier Kindern auf der eigenen Ranch in den kanadischen Rocky Mountains. Nach erfolgreichen Romanen erzählt Sanna Seven Deers hier ihre Lebensgeschichte.
www.sannasevendeers.com
facebook.com/sanna.sevendeers

Sanna Seven Deers

Mein Herz
in deinem
weiten Land

Als weiße Indianerin
in den kanadischen Bergen

Der Verlag dankt David Seven Deers für die freundliche
Genehmigung des Abdrucks der Karte auf Seite 8/9.

Besuchen Sie uns im Internet:
www.knaur.de

© 2015 Knaur Verlag
Ein Imprint der Verlagsgruppe
Droemer Knaur GmbH & Co. KG, München
Alle Rechte vorbehalten. Das Werk darf – auch teilweise –
nur mit Genehmigung des Verlags wiedergegeben werden.
Redaktion: Katrin Krammer und Caroline Draeger
Covergestaltung: ZERO Werbeagentur, München
Coverabbildung: Lijuan Guo Photography/
Getty Images, Axel Kirchhof
Satz: Daniela Schulz, Puchheim
Druck und Bindung: CPI books GmbH, Leck
ISBN 978-3-426-78730-4

2   4   5   3   1

Inhalt

The hungry wolf favours the freedom of the hunt rather than the chewed bone thrown to him by man.

(Der hungrige Wolf zieht die Freiheit der Jagd dem angekauten Knochen vor, den der Mensch ihm hinwirft.)

Altes Sprichwort der Coast-Salish-Indianer

SOUTHERN

BRITISH COLUMBIA

Hwy 1

Dogwood Valley

Laidlaw

Vancouver

Chilliwack

HOPE

U.S.A.

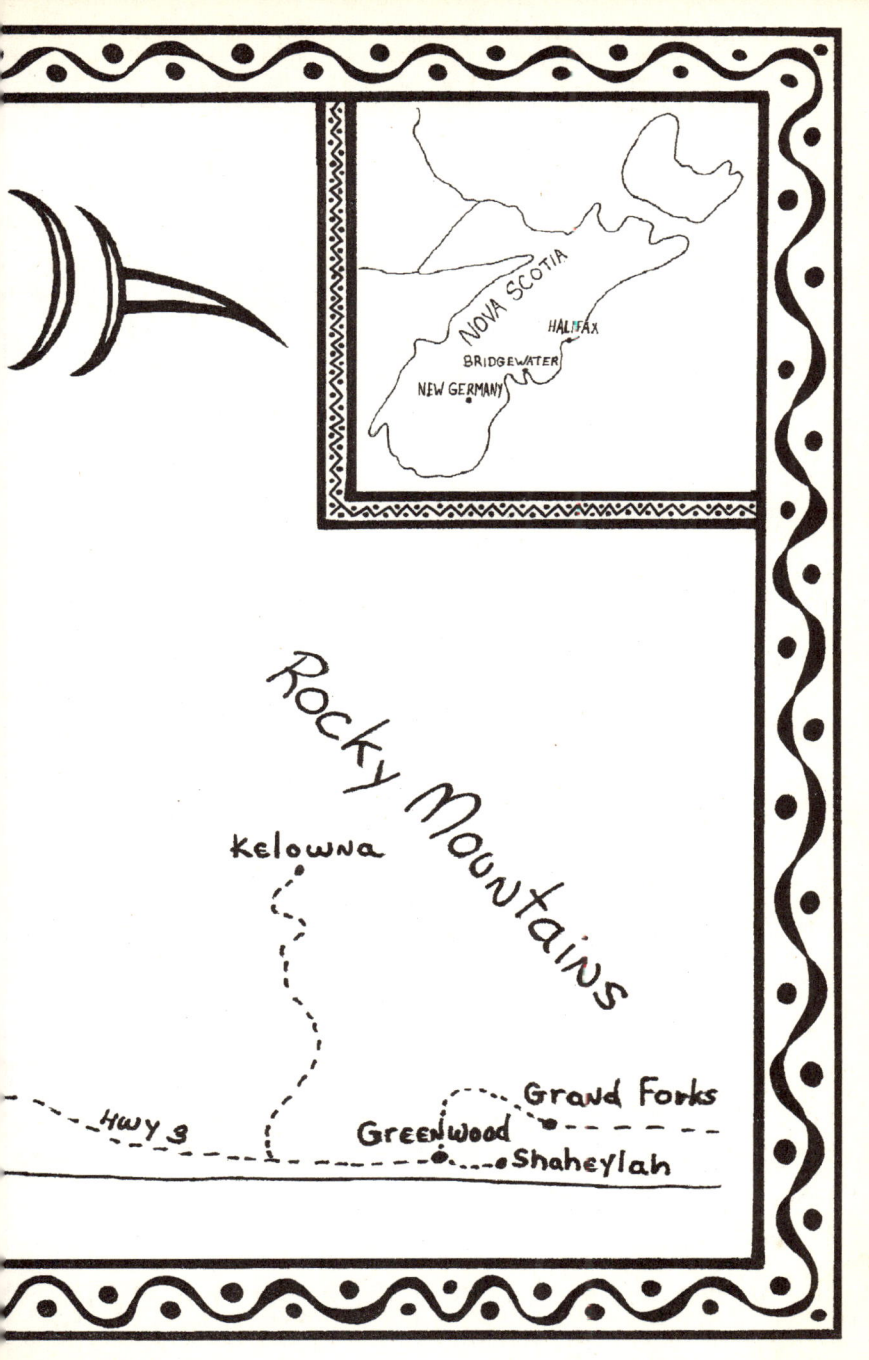

Begegnungen

Draußen stürmte und regnete es so heftig, als wäre es Herbst und nicht Ende Juli. Im Inneren des Pick-ups war es ungewöhnlich still. David konzentrierte sich auf die kurvige Bergstraße, und Sam und Haley, gerade zwei und vier Jahre alt, starrten auf die hohen Zedern, die dicht gedrängt zu beiden Seiten des Highways wuchsen. Da zog plötzlich dichter Nebel auf und behinderte die Sicht so sehr, dass David den Pick-up auf Schritttempo abbremsen und zur Sicherheit auch noch die Warnblinklichter einschalten musste.

Landschaft und Wetter spiegelten das wider, was ich in diesem Augenblick empfand: Traurigkeit und ein bisschen Wehmut, aber gleichzeitig auch die Hoffnung, dass sich der Nebel nach dem Sturm lichten und die Sonne wieder auf uns herabscheinen würde – auf uns und ein besseres Leben, nicht nur für David und mich, sondern vor allem für Haley, Sam und das Baby, das in mir wuchs.

Ich warf einen Blick in den Rückspiegel und sah den Berg aus sperrigem Hausrat, mit dem der Pick-up beladen war. Hausrat, der nicht mit in den Umzugswagen gepasst hatte. Wir ließen tatsächlich all das zurück, was wir uns seit unserer Ankunft in British Columbia vor fünf Jahren aufgebaut hatten, und wagten abermals einen Neuanfang. Einen Neuanfang in der Wildnis weit oben in den Bergen von British Columbias Boundary Region, dem Grenzgebiet, das sich zwischen dem Okanagan Valley und den Kootenay Mountains entlang der US-Grenze erstreckt.

Nachdem wir für unser Haus in der Nähe der Kleinstadt Hope lange Zeit keinen Käufer gefunden hatten, war David und mir klar geworden, dass etwas geschehen musste. David, der wie viele Indianer sehr offen für die Stimmen der Geistwesen ist, folgte ihrem Rat und baute am Anfang der langen Einfahrt ein neues Tor aus Zedernholz, das für Davids Stamm eine besondere Rolle spielt. Diese symbolische Tat würde dazu beitragen, dass sich das Haus verkaufen ließe, das hatten ihm die Geistwesen versprochen. Obendrein wechselten wir zur Sicherheit den Makler.

Der neue Makler war sehr ambitioniert und von Anfang an begeistert von unserem Haus. Sechs Wochen später hatte er bereits einen Käufer gefunden. Und das nach der langen Zeit, in der uns die erste Maklerin erklärt hatte, unser Haus sei zu teuer und darüber hinaus wegen der abgeschiedenen Lage nur schwer verkäuflich. Prompt hatte sich ein Jahr lang in dieser Hinsicht nichts getan. Der neue Makler hingegen vertrat die Ansicht, man könne alles verkaufen, solange man als Verkäufer hinter seiner Ware stehe. Der Mann hatte absolut recht, wie sich zeigen sollte. Und wenn dann die Geistwesen noch gütig gestimmt sind, steht eine Sache wirklich unter einem guten Stern. Ich denke noch oft an den Hausverkauf zurück, wenn jemand behauptet, etwas sei unmöglich. Dann lächle ich nur und denke mir meinen Teil.

Der Umzug selbst kam daher jedoch für uns recht plötzlich. Der Käufer wollte so schnell wie möglich das Grundstück nutzen und bot uns einen Aufschlag, wenn wir innerhalb von vierzehn Tagen ausziehen würden. Da wir jeden Cent brauchen konnten, waren wir darauf eingegangen und hatten in der kurzen Zeit nicht nur unseren gesamten Hausrat für den Umzug verpackt, sondern auch Davids unzählige Werkzeuge aus der riesigen Halle, in der er seine wunderschönen Marmor- und Granitskulpturen fertigte.

Wenn ich heute zurückdenke, weiß ich nicht, woher ich

damals die Kraft nahm, den gesamten Haushalt so kurzfristig und ohne Hilfe in Kisten zu verstauen. Schließlich hatte ich nebenbei ja auch Haley und Sam zu versorgen, war im vierten Monat schwanger und kämpfte noch immer mit starker Übelkeit. Die vierzehn Tage zogen wie ein Wirbelwind an mir vorbei, und ich kann mich nicht an Einzelheiten erinnern, außer dass Haley und Sam die Kisten, die ich gerade fertiggepackt hatte, hinter meinem Rücken gern wieder ausräumten.

Doch nun war der Tag des Umzugs gekommen, und wir befanden uns auf dem Weg nach Greenwood, einem kleinen Ort gute vierhundert Kilometer von unserem bisherigen Zuhause entfernt.

Ein Seufzer entfuhr mir beim Blick aus dem Wagenfenster. Der Nebel hing noch immer in dichten Schwaden zwischen den Zedern und erschien mir in diesem Moment wie ein guter Freund. Manchmal ist es am besten, keine klare Sicht auf das zu haben, was die Zukunft für einen bereithält, sonst würde man womöglich den nächsten Schritt gar nicht erst wagen.

Dieser Umzug war für mich bereits der fünfte innerhalb der letzten fünf Jahre, und wir hatten uns inzwischen einiges aufgebaut. In den ersten dreiundzwanzig Jahren meines Lebens war ich nur ein einziges Mal umgezogen. Doch dann lernte ich David kennen und ging mit ihm in seine Heimat, nach Kanada. Hier hatten wir zunächst bei seiner Familie auf dem Reservat in Chilliwack gelebt. Später waren wir dann in die Nähe von Hope aufs Land gezogen und wohnten zunächst für ein Jahr zur Miete, ganz in der Nähe des Grundstückes, auf dem wir unser eigenes Haus bauen wollten. Doch auch dort sollten wir nur zwei Jahre bleiben. Uns lockte ein abgelegenes Grundstück in den schroffen, aber wunderschönen Fraser-Canyon. Und nun zog es uns erneut weiter, diesmal gleich vierhundert Kilometer.

In Kanada ist es nichts Außergewöhnliches, oft umzuziehen. Die meisten Kanadier wechseln ihren Wohnsitz alle drei bis vier Jahre, sie gehen dorthin, wo es Arbeitsplätze gibt. Für mich aber war es bereits ein riesiger Schritt gewesen, nach Kanada auszuwandern, und ich hätte mir nie vorstellen können, dass ich einmal ein solch rastloses Dasein führen würde. Allein wäre es mir auch nicht eingefallen, mich von einem Abenteuer ins nächste zu stürzen. Es lag an David, der – rastlos und voller Energie – viel abenteuerlustiger ist als ich. Auch heute noch, wo mein Leben nach außen hin recht ruhig erscheint, verspricht jeder neue Tag ein Abenteuer. Und eigentlich bin ich David dafür sehr dankbar.

Manche Dinge entfalten sich auf seltsame Weise. Und als ich mit meiner Familie im Pick-up saß mit Blick auf das Spiel der Nebelschwaden zwischen den Zedern, schweiften meine Gedanken zurück zu der Zeit, in der ich David im Hamburger Museum für Völkerkunde kennengelernt hatte.

Es war im Herbst 1994. Ich steckte mitten in meiner Ausbildung zur Finanzwirtin und studierte an der Fachhochschule für öffentliche Verwaltung. Warum ich das Studium damals überhaupt angefangen habe, kann ich heute nicht mehr genau sagen. Ich wollte nach dem Abi gleich eine Ausbildung oder ein Studium beginnen, statt meine Zeit zu vertrödeln. Doch die Aussicht, noch mehrere Jahre mit lernen verbringen zu müssen, bevor ich einen guten Job bekommen konnte, hing wie eine dunkle Wolke über mir. Ich hatte die Schule und alles, was damit zu tun hatte, gründlich satt. Und ich hielt mich nicht gerne inmitten vieler Menschen auf. Das Studium an der Fachhochschule war vergleichsweise kurz, ich bekam ein Ausbildungsgehalt und konnte auf eigenen Beinen stehen. Das sprach mich an. Aber schon nach einigen Wochen wurde mir klar, dass Finanzwissenschaft einfach nicht das Richtige für mich war. Doch nun kamen mir wieder einmal die gesellschaftlichen Zwänge dazwischen. Man brach doch nicht einfach ein Studium ab, das taten nur Versager! Deshalb wollte ich mich irgendwie durch die drei Jahre Ausbildungszeit kämpfen und den Abschluss machen, koste es, was es wolle. Heute würde ich anders entscheiden, aber das Leben wäre nicht das, was es ist, wenn man als junger Mensch schon mit Erfahrung und Weisheit gesegnet wäre.

Ich glaube, nicht einmal meine Familie bekam etwas von dem inneren Kampf mit, den ich während der letzten Schuljahre und des Studiums täglich mit mir selbst ausfocht. Ich bemühte mich sehr, mich mit einem »normalen« Leben abzufinden, aber mein Herz war nicht bei der Sache. Ich redete mir ein, dass das, was ich tat, richtig sei. Man erlernte nun mal einen Beruf oder studierte, ging anschließend dreißig oder vierzig Jahre jeden Morgen zur Arbeit und freute sich auf den Urlaub. Alle Träume, die man sonst hatte, hob man sich bis zur Rente auf. Bis dahin waren es ja nur noch ein paar Jahrzehnte.

Mir wurde in dieser Zeit oft gesagt, dass man zufrieden sein musste, einen Job und eine Wohnung zu haben. Mein Verstand stimmte dieser Aussage vollkommen zu. Es ist nicht gut, sich etwas zu wünschen, was man nicht haben kann. Das macht einen nur unzufrieden. Man freut sich besser über all die Dinge, die einem tagtäglich beschert werden: Gesundheit, eine Arbeitsstelle, ein Zuhause, genug zu essen und Geborgenheit. Warum nur gelang es mir nicht, mit diesem normalen Leben zufrieden zu sein?

Nach einigen Überlegungen kam ich zu dem Schluss, etwas müsse mit mir nicht in Ordnung sein. Ich war schon immer sehr offen für Neues und Andersartiges gewesen und interessierte mich seit Teenagerzeiten für Heilkräuter und alternative Medizin. Also begann ich, mich in dieser Richtung weiterzubilden. Ich belegte Bachblüten- und Reiki-Seminare und tauchte in das Wissen über das Legen der Tarotkarten ein. Doch auch dieser Weg brachte mich nur bis zu einem bestimmten Punkt auf meiner Suche nach mir selbst, bevor ich auf eine Sackgasse stieß.

Eines Abends erzählte mein Vater mir, er habe im Radio von einem Indianer gehört, der im Hamburger Museum für Völkerkunde einen Totempfahl schnitze. Und da er wusste, dass ich mich für andere Kulturen – und besonders für die der Indianer – interessierte, schlug er mir vor, dort vorbeizuschauen.

Jahrelang war ich sicher, dass mein Vater mir ganz bestimmt nicht von dem Indianer im Museum erzählt hätte, wenn er gewusst hätte, was mein Besuch dort nach sich ziehen würde. Welche Eltern würden das schon tun? Heute weiß ich: Das Leben mancher Menschen ist durch das Schicksal miteinander verwoben. Ich glaube fest daran, dass ich David auch ohne den Hinweis meines Vaters kennengelernt hätte.

Unsicher bin ich mir allerdings bei der Frage, ob ich damals ins Museum gegangen wäre, wenn ich gewusst hätte, wie sehr mein Leben dadurch auf den Kopf gestellt werden würde. Denn es ist eine Sache, mit sich und seinem Leben nicht zufrieden zu sein. Aber Veränderungen anzunehmen und umzusetzen, das steht auf einem ganz anderen Blatt. Da jedoch niemand die Zukunft kennt – was ich für eine sehr positive Einrichtung halte –, ging ich damals ganz offen und unvoreingenommen ins Museum für Völkerkunde.

Sobald ich die Treppe zum Innenhof erreicht hatte, wo David an einem zwölf Meter langen Totempfahl schnitzte, spürte ich, dass etwas Besonderes in der Luft lag. Dort herrschte eine vollkommen andere Atmosphäre als im Museum. Nicht der würzige Rauch des flackernden Lagerfeuers zog mich die Stufen hinunter und zu dem riesigen Zedernstamm, an dem

David arbeitete, sondern vielmehr ein starkes Gefühl der Verbundenheit.

Bei meinem ersten Besuch traute ich mich nicht, David anzusprechen. Und das nicht nur wegen der Tatsache, dass er mich blonde Hamburgerin mit seiner äußeren Erscheinung – den langen dunklen Haaren, dem ebenmäßigen Gesicht und seinem muskulösen Körper – ungemein beeindruckte. Es waren noch einige andere Besucher dort, und viele davon schienen David schon länger zu kennen. Zudem war ich mir nicht sicher, ob David Deutsch beherrschte. Ihn vor so vielen Menschen anzusprechen fiel mir schüchternem Mädchen überhaupt nicht ein, schon gar nicht, wenn ich vielleicht noch zwei Brocken Englisch hervorkramen musste. Aber ich beobachtete ihn, stellte fest, mit welcher Liebe und Hingabe er seiner Arbeit nachging und mit welchem Respekt er den Menschen, die ihn ansprachen, begegnete. Dabei schien es für ihn keinen Unterschied zu machen, ob es sich um den Museumsdirektor oder die Putzfrau handelte. Das imponierte mir sehr.

Als ich mich an diesem Tag auf den Weg nach Hause machte, wusste ich, dass ich wiederkommen würde. Und das tat ich dann auch. Da es Ende November war und David im Freien arbeitete, dachte ich mir, es sei eine gute Idee, ihm etwas Warmes zu trinken mitzubringen. Als ich also das nächste Mal die Treppe zum Innenhof hinunterstieg, hatte ich eine Thermoskanne mit heißem Kakao und selbstgebackene Kekse dabei. Wie David mir später erzählte, hatte er schon eine ganze Sammlung an Thermoskannen und Keksen in seinem Zimmer, die andere Damen für ihn abgegeben hatten. Mein Plan war also nicht sehr originell. Aber für mich war es ein guter Weg, um mit ihm ins Gespräch zu kommen, denn ich hatte mir geschworen, nicht eher zu gehen, bevor ich das Mitgebrachte irgendwie persönlich bei ihm abgeliefert hatte. Ich musste also irgendetwas zu ihm sagen. Was genau das gewesen ist, weiß ich heute nicht mehr. Das ist wahrscheinlich auch besser so, denn ich habe das unangenehme Gefühl, dass es nicht sehr einfallsreich war. Auf jeden Fall nahm David den Kakao und die Kekse mit einer so würdevollen Miene und Dankbarkeit entgegen, als wäre ich die Erste gewesen, die ihn mit einer derartigen Fürsorge bedacht hatte.

In den nächsten Wochen ertappte ich mich dabei, wie ich immer öfter ins Museum fuhr. Es war inzwischen Dezember, und draußen war es grau und ungemütlich. Im Innenhof des Museums brannte jedoch stets Davids Lagerfeuer, dessen Wärme noch viel weiter auszustrahlen schien als auf das Kopfsteinpflaster unter der Feuerschale. Einmal in der Woche lud David zu einem Gesprächsabend im Museum ein. Eine Schar interessierter Menschen versammelte sich dazu um das Feuer, während David von seiner Kultur erzählte und aus einem Buch die Geschichte seines Volkes vorlas. Diese Abende waren immer sehr gut besucht, aber es gab viele andere Tage, an denen ich fast alleine dort war und wir die Gelegenheit hatten, uns zu unterhalten und besser kennenzulernen.

Für mich war es eine neue Erfahrung, aus eigenem Antrieb Zeit mit jemandem zu verbringen, der so viel älter war als ich. Unsere Gespräche halfen mir damals sehr dabei, besser mit mir selbst klarzukommen. David ließ sich nie anmerken, wenn meine Worte oder Taten in seinen Augen lächerlich waren. Das rechne ich ihm noch heute sehr hoch an, und ich bezweifle ernsthaft, dass ich als 36-jähriger Mann so viel Verständnis für eine Zwanzigjährige aufgebracht hätte wie er damals für mich. Weltverständnis und Lebenserfahrung unterscheiden sich bei Menschen mit einer solchen Altersdifferenz doch sehr deutlich. Dazu kam, dass David seit seinem vierzehnten Lebensjahr auf sich allein gestellt war. Jahrelang war er per Anhalter in Kanada, Europa und den USA unterwegs gewesen und hatte in England, Spanien und Deutschland gelebt. Ich dagegen hatte noch nicht einmal an einem Schüleraustausch teilgenommen.

Als wir gute zwei Jahre später verheiratet waren und nach Kanada übersiedelten, war mir immer noch nicht ganz klar, warum David sich unter den Tausenden von Besuchern, die ihm während seiner dreijährigen Arbeit im Museum begegnet waren, ausgerechnet für mich entschieden hatte. Und viele seiner weiblichen Fans, vor allem die aus seiner Altersklasse, stimmten mir in meiner Verwunderung sicherlich zu. Tatsache ist, dass anfangs weder David noch ich an eine Beziehung gedacht hatten, die über eine bloße Freundschaft hinausging. Wir verbrachten viel Zeit miteinander, fühlten uns in der Gegenwart des anderen wohl, aber die gesellschaftlichen Ansichten über unseren Altersunterschied standen unausgesprochen zwischen uns.

Kurz nach Weihnachten hatten wir zu diesem Punkt eine sehr offene Unterhaltung. David sagte mir, dass sich unter anderen Umständen aus unserer Freundschaft etwas sehr Schönes hätte entwickeln können. Ich fühlte dasselbe und sagte es ihm auch. Aber da die Lage nun einmal so war, wie sie war, hielten wir es beide für besser, die Dinge auf sich beruhen zu lassen. Den Gedanken, dass David bald nach Kanada zurückkehren und unsere Freundschaft dann im Sande verlaufen würde, verbannte ich bewusst aus meinen Gedanken.

Dann kam der Tag, der alles auf den Kopf stellte und uns zeigte, dass gesellschaftliche Erwartungen niemals ausreichen, um zwei liebende Menschen voneinander fernzuhalten. David hatte mich für den Neujahrstag zum Reiten bei Freunden auf dem Land in der Nähe von Lübeck eingeladen. Ich hatte den Silvesterabend mit meiner Freundin verbracht, extra keinen

Alkohol getrunken und mich schon sehr auf den bevorstehenden Tag gefreut.

Doch als ich an jenem Morgen aufwachte, stellte ich fest, dass es heftig geschneit hatte. Ich besaß meinen Führerschein noch nicht lange, weshalb mir etwas mulmig bei dem Gedanken war, auf einer verschneiten Autobahn von Hamburg nach Lübeck zu fahren, besonders weil ich keinerlei Erfahrung mit glatten und schneebedeckten Straßen hatte. Heute denke ich oft, dass ich verrückt gewesen sein muss. Ich schaffte es bei der Eisglätte kaum aus der Tiefgarage. Doch ich hatte David versprochen, den Tag mit ihm zu verbringen, und es gab nichts auf der Welt, was mich davon hätte abbringen können.

David erzählte mir später, dass er in der Silvesternacht die warnenden Stimmen der Geistwesen gehört habe und er deshalb auf ein bedeutsames Ereignis gefasst gewesen sei. Aber selbst er war nicht auf das vorbereitet, was an diesem Tag tatsächlich passierte.

Ich verließ Hamburg guter Dinge. Die Straßen waren noch voller Schnee, denn es war acht Uhr am Neujahrsmorgen, aber ich fuhr langsam und hatte zum Glück genügend Zeit eingeplant. Die Autobahn war jedoch bereits geräumt, und ich konnte aufatmen. Die Fahrt verlief problemlos, bis ich in Lübeck das Räumfahrzeug einholte. In meinem jugendlichen Leichtsinn dachte ich mir, dass ich es ruhig überholen könne, schließlich hatte ich Winterreifen montiert und eine Verabredung einzuhalten, und das Räumfahrzeug fuhr schrecklich langsam.

Ein paar Kilometer weiter holte diese Entscheidung mich dann auf unheilvolle Weise ein. Mein Vorderreifen streifte den Bordstein der linken Fahrspur, mein Wagen geriet ins Schleudern, und ich trat auf die Bremse. Das Auto überschlug sich mehrere Male vornüber und kam nach scheinbar unendlich langer Zeit und mit lautem Krachen auf dem Seitenstreifen zum Stehen. Das war mein großes Glück, ansonsten wären womöglich andere Autos in meinen Wagen hineingedonnert und die Sache wäre noch viel schlimmer ausgegangen.

Ich kann mich nicht mehr daran erinnern, was mir im Augenblick des Unfalls durch den Kopf ging. Ich weiß nur, dass mein Herz ein paar Sekunden lang aussetzte. Es war der Moment, in dem ich dachte, mein Leben sei vorbei. Dann stützte ich mich mit aller Kraft an der Wagendecke ab und schrie aus Leibeskräften: »Nein! Hilf mir, Gott!«

Nachdem der Wagen zum Stehen gekommen war, vermochte ich mich eine Zeitlang nicht zu rühren. Ich hatte einen Schock erlitten, was mir damals aber nicht bewusst war. Ein BMW-Fahrer hielt an, beschwerte sich, dass ich kein Warndreieck aufgestellt hatte, und fuhr einfach weiter. Ich wollte aussteigen, zitterte aber so sehr, dass ich es nicht schaffte, vom Sitz loszukommen. Windschutz- und Heckscheibe waren zerbrochen, überall lagen Glasscherben. Den Auspuff fand ich hinter dem Wagen auf dem Seitenstreifen, und das gesamte Auto war nur noch ein zerbeulter Haufen Metall. Mir jedoch schien nichts zu fehlen. Es kam mir wie ein Wunder vor.

Schließlich eilte mir ein etwa Dreißigjähriger zu Hilfe. Er verständigte meine Eltern, David und die Polizei.

Die Unfallaufnahme entwickelte sich zu einer wahren Geduldsprobe. Der Beamte war davon überzeugt, dass ich zu viel getrunken hatte, und er ließ sich davon auch nicht durch meine negativen Testergebnisse abbringen.

Als endlich alles zu Papier gebracht worden war, stand ich vor dem Problem, wie ich vom Unfallort fortkommen sollte. Ich befand mich ziemlich genau in der Mitte zwischen Hamburg und meinem eigentlichen Ziel. Natürlich hätte ich meine Eltern bitten können, mich abzuholen. Aber dann wäre der gemeinsame Tag mit David dahin gewesen. Meine Eltern hätten mich aus elterlicher Fürsorge ins Krankenhaus gebracht, um sicherzustellen, dass mir auch wirklich nichts fehlte, und mir dann sicher gesagt, dass das Ganze sowieso nur eine meiner Schnapsideen gewesen sei.

Ich weiß, dass man so einen Unfall nicht auf die leichte Schulter nehmen darf. Aber ich hatte nicht einmal eine Beule am Kopf, lediglich einen klitzekleinen Kratzer auf der Wange, der von der zerbrochenen Windschutzscheibe herrührte. Und ich spürte ganz eindeutig, dass mir auch innerlich nichts fehlte. Mein Entschluss stand daher fest: Ich würde zu David weiterfahren.

Ich fragte den Mann, der die Polizei benachrichtigt hatte, ob er mich mitnehmen könne. Normalerweise wäre ich nie im Leben auf die Idee gekommen, zu einem Fremden ins Auto zu steigen. Aber mein Schutzengel hatte mir an diesem Morgen schon einmal zur Seite gestanden, und ich hoffte, dass er auch den Rest des Tages über mich wachen würde. Etwas drängte mich. Mir war klar, ich *musste* ganz einfach zu David gelangen – auf welchem Weg auch immer.

Der Fremde lieferte mich netterweise ohne Umweg bei der verabredeten Adresse ab. Ich klingelte, David öffnete die Tür und nahm mich fest in die Arme. In diesem Augenblick wusste ich mit Bestimmtheit, dass mein Entschluss, nach dem Unfall zu ihm zu fahren, richtig gewesen war. Doch erst im Nachhinein wurde mir klar, welche Rolle diese Entscheidung für mein weiteres Leben spielte. Sie stellte die Weichen für meine Zukunft. An diesem Tag wechselte ich das Gleis, änderte mein Schicksal. Seitdem haben David und ich, mit Ausnahme von ein paar Wochen, jeden Augenblick unseres Lebens zusammmen verbracht. Dieser Tag liegt nun über zwanzig Jahre zurück.

Wagnis

Unsere Fahrt neigte sich ihrem Ende zu. Der Regen ließ nach, und der Nebel verzog sich langsam. Wir hatten das Okanagan Valley, British Columbias größtes Obst- und Weinanbaugebiet, hinter uns gelassen und fuhren nun über ein weitläufiges Hochplateau. Sanfte Hügel, auf deren grasbewachsenen Hängen Rinder grasten, erstreckten sich zu beiden Seiten des Highways. Die Luft war nach dem Regen klar und frisch, und eine kühle Brise wehte durch das halbgeöffnete Fenster in den Wagen.

Schon bald erreichten wir den höchsten Punkt des Plateaus. Von dort aus hatte man einen großartigen Ausblick auf die schneebedeckten Bergketten in der Nähe der Städte Keremeos und Princeton, gute eineinhalb Fahrstunden entfernt.

Schließlich führte der Highway hinab in eine kleine Senke, in der sich eine wild zusammengewürfelte Ansammlung von Häusern befand.

»Mama, was steht dort auf dem Schild?«, fragte Haley vom Rücksitz aus.

»Bridesville«, erwiderte ich. »So heißt der Ort hier.«

»Was für ein schöner Name«, stellte Haley fest.

»Ich habe gehört, dass viele Bräute extra hier vorbeifahren und Briefe und Karten beim hiesigen Postamt abstempeln lassen, nur weil darauf der Name Bridesville, also Brautdorf, steht«, erzählte ich den Kindern.

»Das will ich auch machen, wenn ich heirate«, erklärte Haley sofort.

Doch als wir den Ort schließlich erreichten, änderte sie ihre Meinung recht schnell, und ich konnte es ihr nicht verübeln.

Bridesville machte seinem Namen wirklich keine Ehre. Eigentlich handelte es sich auch gar nicht um einen richtigen Ort, sondern lediglich um eine mickrige Ansammlung von alten, heruntergekommenen Häusern und Trailern. Diese mobilen Wohncontainer waren entlang einer schmalen Straße neben dem Highway geparkt. Überall lag Sperrmüll herum, Zäune waren halb umgekippt, und das Unkraut wuchs meterhoch.

»Hier sieht es überhaupt nicht nach Hochzeit aus«, stellte Haley enttäuscht fest. »Eher wie im Reservat.«

Ich musste schmunzeln. So vieles im Leben war ein Trugbild. Auch viele Facetten meiner neuen Heimat waren nicht so, wie ich mir diese anfangs vorgestellt hatte – aber wann gingen Träume schon in Erfüllung? Das Gerede über Hochzeiten und Bräute erinnerte mich jedenfalls an meine eigene Hochzeit, oder besser gesagt an meine beiden Hochzeiten. Denn wenn man es genau nimmt, hatte ich gleich zweimal geheiratet – allerdings ein und denselben Mann.

Doch bis es dazu kam, musste erst ein wenig Zeit vergehen, auch wenn mich jeder Tag nach dem Unfall auf der schneebedeckten Autobahn diesem Ereignis näher gebracht hatte. Nur ahnte ich das damals noch nicht, denn mein neues Glück mit David bestand anfangs keineswegs immer aus Sonnenschein. Im Gegenteil. Es zogen schon recht bald die ersten Gewitterwolken am Himmel auf. Ein Anruf bei meinen Eltern am Unfalltag hatte mir den Eindruck vermittelt, dass sie mehr um mein Auto besorgt waren, das mittlerweile mit Totalschaden auf einem Schrottplatz seine letzte Ruhestätte gefunden hatte, als um mein Wohlergehen. Das stimmte so natürlich nicht, und nun, da ich selbst Mutter bin, erscheint mir vieles in ganz anderem Licht, aber damals kam es mir so vor. Und der Abend, an dem ich meinen Eltern David offiziell vorstellte, verlief ebenfalls alles andere als rosig. Das darf man nicht falsch verstehen, ich habe großartige Eltern, aber selbst für die wunderbarsten Eltern kann es schwer sein, plötzlich mit einem zukünftigen Schwiegersohn konfrontiert zu werden, der nicht nur aus einem ganz anderen kulturellen Umfeld stammt, sondern die Tochter auch noch ans andere Ende der Welt »verschleppen« will. Nun hatte ich bisher meine Eltern immer in meine Entscheidungen einbezogen, hatte auf ihren Rat gehört und sie um ihren Segen dafür gebeten. Diesmal jedoch hatte ich meine Entscheidung ganz allein getroffen und war nicht bereit, von ihr abzuweichen. Natürlich war das der Beginn meines Abnabelungsprozesses, der vielleicht später als bei meinen Freunden eingesetzt hatte, der aber – wie für jeden Menschen – unumgänglich war. Ich hatte mich auf den Weg gemacht, mich selbst zu finden.

Die Reaktion meiner Eltern war nicht außergewöhnlich. Von vielen meiner sogenannten Freunde bekam ich zu hören, dass David keine ernsten Absichten hege und mich fallenlassen werde, sobald er jemanden fand, der ihm besser gefiel oder mehr zu bieten hatte. Natürlich glaubt niemand, der frischverliebt ist, die Seifenblase seiner Träume könnte platzen. Trotzdem nagen solche negativen Kommentare an der Seele, und ich ertappte mich mehr als einmal dabei, meine Beziehung zu David sehr genau unter die Lupe zu nehmen. Niemand begibt sich freiwillig in eine Situation, von der er weiß, dass sie ihm das Herz brechen wird – und ich bin die Letzte, die ihr Herz zum Spaß auf den Auktionstisch legt. Aber David hat mir nie Anlass zu der Annahme gegeben, jemand zu sein, der andere ausnutzt. Ganz im Gegenteil: Er ist ein Mann, der sagt, was er denkt, und tut, was er für richtig hält. Und ich wusste, dass es auch für ihn nicht leicht sein musste, im Angesicht aller Zweifler zu unserer Liebe zu stehen.

Darum machte ich einen weiteren Schritt nach vorn, fort von meinem »alten Selbst«. Ich sagte mir: »Vielleicht sehe ich die Dinge durch eine rosarote Brille, vielleicht bin ich so naiv, wie andere es darstellen, vielleicht wird David ohne mich nach Kanada zurückkehren und mich vergessen, während mein Herz auf der Strecke bleibt.« Aber ich sah auch eine sehr große Chance, dass ich mich nicht täuschte und unsere Liebe zu dem heranwachsen könnte, was sie heute ist. Es war, als habe sich der Vorhang des Schicksals ein ganz kleines bisschen gelüftet – nicht weit genug, um in die Zukunft zu sehen, aber genug, um etwas zu wittern, das für die meisten Menschen eine ungeheure Anziehungskraft besitzt: Freiheit. Freiheit von gesellschaftlichen Zwängen, Freiheit von einem Leben ohne Sinn, Freiheit von meinem alten Selbst. Unsere Liebe war die Chance auf einen kompletten Neuanfang und ein erfülltes, glückliches Leben. Und ich war bereit, dafür alles zu riskieren.

Alles hat seinen Preis und seine dunklen Seiten, das war mir klar. Aber daran wollte ich vorerst nicht denken. Mein neues Motto lautete: ein Tag nach dem anderen. Und an dieses Motto halte ich mich noch heute. Oft türmen sich Dinge vor einem auf und wachsen zu einem scheinbar unüberwindbaren Berg an. Man fühlt sich wie gelähmt, und jegliche Lebensfreude verblasst. Ich verabscheue dieses Gefühl, diese Machtlosigkeit, diese Starre. Darum sprach ich mir selbst Mut zu und dachte: Heute ist heute. Heute bin ich glücklich, heute ist David bei mir. Das reicht. Was morgen geschehen mag, darum werde ich mich morgen kümmern. Nicht eher.

Dieser neuen Einstellung wegen wurde ich reichlich beschenkt. David hatte vor, nach seiner Rückkehr nach Kanada seinem Volk zu helfen, ein traditionelles Rundhaus, ein Zeremonienhaus, zu bauen, um dem Verfall seiner Kultur entgegenzuwirken und den Menschen ein Stück ihres Stolzes zurückzugeben. Ich sollte ihm dabei zur Seite stehen. Und so hatte ich plötzlich ein Ziel, war Teil eines Ganzen.

Eine Bekannte fragte mich, als ich ihr von dem Vorhaben erzählte, was denn meine Rolle sein würde, wenn wir erst im Reservat lebten und das Zeremonienhaus bauten. Ich verstand sie damals nicht. Ich war zu überwältigt von dem Gedanken, an etwas Wichtigem teilhaben zu dürfen.

Eines Tages, als wir an einem kühlen Wintertag durch die Holsteinische Schweiz spazieren gingen, unterhielten David und ich uns über die Bemerkung meiner Bekannten. Ich erinnere mich noch gut, wie David vor der Kulisse der kahlen Laubbäume stehen blieb, meine Hände in seine nahm und mich ernst ansah. Dann fragte er mich ganz direkt: »Was willst du mit deinem Leben anfangen?«

Dazu muss man verstehen, dass in der indianischen Kultur jeder sein Leben auf eine Weise gestaltet, die einen möglichst großen Nutzen für andere darstellt. Der Wunsch nach persönlichem, materiellem Reichtum wird abgelehnt. Man schwelgt nicht selbst im Überfluss, während die Familienangehörigen (und dazu zählen nicht nur die unmittelbaren Familienmitglieder, sondern der gesamte Stamm wird als Familie betrachtet) in Armut leben. Viele Indianer halten sich inzwischen zwar nicht mehr an diesen Grundsatz, aber für David gilt er heute noch genauso wie für seine Vorfahren. Daher war seine einfache Frage an mich sehr viel tiefgründiger, als ich damals annahm.

Man mag es meiner Naivität zuschreiben, aber ich antwortete David das, was ich in dem Augenblick in meinem Herzen verspürte: Ich wollte Menschen helfen. Wie, das wusste ich nicht. Ich wusste nur, dass ich helfen wollte. Auf welche Art und Weise auch immer. Diese Erkenntnis verschaffte mir unglaubliche Erleichterung. Nach langen Jahren der Ungewissheit war mir endlich bewusst geworden, was ich wirklich wollte. Mein Ziel war vielleicht noch nicht sehr klar definiert, aber es war ein Schritt in die richtige Richtung. Das spürte ich ganz deutlich.

Umso mehr freute ich mich, als David mich im Herbst 1995 einlud, mit ihm nach Kanada zu fliegen, um seine Familie im Reservat kennenzulernen. Vielleicht würde sich daraus eine Aufgabe für mich ergeben.

Vor unserer Abreise geschah dann etwas, das mich vollkommen unerwartet traf: David bat mich, noch vor der Reise seine Frau zu werden – nicht durch ein Stück Papier, das irgendein Standesbeamter ausfüllte, sondern durch eine althergebrachte indianische Zeremonie, die im Innenhof des Museums abgehalten werden sollte. Dort, wo David an dem Totempfahl arbeitete und wir uns kennengelernt hatten. Die Zeremonie sollte mit der heiligen Pfeife bekundet werden und uns für den Rest unseres Lebens vereinen.

Die heilige Pfeife bindet die Teilnehmer an die Versprechen, die sie während der Zeremonie abgeben. Das gilt für Zeremonien jeglicher Art und ist genau der Punkt, den die Weißen nie richtig verstanden haben, auch damals nicht, als die europäischen Neuankömmlinge Verträge mit den indianischen Stämmen aushandeln wollten. Für sie war das Ergebnis lediglich eine Reihe von Worten auf einem Stück Papier, für die Indianer hingegen war es ein Bündnis für die Ewigkeit. Worte, die mit der heiligen Pfeife besiegelt werden, stellen lebenslange Versprechen dar.

Die Zeremonie bedeutete eine große Entscheidung für mich. Für immer und ewig ist eine lange Zeit, wenn man erst 21 Jahre alt ist. Trotzdem war ich überglücklich und zögerte nicht mit meiner Antwort.

Eine Frage jedoch brannte mir auf der Zunge: Warum gerade jetzt? Davids Antwort war ganz einfach. Für die Geister seiner Ahnen musste deutlich sein, wer zu ihnen kam und aus welchem Grund. Dazu muss man wissen, dass in der indianischen Kultur der Respekt für die Ahnen und die Geistwesen an erster Stelle steht. Und somit auch für David. Er wollte mit der Zeremonie vor allem die Ahnen und Geister um ihren Segen bitten und ihnen kundgeben, dass wir von nun an bis an unser Lebensende eine Einheit bilden würden.

Verständlicherweise war ich vor Beginn der Zeremonie sehr aufgeregt. Es war das erste Mal, dass ich an etwas Derartigem teilnahm, und ich hatte Angst, etwas falsch zu machen. Doch die Feier verlief ohne Zwischenfälle und war viel unkomplizierter, als ich es mir vorgestellt hatte. Es ist leider nicht erlaubt, Außenstehenden den genauen Verlauf oder die Worte und Gesänge weiterzugeben, die bei den verschiedenen Zeremonien benutzt werden. Nur, dass Feuer bei allen Zeremonien eine wichtige Rolle spielt. Und so brannte dann auch für uns ein Feuer im Innenhof des Museums, während wir den Ahnen und Geistwesen mit unseren Gesängen und Gebeten mitteilten, dass wir von nun an Mann und Frau und unsere Leben eins waren, und sie um ihren Segen baten.

Unsere vierwöchige Reise nach Kanada war für mich der erste Aufenthalt in Nordamerika überhaupt. Ich hatte schon viel über diesen wunderschönen Kontinent gelesen und auch bei Freunden, die in den USA oder in Kanada Urlaub gemacht hatten, Fotos gesehen. Aber nichts glich dem Moment, als ich mit eigenen Augen die dicht bewaldeten Coast Mountains sah, die Vancouver seine einzigartige Kulisse geben. Wild und ungezähmt schienen sie der Zivilisation Widerstand zu leisten. Es war, als könnte ich eine jahrtausendealte Stimme hören, die mich über alle Schranken von Raum und Zeit hinweg zu sich rief – die Stimme der indianischen Ahnen, der Menschen, die das Land durchstreift und auf ihm gelebt hatten, lange bevor der weiße Mann seinen Fuß auf diesen Kontinent gesetzt hatte. Sie flüsterte mir etwas zu und pflanzte einen Samen in mein Herz, der schnell zu einem Spross heranwuchs und meine Liebe für dieses wilde Land für immer besiegelte. Die endlosen Wälder, die ungezähmten Ströme und einsamen Bergketten, sie alle zogen mich auf magische Weise an. Sie lockten mich mit ihrem Versprechen auf Freiheit, flößten mir gleichzeitig aber auch Respekt vor ihren Urgewalten ein.

Allein das Gefühl, der Wildnis so nahe sein zu dürfen, machte mich glücklich. Sie wirklich berühren zu können, davon war ich allerdings noch weit entfernt. Zunächst einmal mussten wir aus Vancouver herauskommen.

Im Vergleich zu anderen Großstädten ist Vancouver eine sehr schöne grüne Stadt, an der ich nichts auszusetzen hatte außer dem schrecklichen Gewirr der elektrischen Leitungen, das sich wie ein Spinnennetz über die gesamte Stadt zog und mir das Gefühl gab, eingesperrt zu sein. Ich war daher nicht traurig, dass wir sie schon bald hinter uns ließen.

Es war nicht nur die Landschaft, die mich auf dieser ersten Fahrt überwältigte. Alles in Kanada schien um einige Dimensionen größer zu sein als in Deutschland: die Straßen, die Autos, die Häuser. Die Lastwagen waren von geradezu beängstigender Größe und die Supermärkte riesig. Hier kaufte man Mehl nicht in Ein-Kilo-Paketen, sondern in Zehn-Kilo-Säcken und Waschpulverkonzentrat in Kartons, in denen man ein großes Paar Winterstiefel unterbringen konnte.

Sofort fiel mir aber auch auf, dass der Service viel besser war als in Deutschland. Das Personal in den Geschäften und Restaurants war freundlicher und in den meisten Fällen bereit, einem weiterzuhelfen – auch wenn der Laden das gewünschte Produkt oder den benötigten Service nicht anbot. Insgesamt schien das Leben hier weniger hektisch zu sein, und die Menschen waren gelassener. Diese Gegebenheiten gefielen mir sehr.

Die ganze Zeit über wusste ich: David wollte mir Land und Leute zeigen, und ich sollte mir durch den Kopf gehen lassen, ob ich mir vorstellen könnte, hier zu leben. Natürlich wollte er mir vor allem das Reservat und seine Familie näherbringen. Ich wusste, wie wichtig das für ihn war, und dementsprechend aufgeregt war ich dann auch, als wir mit unserem Mietwagen an dem Schild anlangten, auf dem der Name des Reservats stand.

David hatte mich schon in Deutschland bezüglich der Zustände in den Reservaten in Nordamerika gewarnt, aber Erzählungen sind oft nichts im Vergleich zu dem Moment, in dem man etwas mit eigenen Augen sieht. Dazu muss ich anmerken, dass das Reservat, in dem Davids Familie lebt, im Vergleich zu anderen noch recht gut in Schuss ist. Es gibt einen Gemeindesaal, einen Spielplatz und ein kleines Bürogebäude. Die Straßen sind geschottert und bestehen nicht nur aus nackter Erde, und die Grünflächen der Gemeinde werden stets frisch gemäht. Aber die nächstgelegene Stadt hatte den Deich zum Schutz vor Hochwasser des Fraser Rivers so gebaut, dass er dem Reservat keinen Schutz bot, so dass oft schon während der Schneeschmelze Land unter herrschte. Und wenn man genauer hinblickte, konnte man die Armut nicht übersehen. Die heruntergekommenen Gebäude sprangen einem überall sofort ins Auge. Auch heute noch sind viele Fenster mit Sperrholzplatten zugenagelt, und bei den meisten Häusern blättert die Farbe von den Wänden. Gärten gibt es so gut wie keine, stattdessen stapeln sich Berge von Sperrmüll, wohin man auch blickt. Herrenlose, struppige Hunde laufen in wilden Rudeln durch die Straßen, und verwahrloste Kinder spielen zwischen den Häusern, neben denen allerdings fast in jedem Fall ein nagelneuer Wagen geparkt ist.

Ich hatte damals keine Ahnung von der Korruption, die oft in den Reservaten herrscht, und obwohl ich wirklich nicht im besten Viertel Hamburgs aufgewachsen bin, hatte ich einen Moment lang Bedenken, ob es sicher war, aus dem Wagen zu steigen. Immerhin sah ich mit meinen hellblonden Haaren nicht gerade einheimisch aus.

David steuerte den Wagen über die holprigen Schotterstraßen, vorbei an verfallenen Häusern, von denen die meisten seiner Aussage nach kaum zehn Jahre alt waren, und lädierten Stacheldrahtzäunen, die unordentliche Weideflächen voneinander trennten. Wir fuhren einmal durch das gesamte Reservat. Die Fahrt dauerte nicht lange, denn das Gebiet umfasst gerade mal zweihundertfünfzig Hektar Land, das meiste davon Weideland.

Als wir schließlich vor dem Haus seines Cousins anhielten, wurden wir herzlich begrüßt. Ich wusste, dass Davids Familie sich für Tiere, vor allem Pferde, interessierte und auch selbst einige besaß, weshalb ich meinen Koffer dementsprechend gepackt hatte. Denn wenn ich etwas nicht ausstehen kann, dann ist es das unangenehme Gefühl, aus einer Menschenmenge herauszustechen. Das Haus war voller Indianer in karierten Hemden und Cowboystiefeln, und ich fühlte mich trotz aller Vorbereitungen komplett fehl am Platz. Dazu kam, dass ich tiefen Respekt vor der Kultur der Indianer habe, und mich auf einmal von so vielen von ihnen umrundet zu wissen machte mich mehr als nervös: Es machte mich sprachlos.

Davids Familie war äußerst zuvorkommend und freundlich und empfing mich wirklich mit offenen Armen. Aber ich war derart verunsichert, dass ich meine paar Brocken Englisch komplett vergaß. Sich plötzlich im Mittelpunkt so vieler Menschen zu finden, die in einer anderen Sprache zu Hause sind, kann sehr einschüchternd sein – jedenfalls war es das für mich –, und ich versprach mir insgeheim, nie mehr ungeduldig mit einem Menschen zu werden, der versucht, sich auf Deutsch mit mir zu unterhalten, obwohl es nicht seine Muttersprache ist.

Den Anstoß, den Mund aufzumachen, gab mir schließlich Davids Cousin Fred. Am Ende der ersten Woche erkundigte er sich nämlich bei David, ob ich überhaupt irgendwann einmal etwas sagte. Danach fing ich an, einfach draufloszureden. Davids Familie war so angetan von meinen Versuchen, dass sie mich nie wegen meiner fehlerhaften Grammatik aufzogen. Dafür bin ich ihnen noch heute sehr dankbar.

Die Verständigung war jedoch weiterhin schwierig. Natürlich konnte ich grundlegende Sätze zustande bringen und einfache Fragen stellen. Und auch den Unterhaltungen konnte ich recht gut folgen. Aber eine Geschichte oder ein Ereignis mit Witz und Eleganz wiederzugeben, das war etwas, für das mein Schulenglisch nicht ausreichte. Doch wird gerade das Geschichtenerzählen unter Indianern am höchsten geschätzt, und da nicht mitmachen zu können frustrierte mich sehr. Auf der anderen Seite war es für mich unheimlich schön, den Erzählungen von Davids Verwandten zu lauschen. Diese Menschen waren so ganz anders aufgewachsen als ich – in relativer Armut, aber im Kreis einer großen Familie, mit Bären vor der Haustür, Jagden und Rodeos –, und es war faszinierend, wenn sie aus ihrem Leben erzählten.

In der zweiten Woche unseres Aufenthalts brachte Fred dann eine riesige Menge frischen Lachs nach Hause, und ich wurde auf meine erste Probe gestellt. Die Frauen aus Davids

Familie forderten mich auf, die Lachse mit ihnen auszunehmen, in Steifen zu schneiden und in Salz zu wenden, damit sie geräuchert werden konnten. Niemand sagte zwar, dass es sich hierbei um eine Charakterprüfung handelte, aber so wie die Frauen mich beäugten und auf meine Antwort warteten, bestand für mich kein Zweifel.

Nun ist das Ausnehmen von Fischen nicht gerade meine Stärke. Früher, als mein Vater mich mit zum Angeln genommen hat, konnte ich noch nicht einmal den Wurm am Haken befestigen. Das Tierchen tat mir so leid. Auch brachte ich es nicht übers Herz, den gefangenen Fisch vom Haken zu nehmen und totzuschlagen. Und Blut konnte ich schon gar nicht sehen. Mir stand zu lebhaft vor Augen, wie der Fisch leiden musste.

David hatte mir jedoch schon erzählt, dass bei den Indianern anders über das Töten von Tieren gedacht wurde als bei uns Deutschen. Seit jeher gehörte das Jagen und Fischen zu ihrem täglichen Kampf ums Überleben. Den Tieren wurde großer Respekt erwiesen und dafür gedankt, dass sie ihr Leben gaben, damit die Menschen nicht verhungerten. Nie wurden Tiere aus Spaß getötet und auch nie mehr Tiere, als man wirklich brauchte. Aber Zimperlichkeit gab es nicht. Das Töten von Tieren sicherte das Überleben des Stammes und stellt auch heute noch einen Teil des normalen Alltagslebens dar. Wollte ich akzeptiert werden, musste ich beweisen, dass ich diese Lebensart respektierte und daran teilhatte. Also nahm ich all meinen Mut zusammen und erklärte, dass ich natürlich gern dabei helfen würde, die Lachse für das Räuchern vorzubereiten.

Stundenlang arbeitete ich Seite an Seite mit den anderen Frauen. Ab und zu fing ich einen ihrer Blicke auf. Zunächst waren sie noch skeptisch, aber als sie sahen, dass ich mich bemühte, interessierte Fragen stellte und nicht die Nase rümpfte, wurden ihre Blicke sanfter.

Niemand lobte mich für meine Mühen oder verlor auch nur ein Wort darüber, dass es ungewohnt für mich gewesen sein musste, mich durch einen riesigen Haufen rohen Fischs zu arbeiten. Als wir fertig waren, kam Fred, sammelte den zurechtgemachten Lachs ein und bedankte sich für die Hilfe. Das war alles. Heute weiß ich, man hatte mir so zu verstehen geben wollen, dass ich nun zur Familie gehörte und keine besonderen Worte nötig waren. Solche Worte waren für Fremde, nicht für Familienmitglieder.

So schlicht und ergreifend wie dieses Ereignis war auch meine offizielle Hochzeit mit David. Da wir bisher nur durch die indianische Zeremonie verheiratet waren – was uns vollkommen reichte, aber nicht der kanadischen Einwanderungsbehörde –, entschlossen wir uns im Frühjahr 1997 dazu, während eines unserer Besuche im Reservat im Kreise von Davids Familie zu heiraten. Wer schon einmal ein Aufgebot bestellt hat, der weiß, wie viel Planungszeit so eine Hochzeit in Deutschland in Anspruch nimmt. In Kanada hingegen war es erstaunlich einfach. David und ich gingen zum Government Office (eine Art Behörde für alles), wo David ein Formular ausfüllte und eine geringe Gebühr bezahlte. Ich musste weder unterschreiben noch meinen Pass zeigen und fühlte mich fast ein wenig betrogen. Dann fragten wir, wann wir dem Friedensrichter Bescheid geben könnten, und erhielten als Antwort: »Suchen Sie sich einen Tag aus!« – Wie jetzt, *sofort?* – »Wann immer es Ihnen passt.«

Die Hochzeit fand ein paar Tage später im engsten Familienkreis im geräumigen und gemütlichen Wohnzimmer von Davids Cousin Bill statt, doch vorher gab es noch eine Überraschung. Die Frauen und Mädchen aus Davids Familie hatten für mich eine *bridal shower* organisiert. Bridal Showers sind in Nordamerika sehr beliebt. Dabei handelt es sich um einen Nachmittag oder Abend, an dem sich die Freundinnen und weiblichen Verwandten der Braut treffen und ihr die Geschenke persönlich übergeben. Am Hochzeitstag selbst gibt es dann keine Geschenke mehr. Die Geste berührte mich sehr, vor allem, weil ich keine der Frauen wirklich gut kannte. Aber sie wollten nicht, dass ich mich allein gelassen fühlte, und das fand ich sehr lieb. Es waren nur kleine Geschenke, oft kurze Gedichte und Karten, aber alle waren wohldurchdacht und herzlich.

Vor allem die jungen Frauen nahmen sich meiner an. Eine von ihnen holte mich am Morgen der Hochzeit ab und fuhr mit mir zu ihrem Lieblingsfriseur, eine andere besorgte den Brautstrauß, und wieder eine andere buk den Hochzeitskuchen, eine typisch nordamerikanische Kreation aus luftig-süßem Teig, Tonnen von Zuckerguss und reichlich Lebensmittelfarbe. Einige der jungen Frauen kochten das schlichte Mahl aus Wildreis und Lachs, das nach der Hochzeit gereicht wurde, und besorgten Kerzen, die die Gäste während der Hochzeitszeremonie in den Händen hielten.

David und ich hatten tags zuvor für jeden Hochzeitsgast einen Weidenkranz von etwa fünfzehn Zentimeter Durchmesser geflochten. Denn nach indianischer Sitte muss es bei jeder Zeremonie einen oder mehrere Zeugen geben, und es ist Brauch, diesen Zeugen zum Dank ein Andenken zu überreichen. Die traditionellen Weidenkränze waren unsere Geschenke an sie.

Über den eigentlichen Ablauf der Zeremonie hatte ich mir relativ wenig Gedanken gemacht. Auf meine Fragen hin hatte Freds Frau mir erklärt, dass ich am Ende einfach ja sagen und die Heiratsurkunde unterschreiben müsse. Das hörte sich recht einfach an. Doch als ich dann im Wohnzimmer neben David vor dem Friedensrichter stand, dem David lange Sätze in Altenglisch nachsprach, wurde mir doch etwas mulmig zumute. Viele der Worte hatte ich noch nie im Leben gehört, ich wusste nicht einmal, was sie bedeuteten, und ich bezweifelte sehr, dass ich sie würde nachsprechen können.

Irgendwie habe ich es dann doch geschafft und war entsprechend erleichtert, als alles überstanden war. Aber im Nachhinein hätte ich mich gern besser vorbereitet und meine Erklärung fehlerfrei abgeliefert. Schließlich heiratet man nicht jeden Tag.

Unsere Hochzeit machte mir jedoch deutlich, dass es nicht darauf ankommt, wie blumig und prachtvoll sie ist, wie viel Geld man dafür ausgibt oder ob man ein teures Kleid trägt. Das sind alles Nebensächlichkeiten, auf die heutzutage viel zu viel Wert gelegt wird. Ständig wird versucht, es anderen gleichzutun oder sie zu übertrumpfen, und dabei kommt es doch nur darauf an, was man in seinem Herzen fühlt. Man muss sich selbst treu bleiben. Doch das ist oft viel schwerer, als man denkt.

Ein großer Schritt

Wir erreichten Greenwood. David parkte den Pick-up in einer kleinen Seitenstraße und half Haley beim Aussteigen. Ich kletterte ebenfalls nach draußen, mit Sam auf dem Arm. Da standen wir nun und begutachteten das Haus, das unser Zuhause sein würde, bis das Baby geboren war und wir auf dem Land, das wir in der Nähe gekauft hatten, irgendeine Art von Unterkunft gebaut hatten.

Das Haus sah von außen sehr schäbig aus, so schäbig, dass ich es vor wenigen Jahren auf keinen Fall als Wohnung für mich, geschweige denn für meine Familie in Betracht gezogen hätte. Die Farbe blätterte von den Wänden, auf dem Dach flatterten die losen Enden der Teerpappe im Wind, der Boden der Veranda hing gleich neben der Tür durch, und die lange Treppe, die zum Eingang hinaufführte, sackte bedenklich zu einer Seite hin ein. Die einzigen Lichtblicke waren die Fliederhecke im Vordergarten und die Tatsache, dass es sich bei dem Gebäude um ein *Heritage*-Haus handelte, das über hundert Jahre alt war. Einst, als Greenwood noch eine blühende Goldgräberstadt gewesen war, hatte es als Krankenhaus gedient.

Wir hatten das Haus sehr günstig erstanden, was für uns in dem Augenblick ausschlaggebend gewesen war, denn wir hatten wenig Geld, brauchten aber eine Unterkunft, solange wir oben in den Bergen unsere Ranch bauten und auf das Baby warteten. Die Geburten von Haley und Sam waren beide sehr schnell gegangen, und wir wollten nicht das Risiko eingehen, es von unserem Grundstück in der Wildnis womöglich nicht rechtzeitig zum Krankenhaus zu schaffen. Diese vorübergehende Unterkunft aber lag ganz in der Nähe, sowohl von unserer zukünftigen Ranch als auch vom Krankenhaus in der nächsten Kleinstadt.

Was den Hauskauf anbelangte, konnten wir damals nicht wählerisch sein, denn nachdem wir unser Haus in der Nähe von Hope verkauft und die Hypothek abbezahlt hatten, war erschreckend wenig Geld für den Umzug und den Aufbau der Ranch übrig geblieben. Im Grunde war kaum noch Geld da, und selbst das mussten wir in dieses alte, schäbige Häuschen stecken, das bis auf weiteres unser Hauptquartier sein würde. Die Region um Greenwood war so arm, dass keine Bank Hypotheken für Häuser in der Gegend vergab. Aber ich sagte mir, dass das alles nicht so schlimm war. Geld war bei uns immer knapp, und es würde schon irgendwann besser werden. Das Wichtigste war, dass die Kinder ein Dach über dem Kopf hatten, und von innen sah das Haus ganz passabel aus, war renoviert und gut bewohnbar.

Stunden später, nachdem wir den Umzugswagen entladen und unsere Kisten und Möbel über die wackelige Treppe ins Haus geschafft hatten, setzten wir uns in der Küche inmitten der Umzugskartons zum Abendessen zusammen. Der Tag war lang und anstrengend gewesen, und wir alle waren todmüde. Der zweijährige Sam schlief auf Davids Arm ein, noch bevor wir mit dem Essen fertig waren. Haley hingegen war vor Übermüdung ganz aufgedreht und konnte nicht zur Ruhe kommen. Also setzte ich mich mit ihr aufs Sofa, und wir sprachen über die Ereignisse des Tages. Am Ende kuschelte Haley sich in meinen Arm und meinte:

»Wir sind jetzt ganz allein, stimmt's? All unsere Freunde und Verwandten sind in Hope und Chilliwack. Hier kennen wir niemanden.«

»Das wird sich mit der Zeit ändern«, versuchte ich sie zu trösten. »Bald werden wir hier viele Leute kennen, und unsere

Freunde werden uns besuchen kommen. Es ist nur die erste Zeit, in der man sich so seltsam verlassen vorkommt, wenn man an einen neuen Ort zieht.«

»War es für dich so, als du von Oma und Opa fortgezogen und nach Kanada gegangen bist?«, fragte Haley und sah mich erwartungsvoll an.

»Ja«, erwiderte ich. Mehr traute ich mich in dem Augenblick nicht zu sagen – aus Angst, dass ich womöglich anfangen würde zu weinen. Aufgrund der Schwangerschaft war ich sowieso oft den Tränen nahe, und ich wollte es Haley nicht schwerer machen, als es überhaupt schon für sie war. Scharen von Menschen zogen in fremde Städte und an andere Orte, und schließlich war es nicht das erste Mal, dass ich alle Brücken abgebrochen und einen Neuanfang gewagt hatte. Bald hätten wir uns eingewöhnt, und die Sicherheit des Alltags würde zurückkehren. Und das sagte ich Haley auch. Dann ging ich mit ihr nach oben und brachte sie zu Bett.

Während ich an ihrem kleinen Bett saß, dachte ich an Deutschland zurück und an den Tag im Spätsommer 1997 (also fast genau fünf Jahre zuvor), als David und ich endgültig nach Kanada gezogen waren und meinen Eltern am Flughafen Lebewohl gesagt hatten. Dieser Abschied war mir schwerer gefallen als alles andere, was ich bis dahin in meinem Leben getan hatte, vor allem auch, weil ich wusste, wie sehr meine Eltern unter der bevorstehenden Trennung litten. Gleichzeitig beflügelten mich unsere Zukunftspläne und Hoffnungen sehr. Aber es stimmte – damals hatte ich nur David, nun hatte ich auch die Kinder. Allein fühlte ich mich diesmal nicht.

Für einen Augenblick musste ich eingenickt sein, denn ich fand mich zurückversetzt in meine erste Zeit in Kanada.

Natürlich war ich schon mehrere Male mit David zu Besuch bei seiner Familie gewesen, aber nun endgültig in dieses ferne Land überzusiedeln, das war ein ganz anderes Gefühl. Wir wohnten damals zur Untermiete bei Davids Cousin Fred und warteten sehnsüchtig darauf, in unser eigenes Haus einzuziehen. Aber bis dahin war es noch ein weiter Weg. Wie viele Deutsche hatte auch ich den Traum vom kanadischen Blockhaus, also hatten David und ich Geld gespart und bereits über ein halbes Jahr vor unserer Abreise ein solches bei einem Blockhaushersteller in Hope bestellt. Nun warteten wir gespannt, dass es fertig wurde und wir es auf unserem Grundstück aufbauen konnten. Fred hatte uns viertausend Quadratmeter Land im Reservat angeboten, und wir freuten uns darauf, so nahe bei Davids Familie wohnen zu können. Gleichzeitig war diese Regelung sehr praktisch, denn David würde ja in den nächsten Monaten den Bau des Rundhauses leiten und wäre somit gleich vor Ort.

Das Rundhausprojekt war es auch, das David ursprünglich nach Deutschland gebracht hatte. Seit über hundertfünfzig Jahren hatte es im Reservat kein traditionelles Rundhaus mehr gegeben. Es diente den Coast Salish seit Urzeiten als Mittelpunkt der Gemeinde und war der Ort, an dem alle Zeremonien abgehalten wurden. Ursprünglich war der Winter, wenn das Wetter zu kalt war, um zu fischen oder andere Aktivitäten im Freien durchzuführen, der Zeitpunkt für das Zusammenkommen des Stammes im Rundhaus.

Das Reservat, von dem David stammt, grenzt direkt an die Stadt Chilliwack, gute hundert Kilometer von Vancouver entfernt. In der Gegend gibt es viele kleine Reservate, da das Volk der Coast Salish ursprünglich in Familiengruppen zusammenlebte. Zu Davids Stamm gehören nur ungefähr sechshundert Mitglieder, und nur wenige von ihnen sprechen noch die eigene Sprache, *Halkomelem*. Wie in vielen Reservaten in Nordamerika sind auch hier die Arbeitslosigkeits- und

Kriminalitätsrate sehr hoch, vor allem unter den jungen Leuten. Aber im Gegensatz zu anderen Reservaten, die noch dazu mit Korruption im eigenen Stammesrat zu kämpfen haben, hatte Davids Stamm damals einen guten Häuptling, der sich, so wie David, sehr für sein Volk einsetzte und ihm helfen wollte.

Um die Sprache zu retten und vor allem die jüngeren Stammesmitglieder wieder mehr mit ihrer eigenen Kultur in Verbindung zu bringen und ihnen ein Stück Identität und Stolz zurückzugeben, hatte der Stammesrat beschlossen, dass es gut wäre, wieder ein Rundhaus als Kernstück der Gemeinde zu haben. Der Bau sollte hauptsächlich aus eigenen Mitteln finanziert werden. Um auf das Projekt aufmerksam zu machen, hatte David angeboten, den Totempfahl in Hamburg zu schnitzen, der heute vor dem Museum für Völkerkunde zu bewundern ist. Während er an dem Pfahl arbeitete, sammelte David Spenden für das Rundhausprojekt. Nach drei Jahren war der Totempfahl schließlich fertig und wurde im August 1997 in einer offiziellen Zeremonie von dem damaligen Bürgermeister im Namen der Stadt Hamburg in Empfang genommen.

Jedes Mal, wenn David während dieser Zeit nach Hause ins Reservat reiste, berichtete er von seinen Fortschritten und dem Zuwachs an Spenden. Für sich selbst hat er nie etwas von dem Geld behalten. Die Inhaber des türkischen Restaurants neben dem Museum versorgten David die gesamten drei Jahre lang zweimal am Tag mit warmem Essen. Sie sagten, dass jemand, der mit einem so besonderen Geschenk wie dem Totempfahl in ihre Stadt kommt, ihre Ehre beleidigen würde, wenn er für sein Essen bezahlen müsste. Es war eine der wundervollsten Gesten, die ich jemals beobachtet habe, und ich bin bis heute tief beeindruckt von der Gastfreundschaft und Großzügigkeit dieser türkischen Familie.

Als wir dann in Kanada ankamen, nahmen der Totempfahl und das Rundhausprojekt verständlicherweise einen großen Teil unseres Denkens und Handelns ein. Natürlich wäre ich David auch ohne diese Aufgaben in seine Heimat gefolgt, aber das Gefühl, an etwas so Wichtigem und Nützlichem teil-zuhaben, mit dem ich anderen Menschen helfen konnte, war für mich ein doppelter Ansporn und wog viel von meinem Abschiedsschmerz auf.

In den Wochen nach unserer Ankunft nahmen David und ich an unzähligen Stammesratssitzungen teil, in denen über den Standort des Rundhauses und den Bauablauf diskutiert wurde. Doch bald schon wurde klar, dass keine Einigung er-zielt werden würde. Zwar waren Spenden zusammengekom-men, aber nicht genug, um den gesamten Bau zu finanzieren. David schloss sich der Meinung des Häuptlings an. Dieser befürwortete, dass man einfach mit dem Bau beginnen und jeder mithelfen solle, so gut es ihm möglich sei. Viele der Stammesangehörigen wollten jedoch lieber jemanden anheu-ern, der den Bau übernehmen und dafür Gelder von der Re-gierung erhalten solle. Andere hingegen vertraten die Ansicht, dass es besser für den Stamm sei und alle Angehörigen viel stolzer sein könnten, wenn das Rundhaus aus eigener Kraft erschaffen würde. Spannungen entstanden zwischen den ver-schiedenen Parteien, und das gesamte Projekt kam zum Still-stand.

Wegen dieser Diskussionen begann ich, das Reservat und die Menschen dort in einem anderen Licht zu sehen. Warum konnten sie nicht verstehen, wie wichtig das Rundhaus für den Stamm war? Warum wehrten manche sich so sehr dagegen, selbst etwas auf die Beine zu stellen und einen Teil ihres Stolzes wiederzuerlangen? Gefiel es ihnen, einfach nur dazusitzen und auf die wöchentlichen Schecks vom Sozialamt zu warten?

Ich spürte, wie Ärger in mir aufstieg. Und ich war nicht die Einzige. Die anderen Stammesmitglieder – darunter die meisten der Ältesten –, die den Bau des Rundhauses ebenfalls in Eigenregie durchführen wollten, waren genauso frustriert wie David und seine Familie. Doch dann fing ich an zu verstehen, dass diese endlosen Diskussionen in vielen Reservaten schon immer zum politischen Geschehen gehörten, und ich begann mich zu schämen. Schließlich war ich nach nur wenigen Wochen ungeduldig und verärgert, während die Menschen, die dort lebten, seit Generationen frustriert waren. Viele hatten sich deshalb ganz aus der Gemeinschaft zurückgezogen und machten ihr eigenes Ding. Ich konnte sie nur zu gut verstehen. Und ich erkannte, dass ich als Außenstehende kein Recht hatte, über die eine oder andere Partei zu urteilen.

Es war eine Situation, aus der es keinen einfachen Ausweg gab. Die Menschen im Reservat waren unterteilt in diejenigen, die nichts taten und von Sozialhilfeschecks lebten, und jene, die ihren Weg in der Welt des »weißen Mannes« gemacht hatten und gutes Geld verdienten. Die einen passten sich der Welt der Weißen an. Die anderen waren nicht dafür geschaffen, konnten ihre Wurzeln als Indianer nicht aufgeben, konnten der Schnelllebigkeit und dem Druck der Außenwelt nicht standhalten. Welche Seite war nun im Recht und welche im Unrecht?

In dieser Zeit der Ungewissheit fühlte ich mich sehr allein. Natürlich war David für mich da, aber mir fehlten die Geborgenheit und der Rückhalt einer Familie, so wie ich es in Deutschland gehabt hatte. Im Reservat lag jeder mit jedem im Clinch. Tagsüber ging es mir gut, weil ich unter Menschen war, mich um Termine und Pläne für unser Blockhaus kümmerte. Aber sobald ich abends zur Ruhe kam, hatte ich oft schreckliches Heimweh.

Zu der Problematik des Rundhausprojekts kam, dass es sprachlich immer wieder schwierig für mich war und ich mich ausgegrenzt fühlte. Mir fehlten so viele Vokabeln für das Alltagsleben. In der Schule hatte ich gelernt, über englische Bücher zu diskutieren, aber wie Topflappen auf Englisch hießen oder spezielle Gewürze, Lebensmittel und andere Dinge des täglichen Gebrauchs, davon hatte ich keine Ahnung. Immer mit einem Wörterbuch herumlaufen wollte ich auch nicht. Also begann ich damit, alles zu umschreiben, wofür mir der Begriff fehlte. Das half zwar, und ich lernte schnell, aber ich kam mir ausgesprochen dumm vor – besonders dann, wenn ich hörte, wie glatt den anderen die englische Sprache über die Lippen kam. Glücklicherweise verstand und sprach David wenigstens sehr gut Deutsch, und wir konnten uns so austauschen. Aber bei Vokabelmangel im Supermarkt war auch er häufig überfragt.

Ein anderer Tiefpunkt in dieser Zeit war, dass sich die Lieferung der Baumstämme für unser Haus immer weiter verzögerte und ich außerdem das Gefühl hatte, Freds Frau wolle uns nicht mehr im Haus haben. Zwar zahlten wir Untermiete und die Hälfte der Lebensmittel- und Stromkosten. Doch ich hatte es satt, in einem Haus zu wohnen, in dem ich mich nicht willkommen fühlte und nichts zu sagen hatte, weder zur Qualität des Essens noch zu den Flohkolonien, die in den Teppichen wohnten und einem kniehoch ans Bein sprangen, wo immer man sich aufhielt.

Das Leben im Reservat brachte noch andere Herausforderungen mit sich. Zum Beispiel fand ich bald heraus, dass es nicht klug war, die Tür zu öffnen, wenn es klopfte und außer mir niemand zu Hause war. Mehr als einmal sah ich mich einem mit einem Messer oder einem anderen Gegenstand bewaffneten Mann gegenüber – meist noch dazu betrunken –, der versuchte, sich Zutritt zum Haus zu verschaffen oder Geld zu fordern. Höflich und sprachlich benachteiligt, wie ich damals war, stellte ich ein gefundenes Fressen für diese Männer dar.

Passiert ist mir zwar nie etwas, aber ich kann nicht behaupten, dass mir diese Begegnungen besonders gefielen – auch nicht, als Fred mir sagte, dass ich das nächste Mal einfach sein Gewehr benutzen und diese Typen vom Grundstück jagen solle. Und so kam es dazu, dass ich nirgends mehr allein hingehen konnte. David war immer an meiner Seite, aus Angst, dass mir etwas zustoßen könnte. Aber obwohl ich ihm für seine Fürsorge dankbar war, vermittelte mir diese Situation wirklich nicht das Gefühl von Freiheit, das ich mir vorgestellt hatte.

Doch es gab auch Lichtblicke. Der größte davon war für mich David. Wir verstanden uns so gut, und die Ehe mit ihm machte mich glücklich. Und dann war da noch Rosaleen, Davids Großtante. Sie hatte mich bereits bei meinem ersten Besuch im Reservat tief beeindruckt, und nun, da wir in der Nähe wohnten, besuchten wir sie häufig. Rosaleen musste damals schon über achtzig gewesen sein, eine kleine, zart gebaute Frau mit dunklen, weisen Augen, einer sanften Stimme und einem feinen Sinn für Humor. Sie war eine der Ältesten und eine der wenigen, die die Sprache des Stammes, Halkomelem, noch fließend sprach. Rosaleen war bei ihrer Großmutter aufgewachsen, die sich noch an Zeiten hatte erinnern können, in denen es keine Weißen in der Gegend gegeben hatte. Rosaleens eigenes Leben war von harter Arbeit und Entbehrungen geprägt, trotzdem konnte ich keinen Anflug von Bitterkeit in ihrer Seele finden. Auch hegte sie keinerlei Abneigung oder Hass gegen die Weißen, obwohl diese ihr und ihrem Volk so viel Schlimmes zugefügt hatten.

Ich erinnere mich noch sehr gut an unser erstes Treffen. David und ich besuchten Rosaleen in ihrem kleinen weiß gestrichenen Haus, das sich in der Wohnsiedlung des Reservats befand. Es dauerte eine lange Zeit, bis sie zur Tür kam, denn sie war so alt und gebückt, dass sie nicht mehr schnell gehen konnte. Rosaleen bat uns in ihr Wohnzimmer voller Andenken und anderem Kram und machte auf dem Sofa Platz für uns. Überall lag Strickwolle: in Kartons auf dem Fußboden, in Plastiktüten auf den Kommoden und Stühlen. Es war nicht zu übersehen, dass hier jemand ständig an Handarbeiten saß. Doch für die Dauer unseres Besuches nahm Rosaleen sich Zeit für David und mich. Sie setzte sich zu uns, die Hände im Schoß gefaltet, und lächelte uns gutmütig an. David stellte mich vor und erzählte, dass ich aus Deutschland kam. Ich hatte Bedenken, dass diese Tatsache bei der alten Dame vielleicht auf Ablehnung stoßen könnte. Aber Rosaleen nickte nur und sagte, dass sie ein paar sehr nette Deutsche kenne, die für die Universität in Vancouver arbeiteten und ab und zu vorbeischauten, um die indianische Sprache auf Tonband festzuhalten. Dann nahm sie meine Hand, drückte sie und hieß mich willkommen. Sie gab David und mir ihren Segen und sagte uns, dass es in ihren Augen nichts Wichtigeres gäbe, als eine Familie zu gründen.

Ich wusste nicht recht, was ich sagen sollte. Aber bevor ich mir darüber Gedanken machen konnte, setzte Rosaleen zu einer ihrer wunderbaren Geschichten an. Ich wusste es damals nicht, doch wenn man Rosaleen besuchte, bekam man immer eine Geschichte zu hören – ob man wollte oder nicht. Für mich gab es nichts Schöneres, als ihren Erzählungen zu lauschen. Sie saß dabei jedes Mal auf dem Sofa, in ihrer eigenwilligen, bunten Kleidung, und strahlte eine unglaubliche Ruhe und Gelassenheit aus.

Dabei war es für mich oft nicht einfach, sie zu verstehen, weil sie sehr leise und mit Akzent sprach. Anfangs war ich mir zudem nie sicher, wann die Erzählungen zu Ende waren, denn Rosaleen legte beim Sprechen gern lange Pausen ein, in denen sie in ihren Erinnerungen zu weilen schien. Ich stand dann jedes Mal vor dem Problem, weder zu früh einfallen und vorlaut erscheinen noch zu lange warten und den Anschein erwecken zu wollen, dass mir ihre Geschichte nicht gefallen habe. Doch nach einigen Besuchen bekam ich ein Gefühl für ihre Art des Geschichtenerzählens und konnte ihr entspannter zuhören.

Rosaleen teilte im Laufe unserer Bekanntschaft viele Dinge mit mir, die die Frauen des Stammes seit jeher untereinander weitergaben, wie zum Beispiel die Herstellung eines Traumfängers, die Zubereitung des frittierten Brotes, das sich *bannick* nennt, oder das Flechten von Körben aus Zedernrinde. Außerdem unterwies sie mich in der Kräuterkunde. Überhaupt teilte sie ihr Wissen und ihre Weisheit sehr großzügig mit mir, und ich hatte nie das Gefühl, eine Fremde in ihrem Haus zu sein.

Was mich an Rosaleen vielleicht am meisten faszinierte, war ihre Gabe, die verschiedenen Glaubensrichtungen zu ihrem ganz persönlichen Glauben zusammenzufügen. Das Leben bei ihrer Großmutter hatte selbstverständlich Rosaleens indianischen Glauben vom Einssein mit der Natur geprägt. Die kirchlichen *residential schools,* die alle indianischen Kinder noch bis Ende der 1960er Jahre zwangsweise besuchen mussten, hatten es zwar nicht geschafft, ihr diesen Glauben auszutreiben, doch die Begegnung mit der christlichen Religion hatte eine bleibende Spur in ihrem Leben hinterlassen. So fand sich auf ihrem kleinen Altar eine interessante Mischung aus Traumfängern und Adlerfedern nebst einigen Jesus- und

Marienfiguren. Sie alle genossen bei Rosaleen den gleichen Stellenwert. Als ich sie darauf ansprach, erklärte sie mir lächelnd, dass es ganz gleich sei, wie wir die Kraft nennen, die alles erschuf, und die Geistwesen, die ihr dienen. Hauptsache sei, dass wir ihnen Ehrerbietung entgegenbrächten und uns in Gebeten an sie wendeten.

Rosaleens weise Worte trage ich noch heute in meinem Herzen. Und wenn ich Menschen über Religion streiten höre, dann erinnere ich mich an sie und weiß, dass es trotz aller Konflikte immer auch Hoffnung auf Frieden gibt.

Am Anfang war es
nur ein Traum

Der nächste Tag war warm und sonnig. Wir hatten die wichtigsten Sachen in den Umzugskisten gesichtet und entschieden, dass wir uns eine kleine Pause verdient hatten. Also luden wir die Kinder in den Pick-up und machten uns auf den Weg in die umliegenden Berge, dorthin, wo sich unser Fleckchen unbebauter Wildnis befand.

David steuerte den Pick-up über den Highway, vorbei an einzelnen Häusern und kleinen Ansiedlungen. Nach ungefähr vierzehn Kilometern bogen wir in eine schmale Nebenstraße ein. Die Straße führte direkt an einem abschüssigen Berghang entlang, und mehr als einmal stockte mir der Atem, als David das Fahrzeug in eine der vielen scharfen Kurven lenkte, an denen der Hang direkt neben der Straße steil abfiel. Die Berge lockten mich mit ihrer wilden Schönheit, aber ich spürte sofort, dass es eine Weile dauern würde, bis ich mich als geborene Flachländerin an die neuen Landschaftsverhältnisse gewöhnt hätte.

Die Straße schlängelte sich immer weiter bergauf. Unser Grundstück liegt gute sechshundert Meter über dem Highway, und da man auf den holprigen Nebenstraßen nur langsam vorankommt, nimmt die Fahrt dorthin einige Zeit in Anspruch.

Gerade malte ich mir in den düstersten Farben aus, wie wir wohl im Winter auf dieser abschüssigen Bergstraße zurechtkommen sollten, wenn wir erst unsere Ranch gebaut hätten und hier oben wohnten. Denn schließlich musste man ja auch mal einkaufen. Da erreichten wir ein idyllisches kleines Hochtal, in dem einmal die schönste und ertragreichste Ranch der Gegend gestanden hatte. Heute allerdings war davon nichts mehr zu sehen außer ein paar heruntergekommenen und verfallenen Gebäuden, die darauf warteten, dass jemand ihnen neues Leben einhauchte. Doch heutzutage schafft es kaum jemand in Kanada, ausschließlich von der Landwirtschaft zu leben – und Nebenjobs auf dem Land sind rar. Deshalb stehen viele der alten Farmen und Ranches leer und rotten vor sich hin. Manchmal kauft ein reicher Geschäftsmann aus Vancouver oder Calgary so ein altes Grundstück auf, um mit seiner Familie die Sommerferien dort zu verbringen, aber auch das wird immer seltener, denn die Grundstückspreise ziehen deutlich an.

»Mama, warum haben wir eigentlich das Haus in Greenwood gekauft?«, fragte Haley in die Stille hinein.

»Das weißt du doch«, erwiderte ich. »Wir brauchen ein Dach über dem Kopf, wenn das Baby kommt, und auf dem Ranchgelände gibt es noch kein Haus. Das müssen wir erst noch bauen, sobald wir mehr Geld haben.«

»Und warum mussten wir ausgerechnet hierherziehen?«, wollte Haley wissen. »Greenwood gefällt mir nicht besonders.«

»Mir auch nicht«, gab ich zu. »Aber dort wohnen wir ja auch nur vorübergehend. Wir sind wegen der Wildnis und den Bergen hierhergekommen.«

»Wir hätten aber auch woanders hinziehen können«, stellte Haley fest. »Berge gibt es in British Columbia doch überall.«

David und ich mussten lachen.

»Wir haben ja auch in ganz British Columbia nach einem passenden Grundstück gesucht«, erklärte David. »Erinnerst du dich noch, wo wir überall hingefahren sind, um uns

Grundstücke anzusehen? Wir waren auf Vancouver Island, an der Sunshine Coast und in der Gegend um Kamloops.«

»Und im Norden sind wir bis nach Valemount und Prince George gefahren«, fügte ich hinzu. »Überall war es schön. Doch entweder waren die Grundstücke zu teuer oder nicht wirklich das, was wir uns vorgestellt haben. Aber dann hat Papa dieses Grundstück hier gefunden.«

»Und wir sind hergekommen und fanden es alle toll«, sagte Haley eifrig.

»Richtig«, sagte David. »Unsere achtzig Hektar haben alles, was wir uns erträumt haben: unberührte Wildnis, majestätische Berge, keine Nachbarn, einen atemberaubenden Ausblick, eigene Quellen und ganzjährigen Zugang.«

»Ja, nicht so wie bei dem einen Grundstück, von dem uns gesagt wurde, dass die Zufahrtsstraße im Frühjahr während der Schneeschmelze komplett unter Wasser steht und für mehrere Monate unpassierbar ist«, sagte ich lachend.

»Oder das andere, bei dem die Zufahrt durch ein Reservat verlief und der Stamm den Anliegern die Benutzung verweigerte. Dort hätte man nur wohnen können, wenn man einen Helikopter besitzt«, meinte David.

»Ich freue mich schon, unser Grundstück wiederzusehen«, sagte Haley. »Wie lange dauert es noch, bis wir da sind?«

David und ich freuten uns auch. Sehr sogar. Die achtzig Hektar Wildnis, die nun uns gehörten, wogen alle Anstrengungen des Umzugs auf. Das Land war ein großer Teil unseres Traums von Freiheit. Ohne das Grundstück hätten wir nie damit beginnen können, diesen Traum in die Wirklichkeit umzusetzen.

»Ein bisschen wirst du dich noch gedulden müssen, Haley«, beantwortete David ihre Frage.

Geduld. Ich musste lächeln. Geduld war nie eine meiner

Stärken gewesen, obwohl es sich sehr gebessert hatte, seit die Kinder geboren waren. Glücklicherweise hatte ich nicht ewig auf die Erfüllung unseres Traums vom Leben in der Wildnis warten müssen, doch viele Jahre lang war ich zu ängstlich gewesen, es überhaupt ernsthaft in Erwägung zu ziehen.

Unser Weg war in den fünf Jahren zuvor oft holprig gewesen und hatte um viele unvorhergesehene Biegungen geführt. Viele Umwege waren notwendig gewesen, um uns Klarheit zu verschaffen und mich an den Punkt zu bringen, einem Umzug in die Wildnis von ganzem Herzen zuzustimmen. Umwege, die uns einige Bauchschmerzen und harte Arbeit beschert hatten. Aber so ist es nun mal im Leben: Bei vielen Ereignissen und Begebenheiten lernt man erst viel später, oft Jahre danach, warum sie geschehen sind und wichtig waren. So erging es uns jedenfalls, als wir vor der Frage standen, ob wir unsere Wurzeln im Reservat schlagen sollten. Wir lebten damals bereits seit einigen Monaten dort. Die Entscheidung über das Rundhausprojekt war immer noch nicht getroffen, und wir begannen intensiver darüber nachzudenken, ob das Reservat wirklich der geeignete Wohnort für uns als »gemischtes Ehepaar« war. Natürlich wäre uns die Entscheidung leichter gefallen, wenn der Bau des Rundhauses Gestalt angenommen hätte. Aber so?

Und es kamen noch andere Aspekte hinzu. Bauten wir unser Haus auf dem Gebiet des Reservats, so bedeutete das eine Entscheidung fürs Leben. Reservatsland darf nämlich nur an Stammesangehörige verkauft werden. Ein halber Hektar Land im Reservat kostet daher ungefähr sechshundert Dollar, während man für ein gleichwertiges Stück Land in der Umgebung von Chilliwack damals mehr als zehntausend Dollar aufbringen musste. Dies bedeutete aber gleichzeitig, dass es außer anderen Stammesangehörigen keine Interessenten für einen eventuellen Hausverkauf geben würde. Und die Indianer hatten im Normalfall nur sehr wenig Geld zur Verfügung. Für ein Blockhaus wie wir es bauen wollten, würden wir im Reservat bei einem Verkauf nicht einmal die Baukosten wieder hereinbekommen. Und wer konnte es sich schon leisten, ein ganzes Haus praktisch zu verschenken? Daher rührten also meine Befürchtungen, dass ein Hausbau auf dem Reservatsland eine Entscheidung fürs Leben sein würde – im positiven wie im negativen Sinne.

Dann wurde ich schwanger, und diese Tatsache warf ein völlig neues Licht auf unsere Möglichkeiten. Plötzlich ging es nicht mehr nur allein um David und mich, um den Bau des Rundhauses und die räumliche Nähe zu Davids Familie, sondern auch um das Wohlergehen des Menschleins, das uns zur Obhut gegeben worden war.

Da wir von Davids unmittelbarer Familie keinen objektiven Rat bekamen, weil sie uns natürlich in der Nähe behalten wollten, beschlossen David und ich, Rosaleen zu fragen. Sie hatte immer ein offenes Ohr für unsere Angelegenheiten und war weise genug, um ihre eigenen Gefühle nicht vor das Wohlergehen anderer zu stellen.

Also suchten wir sie eines Abends in ihrem kleinen Haus in der Wohnsiedlung des Reservats auf und erzählten ihr von unserem Zwiespalt. Rosaleen hörte uns wie immer schweigend zu, ein Lächeln auf dem Gesicht und die knorrigen Hände im Schoß gefaltet. Sobald wir geendet hatten, begann sie mit einer ihrer berühmten Geschichten, die mich an diesem Abend allerdings etwas verwirrte. Ich hatte darauf gehofft, eine klare Antwort zu bekommen, konnte aber beim besten Willen keinen Zusammenhang zwischen Rosaleens Erzählung und unserem Zwiespalt erkennen.

Rosaleen muss mir die Verwirrung von den Augen abgelesen haben, denn am Ende ihrer Erzählung nahm sie meine Hand, sah uns eindringlich an und sagte mit ihrer leisen, sanften Stimme: »Eure eigene Familie ist von nun an das Allerwichtigste. Stellt sicher, dass eure Kinder eine schöne Kindheit erleben, eine freie Kindheit, eine Kindheit in und mit der Natur. Baut euer Zuhause an einem Ort, an dem man der Stimme des Windes lauschen kann und dem Rauschen der Bäume. Dort, wo unsere Ahnen, die Geistwesen und die Tiere noch frei umherstreifen können. Dies ist mein Rat an euch.«

Wir verließen Rosaleens Haus an jenem Abend recht bedrückt. Einerseits stellten ihre Worte eine große Erleichterung für uns dar, weil wir nun genau wussten, was wir zu tun hatten. Andererseits waren wir traurig, denn es war klar, dass wir nicht im Reservat bleiben konnten. Die Lebensumstände dort waren zwar wirklich nicht großartig und ich fühlte mich befreit, endlich dort fortzukommen. Doch unsere Entscheidung bedeutete auch, dass wir die Nestwärme von Davids großer Familie verlassen und uns unseren eigenen Weg außerhalb des Reservats suchen mussten.

Es ist schwer zu beschreiben, doch in gewisser Weise bot das Reservat uns tatsächlich Schutz. Dort zu leben hatte seine Nachteile, aber es machte Außenstehenden auch eindeutig klar, zu welcher Seite man gehörte. Anfeindungen von außen hielten sich in Grenzen, weil man sich als zugehöriger Indianer oder als Frau eines Indianers genau dort befand, wo man sich laut gesellschaftlicher Vorstellung aufhalten sollte. Sich als Indianer in die Welt außerhalb des Reservats vorzuwagen macht einen bei vielen Weißen, besonders auf dem Land, schnell zur Zielscheibe für Abneigung und Hass. Nicht zuletzt auch deshalb, weil man sich plötzlich in der Minderheit befindet und vollkommen allein dasteht.

Doch David und ich hatten keine Angst, schließlich waren

wir aufgeschlossene Menschen und daran gewöhnt, mit anders Gesinnten auszukommen. Vielleicht würde es anfangs etwas schwierig werden, aber wir waren überzeugt: Wo immer wir auch landeten, früher oder später würden wir Freunde finden. Außerdem wollten wir ja in die Natur ziehen, und dort würde es sowieso kaum Nachbarn geben.

Doch mit unserer Entscheidung standen wir auch vor einem neuen Problem. Zwar hatten wir genügend Geld gespart, um die Baumstämme für das Blockhaus zu bezahlen, aber woher sollten wir das Geld nehmen, ein Grundstück zu kaufen? Als Künstler hatte David kein regelmäßiges Einkommen, und mein Diplom als Finanzwirtin wurde in Kanada nicht anerkannt. Außerdem gab es auf dem Land viel weniger gutbezahlte Jobs als in der Stadt.

Da erinnerte David sich daran, dass die Behörden ab und zu Regierungsland vergaben. In Kanada befindet sich nämlich nur ein geringer Teil des Landes in Privatbesitz. Weite Teile unbebauter Wildnis gehören der Regierung beziehungsweise der englischen Krone und heißen dementsprechend *Crown land.* Crown Land soll grundsätzlich allen Bürgern zur Nutzung offenstehen, also zum Wandern, Jagen und so weiter. Ab und zu werden Gebiete, *claims* genannt, an Goldsucher oder Holzfäller vergeben. Die Bodenschätze oder Bäume dort können sie dann für einen begrenzten Zeitraum und gegen eine geringe Abgabegebühr für ihre eigenen Zwecke nutzen.

Bis in die siebziger Jahre wurden zusätzlich Claims an sogenannte *homesteaders* vergeben. Homesteaders waren Menschen, die das Land bebauen und sich ein Heim darauf errichten wollten. Schafften sie es, das Land fünf Jahre lang nachweislich zu bewirtschaften, so erhielten sie die Option, es anschließend für eine geringe Summe von der Regierung zu kaufen. Diese Einrichtung stammte noch aus der Pionierzeit des 19. Jahrhunderts.

David wusste nicht, ob es diese Möglichkeit noch immer gab, aber er besaß seit einigen Jahren die Schürfrechte an einem Claim in der Nähe von Lillooet, und wir hofften, dass wir der Regierung dieses Land abkaufen könnten.

Davids Claim umfasste ungefähr achtzig Hektar Wildnis inklusive einer Ader mit weißem Granit, den David stückweise abbauen wollte, um daraus Skulpturen zu erschaffen. Ein solch reiner weißer Granit war rar und teuer. David würde auf diese Weise sehr viel Geld sparen können.

Der Claim befand sich fast vierzig Kilometer außerhalb von Lillooet an einer Straße, an der sonst niemand wohnte und die im Winter nicht immer geräumt sein würde. Diese Tatsache machte mir mehr Sorgen, als ich mir eingestehen wollte. Zwar erwarteten wir unser Baby im Juli und somit würde es keine Probleme geben, das Krankenhaus in Lillooet zu erreichen. Aber was, wenn es im Winter einen Notfall gab und wir nicht rechtzeitig in die Stadt gelangen konnten? Doch ich schob meine Ängste und Zweifel beiseite, denn aufgrund unseres knappen Budgets blieb uns kaum eine andere Wahl. Die Landschaft beim Claim war jedenfalls atemberaubend, und wir würden uns schon daran gewöhnen, auf uns allein gestellt zu sein.

David sprach also mit allen möglichen Ämtern und bemühte sich wochenlang um einen positiven Bescheid. Wir fuhren sogar zum *Land Title Office* nach Kamloops und trugen unser Anliegen vor einer Landkommission vor. Doch schließlich mussten wir uns geschlagen geben. Die Regierung würde das Land in dem Gebiet von Davids Claim in nächster Zukunft nicht zum Verkauf freigeben, und wir mussten eine andere Lösung finden.

Nach langer Suche trafen wir dann auf ein sehr nettes älteres Ehepaar, das ein dreitausend Quadratmeter großes Grundstück in Laidlaw, einer kleinen Siedlung in der Nähe von Hope, zu verkaufen hatte. Sie besaßen noch andere Grundstücke in der Gegend und boten uns an, in einem ihrer Häuser zu wohnen, bis unser eigenes bezugsfähig war.

Nach den vielen Wochen der Ungewissheit kam uns das Angebot beinahe vor wie ein Traum. Nicht nur, dass Laidlaw keine sechzig Kilometer vom Reservat entfernt lag und wir somit Davids Familie regelmäßig besuchen könnten; wir hatten auch die Möglichkeit, während des Baus gleich nebenan zu wohnen, und würden somit viel Benzin und Fahrzeit sparen.

Laidlaw selbst bestand lediglich aus drei Straßen und ein paar Häusern, hatte aber Anschluss an den Highway, und die Kleinstadt Hope, in der es ein Krankenhaus, eine Schule, eine Freizeitanlage und Supermärkte gab, war kaum fünfzehn Kilometer entfernt. Trotzdem war man der Wildnis ganz nah, denn gleich hinter den Häusern ragten die dichtbewaldeten Hänge der Coastal Mountains steil in den Himmel empor. Also wagten wir den Schritt, kauften das Grundstück und ließen die Stämme für das Blockhaus anliefern.

Das Haus sollte nach Fertigstellung ungefähr fünfundneunzig Quadratmeter Wohnfläche haben. Davids Cousins, die schon oft Häuser gebaut hatten, versicherten uns, dass wir »so ein kleines Haus« im Nu gebaut haben würden, auf jeden Fall lange, bevor das Baby kam.

Das mit der Hausgröße ist wirklich so eine Sache. Für deutsche Verhältnisse waren fünfundneunzig Quadratmeter damals recht ansehnlich, für Nordamerika jedoch – so stellten wir schnell fest – ist es nicht viel mehr als ein Wochenendhaus. Selbst die Häuser im Reservat waren viel größer. Jack, einer von Davids Cousins, erklärte uns unverblümt, unser Haus sei kaum größer als seine Küche.

Aber so einfach und schnell, wie man ihn uns angepriesen hatte, lief der Hausbau dann doch nicht. Zunächst erfuhren wir mit Schrecken, dass das von uns bereits bezahlte Blockhauspaket wirklich nur die Stämme beinhaltete. Weder Fenster noch Türen noch das Dach waren im Preis enthalten. Und dann musste unser Grundstück laut Baubehörde noch aufgeschüttet werden, denn es befand sich in einem Gebiet, das schon öfter während der Schneeschmelze im Frühsommer überflutet worden war.

Die anfallenden Kosten stiegen immer weiter an, und wir mussten ja auch noch das Grundstück selbst bezahlen. Schnell waren unsere Ersparnisse aufgebraucht und das Haus noch lange nicht fertig, obwohl wir alle Arbeiten selbst ausführten. Die Bank gab uns keinen Kredit, weil wir beide nicht über ein geregeltes Einkommen verfügten. Eigentlich waren wir froh darüber, denn wie sollten wir mit unserer ungewissen finanziellen Lage jemals regelmäßige Monatszahlungen leisten?

So bedurfte es eines großen finanziellen Balanceaktes und dauerte noch ein gutes Jahr, bis das Haus endlich bezugsfertig war. Wegen meiner Schwangerschaft mit Haley konnte ich David am Ende kaum mehr helfen. Und dass, obwohl der Bau sich als ungemein aufwendig herausstellte: Die Baumstämme trocknen nämlich nach der Fertigstellung noch einige Jahre nach, und man muss nicht nur über den Fenstern und Türen ausreichend Platz lassen, sondern auch alle Innenwände und Stützpfeiler so verlegen, dass sie mit dem Rest des Hauses mitschrumpfen können. Dazu kam, dass weder David noch ich jemals zuvor ein Haus gebaut hatten. Wir konnten zwar mit den Werkzeugen umgehen und eigneten uns das nötige Wissen schnell an, aber es wurde letztendlich doch viel mehr

Arbeit, als wir zunächst angenommen hatten – von der Umstellung von Metern und Zentimetern auf *feet* und *inches,* die es für mich bedeutete, einmal ganz zu schweigen.

Wenn wir gewusst hätten, wie viel Mehrarbeit so ein Blockhaus mit sich bringt, wären wir gleich am Anfang auf ein konventionelles Haus umgestiegen. Doch der Hausbau war mit all seinen Entbehrungen und der harten Arbeit ein gutes Training für die Zukunft. So verbrachte Haley ihre ersten drei Lebensmonate auf der Baustelle, und ich half David zwischen Windelwechseln und Stillen, das Haus fertigzustellen. Es war eine Erfahrung, die ich nicht unbedingt wiederholen möchte, aber heute bin ich stolz darauf, denn sie zeigte mir, dass man alles erreichen kann, solange man den Willen dazu hat. Es war der Beginn meiner Gewöhnungszeit an ein ganz anderes Leben.

In Laidlaw hatten wir einige sehr nette Nachbarn und einige weniger nette, so wie das wohl in den meisten Gegenden vorkommt. Das junge Ehepaar, das gleich nebenan wohnte, gehörte zu einer christlichen Großfamilie, die in Laidlaw einen umfangreichen landwirtschaftlichen Betrieb besaß. Familie Klop war anfangs zurückhaltend, aber immer höflich und hilfsbereit, und sobald David und ich bewiesen hatten, dass wir ebenso ordentlich und nett waren wie sie, wurden wir anstandslos als Nachbarn akzeptiert.

Clara Klop war ein Jahr älter als ich und hatte ihr erstes Baby sechs Wochen vor Haleys Geburt bekommen, also tauschten wir uns hin und wieder über den Zaun hinweg aus. Ich stellte sehr bald fest, dass Familie bei Klops ebenso großgeschrieben wurde wie bei uns. Clara stammte aus einer Familie mit zwölf Kindern (ihr jüngster Bruder war ein Jahr jünger als ihre eigene Tochter), und in der Familie ihres Mannes gab es ebenfalls mehr als zehn Kinder. Am laufenden Band wurden Geschenke für Claras Baby abgegeben, und natürlich hatte sie Babysitter im Überfluss, eine Tatsache, um die ich sie oftmals beneidete.

Wie viele kanadische Frauen, die auf dem Land leben, hatte auch Clara einen großen Garten und kochte unheimliche Mengen an Obst und Gemüse ein. Außerdem nähte und strickte sie viel für ihr Baby, was unter meinen Freundinnen in Deutschland zu der Zeit nicht sehr angesagt war. Ich begriff schnell, dass es gut wäre, dabei mithalten zu können, um als Nachbarin noch besser angenommen zu werden. Das passte mir gut, denn ich handarbeite und bastle gern und freute mich, dass diese Dinge bei meinen Nachbarn einen so hohen Stellenwert genossen. Alles in allem war ich glücklich und zufrieden mit unserem neuen Zuhause.

Es gab aber auch weniger nette Nachbarn, die uns jedes Mal, wenn sie an unserem Grundstück vorbeikamen, ihre Meinung mitteilten – ob wir sie nun hören wollten oder nicht. Unser Grundstück hatte die Form eines langen dünnen Keils, so dass wir eine sehr lange Front parallel zur Straße hatten. Dazu kam, dass wir unser Grundstück wegen der Überflutungsgefahr im Frühjahr laut Gesetz hoch hatten aufschütten müssen. Nun saßen wir sozusagen auf dem Präsentierteller – nicht nur von der Landstraßenseite her, sondern auch vom Highway aus. So etwas wie Privatsphäre gab es nicht wirklich, und David stellte mehr als einmal fest, dass jeder, der auf dem Highway vorbeifuhr, wusste, was es bei uns am jeweiligen Tag zu essen gab. Für David war diese Situation noch viel schlimmer als für mich, denn er fertigte seine Skulpturen auf unserem Grundstück an. Und da die meisten seiner Kunstwerke sehr groß sind und wir weder Zeit noch Geld hatten, ein Studio für ihn zu bauen, arbeitete er draußen. Ich weiß nicht, ob es einen Unterschied gemacht hätte, wenn er in einer Halle gearbeitet hätte. Unsere weniger netten Nachbarn hielten es ganz offensichtlich für ihre Pflicht, ständig an unserem Grundstück vorbeizugehen und sowohl Davids Werke als auch das Tempo und die Dauer seiner Arbeiten lautstark zu kommentieren. Solche Umstände sind schon für einen Handwerker schwer zu tolerieren. Für David als Künstler war es unerträglich, sowohl sich selbst als auch seine Arbeit in den verschiedenen Phasen derart zur Schau gestellt zu wissen.

Die Situation spitzte sich in den nächsten Monaten weiter zu, und als sich uns zwei Jahre später die Gelegenheit bot, ein abgelegenes Grundstück mit Haus und Halle günstig zu erstehen, beschlossen wir schweren Herzens, das Blockhaus in Laidlaw zu verkaufen und umzuziehen.

Das neue Grundstück befand sich einige Kilometer nördlich von Hope im Fraser Canyon, in einer Gegend, die *Dogwood Valley* genannt wird, weil dort so viele wilde *Pacific Dogwood*-Bäume wachsen. Unser Haus war das letzte in der Straße und dicht von Zedern umstanden. Unterhalb des Hauses schlängelte sich ein kleiner Bach, und um die weitläufigen Rasenflächen waren Beete mit Rhododendren und anderen Ziersträuchern angelegt. Der Mann, der das Haus vor mehr als dreißig Jahren erbaut hatte, benötigte eine ausreichend große Halle, in der er Lastwagen parken und reparieren konnte. Es war der ideale Ort für David, um seine Skulpturen zu erschaffen.

Das Haus selbst war so stattlich und geräumig, dass es mir beinahe Angst einflößte. Aber wir waren eine wachsende Familie – Baby Nummer zwei war unterwegs – und konnten Platz gut gebrauchen. Die Inneneinrichtung des Hauses war noch aus den Sechzigern und ziemlich altmodisch, aber von guter Qualität, und überhaupt war das Gebäude insgesamt noch gut in Schuss.

Bei dem Verkauf handelte es sich um eine Zwangsversteigerung. Die Bank wollte Haus und Grundstück gern an eine Familie abgeben. Wir hatten Glück, erhielten den Zuschlag, und ehe wir es uns versahen, wohnten wir in einem fünfhundert Quadratmeter großen Haus mit Säulenvorbau im neogriechischen Stil am Eingang, drei Kaminen, vier Badezimmern, einer eigenen Tiefgarage unter dem Haus und einem Wohnzimmer, in dem die nun zweijährige Haley Fahrrad fahren konnte. Später erfuhren wir, dass unser neues Heim einmal das vornehmste und teuerste in der ganzen Gegend gewesen war. Als man in den achtziger Jahren einen der »Rambo«-Filme in der Nähe von Hope drehte, waren hier sowohl Sylvester Stallone als auch Kirk Douglas (dem man eine Rolle in dem Film angeboten hatte, die er dann jedoch nicht annahm) einquartiert worden.

Uns ging es jedoch nicht um das Haus und seine Geschichte, sondern darum, dass David in Ruhe arbeiten konnte und die Kinder gleichzeitig ein schönes Zuhause hatten, in dem sie naturnah und unbeschwert aufwachsen würden. Das hatten wir mit dem Umzug nach Dogwood Valley auf jeden Fall erreicht.

Bald schon bemerkten wir jedoch, dass man uns anders begegnete, seit wir in dem großen Haus wohnten. Einige unserer früheren Nachbarn hielten uns für Snobs und redeten nicht mehr mit uns. Andere waren entgeistert darüber, wie ein »Indianer« ein so prächtiges Haus in die Finger bekommen konnte. Am schlimmsten waren für uns aber wohl die Menschen, die uns vorher nicht beachtet oder sogar angefeindet hatten und nun auf einmal überaus höflich taten und mit uns befreundet sein wollten – frei nach dem Motto: Kleider machen Leute.

Wir aber waren immer noch dieselben Menschen wie zuvor.

Das Haus passte vom Stil her nicht zu uns, das wussten wir, aber es erfüllte seinen Zweck. Mit der Zeit jedoch wurde unser Bedürfnis immer größer, nicht wegen unseres Hauses respektiert und akzeptiert zu werden, sondern wegen unserer Persönlichkeit. Wir wollten einfach wir selbst sein. Doch wo passten wir hin?

Wir wussten es damals nicht, aber Dogwood Valley war ein weiterer Schritt fort von Nachbarn und Städten und zugleich eine notwendige Vorbereitung für den späteren Umzug in die Wildnis. In Dogwood Valley wurden David und ich unserer Mitmenschen so überdrüssig, dass wir den Entschluss fassten, unsere Familie in die Einsamkeit der Berge umzusiedeln und dort endlich unseren eigenen Weg zu gehen.

Wildnis pur

ir sind da!«, riefen Haley und Sam aufgeregt und kletterten aus dem Pick-up.

David und ich folgten ihnen, und auch wir konnten unsere Begeisterung nicht verbergen. Wir waren tatsächlich hier, auf unserem eigenen Land inmitten der Wildnis!

Dankbar schloss ich die Augen. Ich genoss wohlig die Sonnenstrahlen auf meinem Körper, hörte den Wind durch die mächtigen Ponderosa-Kiefern streichen und vernahm das melodische Zirpen Tausender Grillen. Es roch herrlich nach warmer Erde und würzigen Tannennadeln. Das wunderbare Gefühl von Freiheit, das mich immer dann ergriff, wenn ich mich in der Wildnis aufhielt, überkam mich auch jetzt.

Ich öffnete die Augen und blickte verzückt auf die Bergketten, die sich über den ganzen Horizont hinweg erstreckten, auf die mit Kiefern, Fichten und Espen bewaldeten Berghänge und die mit farbenfrohen Wildblumen übersäten Gebirgswiesen. Dieses Stück Land würde hoffentlich schon bald mein neues Zuhause sein. Hier würden wir unser Haus bauen, einen Gemüsegarten anlegen und Tiere halten. Hier würden Haley, Sam und das neue Baby aufwachsen und ihre Kindheit verbringen. Und hier würde ich durch die Wildnis streifen und Kräuter sammeln, so wie Rosaleen es mir gezeigt hatte.

Ein tiefes Gefühl von Frieden schien von dem Land selbst auszugehen und breitete sich nun auch in mir aus. All meine Zweifel wurden davongespült. Wie froh ich in diesem Augenblick war, Rosaleens Rat befolgt zu haben! Wir würden hier glücklich sein, das spürte ich deutlich. Flüchtig dachte ich an die entgeisterten Gesichter und verständnislosen Worte unserer Bekannten, als wir ihnen von unseren Plänen erzählten: »Was wollt ihr bloß da draußen in der Wildnis?« Ein Lächeln stellte sich auf meinem Gesicht ein, denn mein Herz wusste in diesem Augenblick sehr genau, was wir hier wollten, und dieses Gefühl reichte mir.

Unsere gut achtzig Hektar Land bestanden aus purer Wildnis: lichter Wald, versteckte Quellen, rauhe Felsen, sanft ansteigende Bergwiesen und Wildblumen. Das Land war noch ziemlich genau so, wie der Große Geist es erschaffen hatte. Von hier oben sah der Highway aus wie ein dünnes, graues Band, das sich, einem Schmutzfleck gleich, durch die Landschaft wand – eines der wenigen Dinge, die uns hier oben an die Zivilisation erinnerten. Direkte Nachbarn gab es keine, ebenso keinen Strom und kein Telefon, keine Wasserleitungen, keine asphaltierten Straßen, ja nicht einmal einen Zaunpfahl. Was immer David und ich uns in unseren Träumen für die Ranch ausmalten, wir würden es auf diesen Berg heraufbringen und mit unseren eigenen Händen erbauen müssen.

In Gedanken sah ich mich schon über die Bergwiesen reiten. Ein eigenes Pferd zu haben war schon lange ein geheimer und inniger Wunsch von mir. Hier oben würde er sich vielleicht eines Tages erfüllen lassen. Doch fürs Erste riss Sam mich aus meinen Tagträumen. Er zupfte an meinem Hosenbein und sah mich neugierig an: »Mama, ist das da ein echter Bär?«

Mein Herz machte einen Satz. *Ein Bär? Wo?* Hastig sah ich mich um.

»Dort drüben«, meinte Haley aufgeregt und deutete in die Richtung, in die nun auch ich blickte.

Und tatsächlich, keine sechzig Meter von uns entfernt trottete ein zotteliger Schwarzbär gemütlich am Rande des Abhangs entlang.

»Der Bär schaut nur mal, wer da in sein Revier gezogen ist«, sagte David und fügte mit lauter Stimme hinzu: »Bruder Bär, wir wollen dir nichts anhaben. Wir bitten dich nur, dein Heim mit uns zu teilen, denn von nun an werden auch wir hier zu Hause sein.«

Der Bär blieb stehen, drehte den Kopf in unsere Richtung und sah uns eine Weile eindringlich an, ganz so, als wolle er sicherstellen, dass er uns auch wirklich vertrauen könnte. Dann wandte er sich ab, trottete den Abhang hinunter und verschwand aus unserer Sicht.

Haley und Sam waren begeistert, denn sie hatten erst wenige Bären aus solcher Nähe und noch dazu in freier Wildbahn gesehen. Ich war für einen Großstadtmenschen, für den es nicht gerade alltäglich ist, dass ein Bär seinen Weg kreuzt, überraschend ruhig. Ich war vom Anblick und der Kraft des Bären eher fasziniert, und die Begegnung mit wildlebenden Tieren ängstigte mich nicht mehr. Im Gegenteil, ihre Gegenwart brachte eine gewisse Erdung mit sich, die mir bisher gefehlt hatte.

Vor einigen Jahren, als ich gerade erst nach Kanada gezogen war, sah meine Naturverbundenheit noch ganz anders aus. Ich setzte mich zu Haley und Sam ins hohe Gras und erzählte ihnen von meinem ersten Besuch in British Columbia, wo ich die kanadische Wildnis und die Tiere, die dort leben, entdecken durfte. Ich schwärmte, wie glücklich sie sich schätzen durften, an einem so unberührten Ort aufwachsen zu können. Doch ich bin mir nicht sicher, ob sie das damals schon verstanden haben.

Als ich das erste Mal mit David nach Kanada gereist war, hatten mich die Größenverhältnisse, die hier herrschten, schier überwältigt. Jedem Touristen, der sich einige hundert

Kilometer weit von Großstädten wie Vancouver entfernt, fallen sofort die vergleichsweise leeren Highways auf, die sich durch die verlassene, unberührte Natur ziehen. Alles scheint hier so viel größer zu sein als in Deutschland, so dass man glaubt, einen größeren persönlichen Freiraum zu haben. Selbst in der Stadt, wo sich die Menschen und Autos drängen, hat man durch den Blick auf die angrenzenden Berge und Wälder nicht das Gefühl, eingepfercht zu sein. Erstaunt war ich damals auch über die Gelassenheit, die in Kanada vorherrschte. Kinder wurden in Restaurants und Geschäften nicht zur absoluten Ruhe angehalten, sondern es wurde akzeptiert, dass durch die Kleinen automatisch mehr Unruhe entstand. Die Leute regten sich deshalb nicht auf, ganz im Gegenteil. Die Angestellten in den Geschäften freuten sich immer über den Besuch von Familien – eine Tatsache, die ich sehr schätzen gelernt hatte, seit ich selbst mit Kindern unterwegs war. Oft denke ich, dass sich die unmittelbare Gegenwart der Wildnis auch auf den Geist der Menschen auswirkt, die in ihr oder in ihrer Nähe leben. Das trifft natürlich nicht auf alle zu, aber ich denke, dass sich die meisten Lebensumstände in irgendeiner Form auf das Gemüt auswirken, also auch die Nähe zur Natur.

Absolut beeindruckend war für mich die Erfahrung, wie schnell man Dinge für sich persönlich akzeptieren kann. Bekanntlich gewöhnt sich ein Mensch mit der Zeit ja an alles – im Guten wie im Schlechten –, aber ich hätte nie gedacht, dass es so schnell gehen würde. So hatte ich keine Probleme, mich mit den größeren Autos anzufreunden, und fuhr schon nach wenigen Tagen unseren alten *Ford Crown Victoria*-Straßenkreuzer mit 8-Liter-Motor, als handle es sich um einen VW Käfer. Ebenso gewöhnte ich mich in null Komma nichts an die riesigen Supermärkte, an deren Kassen nie mehr als zwei

Leute vor einem standen und in denen einem die Einkäufe eingepackt wurden. Und natürlich daran, dass man fast überall einen Parkplatz bekam, für den man nicht rückwärts einparken musste. Nur die Fast-Food-Restaurants wollten mir nicht recht ans Herz wachsen. An den Anblick der Berge und Wälder hatte ich mich jedoch im Nu gewöhnt.

Gleich bei unserem ersten gemeinsamen Besuch in Kanada machte David mit mir eine Fahrt durch British Columbia und die Rocky Mountains bis nach Alberta. Wir folgten dem Trans-Canada-Highway durch den zerklüfteten Fraser Canyon bis nach Lytton. Von dort ging es nach Kamloops und weiter in den Norden bis Tête Jaune Cache. Wir durchfuhren die Rocky Mountains, bis wir Jasper erreichten und wählten unseren Weg zurück ins Fraser Valley über Lake Louise, Golden, Cranbrook und Princeton.

Ich weiß nicht, wie viele Fotos ich auf dieser Rundreise schoss, aber es müssen mindestens fünfzehn Filmrollen gewesen sein. Murmeltiere auf rauhen Felsbrocken, Adler in hohen Baumkronen, Bergschafe mitten auf dem Highway, eine Herde Wapitis am Straßenrand, mit Gletschern bedeckte Berghänge, verlassene Seen, in denen sich die Berge spiegelten – und ein Schneesturm Ende September. Ich war absolut fasziniert! Aber erst auf Davids Claim in der Nähe von Lillooet hielt ich mich zum ersten Mal wirklich in der Wildnis auf, statt sie nur zu durchfahren. Und ich muss sagen, dass es ein ganz anderes Gefühl war, als sie sich einfach aus der Sicherheit des Wagens oder von den Aussichtsplätzen aus anzusehen, die für die Touristen neben dem Highway angelegt worden waren.

Davids Claim befindet sich knapp vierzig Kilometer außerhalb von Lillooet. Eine Schotterstraße, die Lillooet mit Pemberton verbindet, führt direkt daran vorbei, aber da das Land entlang der Straße Crown Land ist, zieht sie sich durch die pure Wildnis. Alles, was man dort sieht, sind dicht an dicht gedrängte Zedern und Hemlocktannen, steile Berghänge und schmale Gebirgsbäche. Die Landschaft dort ist wirklich einmalig schön, und ich konnte es kaum abwarten, endlich darin umherzustreifen. Natürlich wusste ich von den wilden Tieren in der Gegend, aber ich sagte mir, dass es recht unwahrscheinlich sein würde, gerade in dieser unendlichen Weite auf einen Bären, Kojoten oder Wolf zu treffen.

Leichtsinn? Nein, Unerfahrenheit. Wenn man nicht in der Wildnis aufgewachsen ist, hat man meist keine wirkliche Vorstellung davon, wie viele wilde Tiere dort leben und wo es am wahrscheinlichsten ist, auf sie zu treffen. David kannte sich aus, aber er sagte mir später, dass er mir absichtlich nicht zu viel davon erzählt habe, damit ich mir nicht unnötig Sorgen machte. Und Sorgen machte ich mir damals wirklich nicht. Nicht einmal, als David, nachdem wir den Claim erreicht hatten, ein Gewehr aus dem Kofferraum holte. Eine Vorsichtsmaßnahme, was sonst? Wir hatten einiges abzumessen, mussten uns dabei einen Weg durch die Wildnis bahnen, und David war nun mal ein umsichtiger Mensch.

Es war ein absolut einmaliges Gefühl, sich in der unberührten Natur aufzuhalten. Ich wusste, außer uns war im Umkreis von bestimmt dreißig Kilometern kein Mensch, aber dennoch hatte ich das Gefühl, nicht allein zu sein. Es war, als sähen uns unzählige Augenpaare bei der Arbeit zu, doch immer, wenn ich mich umschaute, war niemand zu sehen. Mir kam es vor, als würde ich aus dem Weltall nach unten blicken und mich in Stecknadelgröße in der enormen Weite der Landschaft entdecken. Ein Gemisch aus Beklommenheit, Respekt und Faszination überkam mich, und ich fühlte mich furchtbar klein. Zugleich spürte ich, wie etwas unglaublich Starkes an meinem

Herzen zupfte. Es war der Lockruf der Wildnis. Dieser Ruf hat mich bis heute nicht losgelassen.

Richtig mit der Angst bekam ich es dann aber doch noch zu tun. David ging zum Wagen zurück, um etwas zu holen, und ich stand für ein paar Minuten allein da. Die Geräusche des Waldes schienen immer lauter zu werden und mich völlig vereinnahmen zu wollen. Hinter mir knackte ein Ast, im Unterholz raschelte es, und irgendwo über mir ertönte der verlorene Schrei eines Raubvogels. Sollte das womöglich eine Warnung sein?

Ich sah mich unbehaglich um. Das Rascheln wurde lauter. Instinktiv trat ich einen Schritt zurück. Da streckte ein Streifenhörnchen seinen Kopf zwischen den Blättern des nächstgelegenen Busches hervor und grinste mich frech an. Ich atmete erleichtert auf und schalt mich selbst dafür, so ein Angsthase gewesen zu sein.

Doch bevor ich mich von meinem Schrecken erholt hatte, fiel mir ein Baum auf, dessen Äste über und über mit etwas behangen waren, das wie lange Haarbüschel aussah. Die Büschel waren von der Sonne verblichen, und ihre braune Farbe hatte einen grünen Stich bekommen. Nach Menschenhaar sah es nicht aus, das wäre auch absolut lächerlich gewesen. Kein Mensch reißt sich all sein Haar aus und hängt es dann an die Zweige eines Baumes. Ich folgerte also, dass es sich nur um die Fellfetzen irgendeines Tieres handeln konnte. Ein Hirsch hatte kurzes Fell und kam somit nicht als Verursacher in Frage. Ein Wolf hatte struppiges Haar, aber er war viel zu klein, um so weit oben an den Baum zu gelangen. Dann kam mir ein Gedanke, der mich noch unruhiger machte: Es konnte sich eigentlich nur um einen Bären handeln!

Als David einen Augenblick später zu mir zurückkehrte, war ich fest davon überzeugt, dass sich irgendwo in unserer

Nähe ein großer Bär aufhalten musste. Blass vor Schreck zeigte ich David meine Entdeckung. Und was tat der Mann? Er lachte! Zuerst war ich ein wenig eingeschnappt, aber als er mir erzählte, dass es sich bei meinem »Bärenhaar« in Wirklichkeit lediglich um eine Baumflechte handelte, musste auch ich lachen. Wie leicht es doch war, wegen einer Lappalie in Panik zu geraten! Dies also war meine erste Lektion in »Überleben in der Wildnis«.

David meinte, es sei an der Zeit für mich zu lernen, wie man mit einem Gewehr umging – nur für alle Fälle. Und so erhielt ich auf dem Claim auch gleich meine erste Unterweisung im Schießen. David reichte mir sein Gewehr und zeigte mir genau, wie es zu handhaben war. Es handelte sich um eine gut einhundert Jahre alte Winchester '94, die genauso aussah wie in den Wildwestfilmen. Unwillkürlich fühlte ich mich in meine Kindheit zurückversetzt, in der ich Matt Dillons Schießkünste in der TV-Serie »Rauchende Colts« oder die der Cartwrights in »Bonanza« bewundert hatte. Was konnte schon groß dabei sein, mit einem Gewehr umzugehen?

David stellte ein paar Tannenzapfen auf einen umgestürzten Baumstamm und zeigte mir, wie man anlegte und abdrückte. Zielen, ruhig atmen, den Atem anhalten und mit dem Zeigefinger den Abzug langsam drücken, lauteten seine Anweisungen. Und natürlich auf keinen Fall die Augen zukneifen. Das schien mir doch irgendwie viel komplizierter, als es im Fernsehen aussah, und so beschloss ich, mein Bestes zu geben und es einfach zu probieren.

Ich legte also das Gewehr an, zielte, kniff trotz Davids Warnungen die Augen zusammen und drückte ab. Der Knall war ohrenbetäubend und hallte von den umliegenden Berghängen wider. Ein leises Summen in meinen Ohren sagte mir, dass ich das nächste Mal wohl besser Ohrstöpsel tragen sollte, wenn ich im Alter noch einen kleinen Rest meiner Hörfähigkeit behalten wollte. Auch meine Schulter tat ein bisschen weh. David meinte, das kam davon, dass ich das Gewehr nicht fest genug gehalten hatte. Erstaunlicherweise hatte ich jedoch einen der Tannenzapfen getroffen, und David lächelte mich stolz an. Das ließ mich alle Unannehmlichkeiten vergessen.

Im Verlaufe des Tages begegneten uns noch ein Kojote, ein paar Weißwedelhirsche und ein Adler. Es war unbeschreiblich! Diesen ersten Tag in der Wildnis werde ich nie vergessen – und auch nicht, wie viel ein Mensch in kurzer Zeit lernen kann, denn heute fühle ich mich dort so wohl wie sonst nirgendwo. Wenn ich aber an die Geschichten von Davids Cousins denke, dann hoffe ich, dass ich mich in der Gegenwart von wilden Tieren nie so trügerisch sicher fühlen werde, wie sie es offensichtlich tun.

Ich erinnere mich, dass Fred mir einmal erzählte, wie er mit seinen Brüdern Bären von der Müllhalde verjagte. Damals waren sie kaum Teenager gewesen und hielten es für einen Riesenspaß, sich an die Bären heranzuschleichen, nur um Sekunden später unter lautem Geheul auf sie zuzustürmen und sie in die Flucht zu jagen. Auf meine Frage hin, warum sie das gemacht hätten, meinte Fred, dass sie die Bären so gern in Bewegung sähen. Und als ich mich erkundigte, was sie getan hätten, wenn einer der Bären ärgerlich geworden wäre und sie angegriffen hätte, zuckte Fred nur mit den Schultern und sagte, dass sie darüber nie nachgedacht hätten.

Nun ist Fred gut einen Meter achtzig groß und sehr kräftig gebaut (er hat Hände wie Schaufelräder und war in seinen jungen Jahren ein Schwergewichtsboxer), aber ich bin der Ansicht, dass man das Schicksal nicht herausfordern sollte. Dennoch haben mir seine Geschichten immer sehr gut gefallen, wie zum Beispiel das eine Mal, als er mit seinem Bruder auf Hirschjagd war, aber das Tier unglücklicherweise nur angeschossen hatte. Die beiden Männer trennten sich, um es einzukesseln, doch der Hirsch war schlauer. Er fand Fred, bevor Fred ihn finden konnte, und griff ihn an. In seiner Überraschung verlor Fred das Gleichgewicht und sein Gewehr. Als einzige Waffe blieben ihm nur seine Hände. Also packte er den Hirsch am Geweih und zwang ihn zu Boden. Dort hielt er ihn mit bloßen Händen so lange in Schach, bis sein Bruder ihn endlich fand – was laut Freds Erzählung einige Stunden dauerte.

Wie viel davon wahr ist, kann ich nicht sagen. Aber ich habe im Laufe der Jahre viele schier unglaubliche Geschichten über die Wildnis gehört und auch selbst dort viel Außergewöhnliches erlebt, so dass ich Erzählungen, die beim ersten Zuhören vielleicht fragwürdig anmuten, nicht grundsätzlich anzweifle. Jedenfalls höre ich mir Freds Jagdgeschichten immer wieder gern an!

Interessante Geschichten über Begegnungen mit wilden Tieren wusste auch Harry, einer unserer Nachbarn in Laidlaw, zu erzählen. Harry stammt aus einer »weißen« Familie, aber im Herzen ist er Indianer. Sein Vater wurde von Indianern großgezogen, und Harry selbst ist seit Jahrzehnten mit einer Indianerin verheiratet.

Harry war ungefähr Anfang fünfzig, als wir ihn kennenlernten, ein stämmiger, gutmütiger Kerl mit lichtem blondem Haar und einem strubbeligen Vollbart – ein richtig uriger Typ. Von Beruf ist Harry Holzfäller und daher viel in der Wildnis unterwegs, manchmal allein und oft an sehr abgelegenen Orten, auf deren Erdboden schon lange kein Mensch mehr einen Fuß gesetzt hat.

An diesen Plätzen traf Harry aber nicht nur wilde Tiere. Was genau ihm auf manchen seiner Rundgänge begegnet war, konnte er uns jedoch nicht sagen. Meist war es nur das Gefühl, beobachtet zu werden, die Gewissheit, nicht allein dort draußen zu sein. Getroffen hat er auf seinen einsamen Runden in den abgelegenen Winkeln des Waldes nie jemanden, aber dennoch wusste er, dass außer ihm etwas dort war – eine Präsenz, ein Wesen –, etwas anderes als ein normales Tier.

Ich hatte bereits ein ähnliches Gefühl bei unserem Besuch auf dem Claim bei Lillooet gespürt, und auch Rosaleen und David hatten mir davon berichtet. Trotzdem dachte ich, dass Harry mir nur Angst machen wollte, als er mir zum ersten Mal davon erzählte. Heute jedoch, nachdem ich lange Jahre selbst in der Wildnis gelebt habe, weiß ich genau, wovon er damals sprach.

Von David und Rosaleen hatte ich schon viele Geschichten über Begegnungen mit Geistwesen und sogenannten *shape shifters* gehört (das sind Wesen, die ihre Gestalt verwandeln können), die für jemanden, der damit nicht vertraut ist, an das Überirdische grenzen. Für Indianer sind Geistwesen jedoch etwas ganz Normales, etwas, das seit Anbeginn der Zeit tief in ihrer Kultur verwurzelt ist. Rosaleen kannte viele Geschichten über Menschen, die an die Tür klopften, etwas zu essen oder Hilfe erbaten und dann plötzlich spurlos verschwanden. Meist handelte es sich scheinbar um Obdachlose oder andere Personen, die auf den ersten Blick abstoßend wirkten. In Wirklichkeit aber waren sie Geistwesen (deshalb verschwanden sie auch so unauffindbar), die geschickt wurden, um zu prüfen, was in den Häusern vor sich ging: Wohnten in den Herzen der Bewohner Demut und Mitleid – oder Arroganz und Hochmut?

Von David und Rosaleen habe ich gelernt, dass das, was man sieht, nicht immer real ist – und das, was real ist, nicht immer sichtbar. Daher sind David und ich sehr vorsichtig, wenn wir Menschen begegnen.

Ich erinnere mich noch sehr genau an einen Tag, als Haley ungefähr zwei Monate alt war. David und ich waren auf dem Weg zum Supermarkt und diskutierten gerade, ob wir sie impfen lassen sollten und wenn ja, wogegen. Als wir vom Supermarkt zurückkamen und die Einkäufe in den Wagen luden, näherte sich uns eine Frau. Sie schien verwirrt zu sein und machte auf mich den Eindruck einer Obdachlosen. Die Frau bat David um Geld, welches er ihr gab, und lächelte dann verträumt Haley an, die auf meinem Arm war. Ich wollte schon mit Haley ins Auto steigen, weil mir die Situation nicht geheuer war, aber David schüttelte beinahe unmerklich den Kopf. Dann sprach die Frau mich geradeheraus an: »Haben Sie Ihr Baby schon impfen lassen?«

»Nein«, erwiderte ich erstaunt.

Ohne ihren Blick von Haley zu lösen, fuhr die Frau wie beiläufig fort: »Ich an Ihrer Stelle würde es auch nicht tun.« Dann sah sie mir fest in die Augen und sagte mit plötzlich sehr fester und klarer Stimme: »Ich hatte auch einmal so ein hübsches Baby. Dann ließ ich es impfen – zwei Wochen später war es tot. Das war vor einem Jahr.« In dem Moment, als sie dies ausgesprochen hatte, kehrte der verwirrte Ausdruck in ihre Augen zurück und sie ging ihres Weges.

David und ich schauten uns fragend an. Als wir uns kurz darauf umblickten, war von der Frau keine Spur mehr zu sehen.

Als wir Rosaleen später davon erzählten, nickte sie nur und sagte: »Die Geister meinen es gut mit euch. Sie haben euch eine Botschafterin geschickt.«

Damit stand unsere Entscheidung fest.

Rosaleens weise Worte zeigten uns so oft den richtigen Weg, und ich durfte so vieles von ihr lernen. So gab es zum Beispiel kaum etwas, das sie aus der Ruhe bringen konnte – ganz im Gegensatz zu mir damals.

Wir wohnten erst wenige Wochen in Laidlaw, als wir etwa hundert Meter von uns entfernt etwas Dunkles, Katzenartiges durch die Büsche schleichen sahen. Wir wussten, dass es in der Gegend Pumas gab, und die Gestalt und Größe des merkwürdigen Schattens hätte auch dazu gepasst. Aber Pumas waren sandfarben oder golden und nicht dunkelbraun. David holte schnell sein Fernglas, und wir sahen uns das ungewöhnliche Tier näher an. Es handelte sich tatsächlich um eine Raubkatze, eine große, schokoladenbraune Raubkatze. Wir hatten gehört, dass es im Osten Nordamerikas einmal Panther gegeben hatte, und Jaguare waren in Mittel- und Südamerika zu Hause. Aber wie kamen sie nach British Columbia?

Auf unser Nachfragen hin erklärten unsere Nachbarn schlichtweg, dass es in der Gegend weder Panther noch Jaguare, noch schokoladenbraune Pumas gäbe. Was also hatten wir gesehen? Wir erwähnten die Begegnung bei unserem nächsten Besuch bei Rosaleen, aber die alte Dame schien nichts Außergewöhnliches daran zu finden.

»Was wissen die Menschen schon darüber, wer alles in den Bergen und Wäldern lebt?«, stellte sie schlicht fest. »Die Wissenschaftler behaupteten auch, dass Büffel nur im Flachland lebten.« Sie grinste verschmitzt. »Unser Volk«, so fuhr sie fort, »weiß mit Gewissheit, dass es auch hier, in den Coast Mountains von British Columbia, einst Büffel gegeben hat. Wir nannten sie »Goldene Schafe«, und unsere Vorfahren woben aus ihrem langen Haar warme, weiche Winterkleidung.«

Diese Gabe Rosaleens, Dinge einfach so hinzunehmen, wie sie sich einem eben präsentierten, nahm ich mir von Anfang an zum Vorbild. Aber ich muss damals doch etwas ungläubig dreingeschaut haben, denn Rosaleen lachte und meinte: »Vielleicht wollte die Natur einfach nur einmal einen schokoladenbraunen Puma durch die Berge streifen sehen und hat deshalb einen erschaffen. Warum muss immer alles in die Norm passen? Vielleicht handelte es sich auch einfach um ein Geistwesen. Dann dürft ihr euch glücklich schätzen, es entdeckt zu haben.«

Die greifbarsten wilden Tiere, die mir in Laidlaw und später an unserem großen Haus in Dogwood Valley begegneten, waren jedoch Schwarzbären und Adler. Wenn man im Januar, wenn der Wasserstand niedrig war, zum Fraser River hinunterging, konnte man nicht nur das große Glück haben, einen wunderschönen transparenten Flussachat zu finden – sondern auch eine Schar von Weißkopfseeadlern, die in den kahlen Baumkronen hockten und sich ab und zu einen der Lachse schnappten, die zum Laichen flussaufwärts schwammen.

Adler genießen bei den meisten Indianerstämmen ein sehr hohes Ansehen, weil sie als Botschafter zwischen unserer Welt und der Welt der Geister betrachtet werden, denn sie können so hoch fliegen wie sonst kein anderer Vogel. Für mich ist es immer wieder ein kleines Wunder, wenn ich freilebende Adler beobachten darf. Jedes Mal, wenn einer dieser majestätischen Vögel seine Kreise am Himmel zieht, halte ich inne und staune. Die Adler sind eine Manifestation der Freiheit und Spiritualität der Indianer, und ich werde es wohl nie als gewöhnlich hinnehmen können, einem von ihnen zu begegnen.

Bei Bären verhält es sich etwas anders. Auch sie sind mächtige Geistwesen und tragen große spirituelle Kraft in sich. Aber sie können sehr gefährlich werden, wenn man ihnen aus Versehen zu nahe kommt und sie sich bedrängt fühlen. Aus beiden Gründen begegnen wir ihnen mit dem größten Respekt.

Als wir in Laidlaw lebten, fuhren wir oft zu einer der Wiesen, die direkt an den Wald grenzten. Dort trafen sich abends oft fünf bis zehn Schwarzbären, um in der Dämmerung gemeinsam durchs Gras zu tollen. Dabei sahen wir ihnen dann mit Freude aus sicherem Abstand und vom Auto aus zu.

Es war großartig, diese Tiere in ihrem natürlichen Umfeld beobachten zu dürfen und sie auch den Kindern zu zeigen. Die Bewohner der nächstgelegenen Häuser beneidete ich allerdings nicht, denn so viele Bären in der Nähe zu haben fand ich trotz allem recht beängstigend.

Auch auf unserem Grundstück in Dogwood Valley, wo Schwarzbären regelmäßig zum Trinken an den kleinen Bach kamen, war mir die Gegenwart dieser kraftvollen Tiere noch unheimlich. Erst als wir auf unsere Ranch zogen und ich durch die tägliche Begegnung mit der Wildnis die wahre spirituelle Kraft der Bären (und all der anderen Wesen, die in ihr lebten) erfahren durfte, wich mein Unbehagen einer tiefen Ehrfurcht.

Tiere, besonders wildlebende, haben einen sechsten Sinn und eine ganz besondere Verbindung zum Übersinnlichen oder, wie die Indianer es nennen, zur Welt der Geister. Wer diese Aussage bezweifelt, hat noch nie richtig in und mit der Natur gelebt. Die Bären sind die Hüter der Wildnis – und ihre ungekrönten Könige. Aber alle Tiere gehorchen einer höheren Kraft und sind daher in dieser Hinsicht viel weiter entwickelt als wir Menschen.

Rassismus stirbt wohl nie aus

Die ersten Wochen nach unserem Umzug nach Greenwood im Sommer 2002 waren sehr arbeitsintensiv. Wir mussten nicht nur die Umzugskartons auspacken und uns in unserem neuen temporären Heim einrichten, auch auf dem Grundstück gab es viel zu tun. Doch zunächst brauchte unsere Ranch einen Namen.

Die Namensgebung wird in der indianischen Kultur sehr ernst genommen, denn Worten – und somit auch Namen – wird eine überaus starke Kraft zugeschrieben. Mit Worten kann man bekanntlich heilen und stärken oder aber kränken und tief verletzen. Und Worte können genauso viel Unheil anrichten wie eine Waffe. Somit ist es nicht verwunderlich, dass in der indianischen Kultur sehr präzise und vorsichtig mit Worten umgegangen wird. Namen werden vergeben, um dem jeweiligen Lebewesen oder Ort in seinem Charakter gerecht zu werden, aber manchmal zum Beispiel auch, um einen zaghaften Menschen mutiger zu machen – oder jemanden, der zu sehr von sich eingenommen ist, zur Demut anzuhalten.

Unsere Ranch war und ist zum größten Teil auch heute noch ein Stück unberührte Wildnis. Sie ist für uns ein Ort des Friedens, des Glücks und der Harmonie. Der Name, den wir für die Ranch ausgesucht haben, passt also genau dazu: *Shaheylah.* Shaheylah entstammt dem Indianischen und lässt sich nicht konkret mit einem Wort übersetzen. Es ist ein eher allumfassender Begriff, der so viel heißt wie »ein guter, gesunder, glücklicher, harmonischer Ort«. Den Namen hatte Rosaleen uns einmal genannt, und er gefiel David und mir sofort.

Wir fuhren nun jeden Tag zu unserem Grundstück hinauf

und errichteten die ersten Fundamente für die Ranch. Auf dem Berg grasten während der Sommermonate die Rinderherden eines benachbarten Ranchers, also mussten wir zuerst einen Zaun ziehen, der zumindest den Teil der Ranch, auf dem wir später unser Haus bauen wollten, vom übrigen Gelände abtrennte. Rinderherden sehen idyllisch aus, wenn sie auf einer Bergwiese weiden, aber wenn eine Herde über Fundamente, Baumaterial und Werkzeuge trampelt und dort überall seine Fladen hinterlässt, dann ist die Idylle schnell vergessen. Außerdem gibt es in einer Rinderherde auch immer einige Bullen, und mit denen ist bekanntlich nicht zu spaßen – besonders dann, wenn kleine Kinder in der Nähe spielen. Kurz und gut: Wir mussten über zweieinhalb Hektar Land mit Stacheldraht einzäunen, dem einzig wirklichen Schutz vor Rindern, und zwar von Hand.

Anfang August ist in unserer Gegend die allerschlechteste Zeit, um Zaunpfosten zu setzen. Der Boden ist abschnittweise sehr steinig, und dazu kommt, dass es hier im Sommer sehr heiß und die Erde dadurch hart und trocken wird. Wir hatten weder einen Traktor noch eine andere Maschine, die uns bei der Arbeit helfen konnte, und wollten auch nicht bis zum nächsten Frühjahr abwarten, wenn der Boden nach der Schneeschmelze wieder etwas nachgiebiger sein würde. Also machte David sich mit einem *man killer* an die Arbeit, also einem Mann-Töter.

Es handelt sich dabei um eine Art Ramme aus dickem Metall, mit der man die Zaunpfähle in die Erde hämmert. Die Ramme besteht aus einem etwa siebzig Zentimeter langen Rohr, das gerade den Durchmesser hatte, um über die Holzpfähle zu passen. Das obere Ende des Rohrs ist mit einem Deckel zugeschweißt, und an beiden Seiten sind Griffe angebracht. Nun muss man dieses höllisch schwere Gerät über das obere Ende des Zaunpfahls stülpen, es so hoch wie möglich anheben und mit Wucht auf den Pfahl hinunterdonnern lassen, so dass dieser sich in die Erde bohrt.

Ich muss wohl nicht betonen, dass es harte Knochenarbeit ist, auf diese Weise einen Zaun zu errichten. In einigermaßen lockerem Boden reicht es aus, wenn man mit dem Mann-Töter dreißig oder vierzig Mal auf einen Pfosten einhämmert – und das ist schon öfter, als ein normaler Mensch dieses Gerät gern hochheben würde. In der trockenen Jahreszeit hingegen brauchte es zwischen einhundert und zweihundert Mal, um einen einzigen Pfosten zu verankern, und wir hatten über fünfhundert davon. David musste all diese Pfosten allein setzen.

Wenn wir heute zurückdenken, wissen wir nicht, wie David das damals eigentlich geschafft hat. Es war ein Alptraum, bei dem ich ihm nicht viel helfen konnte. Das Gerät war so schwer, dass ich es allein nicht hoch genug anheben konnte, um dem Pfosten auch nur einen einzigen vernünftigen Schlag zu versetzen. Und natürlich musste ich während der Schwangerschaft vorsichtig sein, nicht zu schwer zu heben. Allein beim Spannen des Stacheldrahtes und beim Anbringen der Verstärkungen konnte ich ihm damals zur Hand gehen.

Außerdem ließen wir uns einen alten Wohncontainer anliefern, den wir bewohnbar machen wollten, so dass wir möglichst bald nach der Geburt des Babys auf die Ranch ziehen konnten. Dazu mussten wir eine Stellfläche ebnen, die Abwasseranlage bauen und eine Wasserleitung von der Quelle bis zum fünfhundert Höhenmeter entfernten Stellplatz verlegen.

Diese Arbeiten beschäftigten uns in meinem fünften, sechsten und siebten Schwangerschaftsmonat. Abends waren wir immer zu müde, als dass wir große Lust oder Energie gehabt hätten, irgendetwas zu unternehmen. Doch dann standen für mich noch der Haushalt, das Wäschewaschen und Kochen an. Und um Haley und Sam musste ich mich ja ganz nebenbei auch noch kümmern. David konnte mir bei diesen Dingen wiederum kaum helfen, denn er musste an kleineren Skulpturen arbeiten, damit wir auch von irgendetwas leben konnten.

Wenn man abends so kaputt nach Hause kommt, darf man eigentlich mit Fug und Recht ein bisschen Ruhe verlangen. Doch davon konnte bei uns nicht die Rede sein, denn im Haus nebenan lebte die rassistischste Familie, die man sich nur vorstellen kann. Glücklicherweise waren wir nie viel zu Hause, aber auch das änderte nichts an der Tatsache, dass unsere Nachbarn uns das Leben zur Hölle machten. Jedes Mal, wenn ich draußen zu tun hatte, und sei es auch nur den Müll rauszubringen, überlegte ich mir genau, ob der Gang wirklich notwendig war.

Greenwood ist nur ein kleines Städtchen mit ungefähr sechshundert Einwohnern, aber wir stellten sehr bald nach unserem Einzug fest, dass man Neuankömmlingen mit großer Skepsis begegnete – und das hatte seinen Grund.

Im Zweiten Weltkrieg wurden in Kanada alle japanischen Bürger enteignet, das heißt, man nahm ihnen jeden Besitz weg – einschließlich ihres Grundbesitzes, ihrer Geschäfte und Bankkonten – und zwang sie dazu, in bestimmte Gemeinden zu ziehen, wo man sie »im Auge behalten« konnte. Eine dieser Gemeinden war Greenwood, und bis heute leben hier viele japanische Familien. Manchmal kam es zu Mischehen, aber die meisten japanischen Familien sind Fremden gegenüber misstrauisch geblieben (wer kann es ihnen verdenken?) und halten sich aus dem Gemeindegeschehen heraus. Daneben gibt es Leute, deren Familien seit Generationen in der Gegend leben und die sich damals von den zwangsverfrachteten japanischen Familien überrannt fühlten. Auch ihr Misstrauen und ihre Ablehnung sind bis heute unverändert. Mit der Zeit fanden sich dann noch einige Hells Angels und Drogenhersteller unter Greenwoods Einwohnern ein. Außerdem fördert die Regierung die Umsiedlung von einkommensschwachen Familien nach Greenwood, denn die Grundstückspreise sind hier vergleichsweise niedrig. Und so lebt in Greenwood heute eine recht eigenwillige Mischung von Menschen.

Dazu gesellte sich dann, einige Jahre bevor wir nach Greenwood zogen, eine gewisse Familie Simmons – unsere neuen Nachbarn. Mrs. Simmons war eine große, übergewichtige Person mit einem Mundwerk, das einem Marktschreier auf dem Hamburger Fischmarkt große Ehre gemacht hätte. Ihr Mann dagegen war einen Kopf kleiner als sie und eher schmächtig, aber mit einem Funken Wahnsinn in den Augen. Die beiden hatten zwei Kinder im Alter von ungefähr zehn und zwölf Jahren, einen Jungen und ein Mädchen. Das Ehepaar Simmons verbot seinen Kindern, das kleine Freibad in Greenwood zu besuchen, weil Kinder japanischer Abstammung ebenfalls in dem Wasser badeten. Auch waren beide Kinder von der Grundschule verwiesen worden, weil sie dort den Hass gegenüber den nicht-weißen Kindern schürten.

Welch schreckliche Dinge das Ehepaar Simmons seinen Kindern über Menschen anderer Abstammung oder Kultur einbleute, während sie abends beim Abendessen zusammensaßen, möchte ich mir gar nicht ausmalen. Kinder sind sehr auf die Vorbildfunktion der Erwachsenen in ihrem Umfeld angewiesen. Wie man seine Stellung als Elternteil derart missbrauchen und Kinder zu Hass, Feindseligkeit und Rassismus erziehen kann, begreife ich nicht. Ich weiß nur, dass ich nie zuvor Menschen getroffen hatte, die derart von ihrer Überlegenheit anderen gegenüber überzeugt waren, wie die Familie Simmons.

Ich bin in Hamburg aufgewachsen und war immer stolz auf die Vielfalt der dortigen Kulturen. Meine Freunde stammen aus den verschiedensten Winkeln der Erde, und ich fühle mich in meinem Leben durch sie bereichert. Natürlich wusste ich, dass es in den USA noch viele Vorurteile gegenüber Indianern gibt. Aber beim Wort Kanada denkt man immer an ein Land, das stolz darauf ist, Menschen aus den verschiedensten Kulturen zu einer vorbildlichen Mischkultur zu vereinen – ein richtiger »melting pot of the cultures«, wie die kanadische Regierung diese Errungenschaft anpreist, ein »Schmelztiegel der Kulturen«.

Dass es sich tatsächlich ganz anders verhält, zumindest wenn man nicht in den modernen Großstädten lebt, wurde mir gleich bei meinem ersten Besuch in Kanada bewusst. Immerhin war ich ja bereits damals nicht als normale Touristin unterwegs, sondern als hellblonde Zwanzigjährige in Begleitung eines um Jahre älteren Indianers. Ich erinnere mich besonders an eine Führerscheinkontrolle der *Royal Canadian Mounted Police* (RCMP), der Bundespolizei also. Jedes Fahrzeug wurde angehalten und überprüft. Als unser Wagen an der Reihe war, würdigte der Beamte David keines Blickes, sondern schaute direkt zu mir hinüber und fragte: »Ist alles in Ordnung, *Ma'am?*«

Naiv wie ich damals war, fragte ich den Beamten, was denn wohl nicht in Ordnung sein sollte. Aber er warf David lediglich einen finsteren Blick zu und ging zum nächsten Wagen weiter. Natürlich sprach der Beamte nicht laut aus, was er dachte, aber das brauchte er auch gar nicht. Es stand ihm ins Gesicht geschrieben. Dieses Ereignis war meine erste persönliche Begegnung mit Rassismus, und ich muss gestehen, dass ich anfangs große Probleme hatte, damit umzugehen.

Im Reservat hingegen wurde in manchen Familien darüber

getuschelt, warum David eine Nicht-Indianerin geheiratet hatte. Aber dort hielten sich die gegen mich gerichteten Anfeindungen zum Glück in Grenzen.

Ich hätte mich sonst auch nicht viel um dieses Problem gekümmert, denn es war für mich nicht weiter wichtig. Aber dann erfuhr ich von Rosaleen viel über die haarsträubenden Dinge, die in der Vergangenheit passiert waren und mir die bestehende Apartheit von Indianern und Weißen erst wirklich verdeutlichten. So verlor zum Beispiel nicht nur eine weiße Frau ihre gesellschaftliche Position, sobald sie einen Indianer heiratete, auch indianische Frauen verwirkten automatisch ihren Status als Indianerin, wenn sie einen Weißen heirateten. Und damit auch alle damit verbundenen Ansprüche, wie zum Beispiel das Recht, Land im Reservat zu besitzen, ein offizielles Stammesmitglied zu sein und staatliche Förderungen, die Indianern vorbehalten sind, in Anspruch zu nehmen. Dasselbe galt natürlich dann auch für ihre Kinder. Sobald ein Indianer einen Universitätsabschluss erreichte, wurden ihm all diese Rechte ebenfalls aberkannt. Das Motto schien hier zu sein: Kein Indianer ist schlau genug, um zur Uni zu gehen, also kann man mit einem Unidiplom auch kein Indianer mehr sein.

Was mir bis zu dem Zeitpunkt auch nicht wirklich bewusst gewesen war: Die meisten Mischehen gab es traditionell zwischen weißen Männern und Indianerinnen. Solche Ehen werden – wie bei unseren Freunden Dianna und Harry – aus diesem Grund auch eher akzeptiert. Aber dass sich eine weiße Frau freiwillig gesellschaftlich herabstuft und einen Indianer heiratet, blieb und bleibt wohl auch heute noch für viele unverständlich.

So hatte es mir auch eine unserer Nachbarinnen in Laidlaw zu verstehen gegeben, als sie mir erklärte, dass sie selbstverständlich kein bisschen rassistisch sei, aber sie habe noch nie gehört, dass eine Weiße freiwillig einen Indianer geheiratet habe. Immerhin stelle sich so eine Frau ja auf eine Stufe mit einem Indianer und müsse einsehen, dass sie dadurch nicht nur ihr Ansehen verliere, sondern auch das Wohlergehen ihrer Kinder gefährde – denn es sei ja bewiesen, dass Mischlingskinder weniger intelligent und hübsch seien als »weiße« Kinder.

Ich wusste damals vor Erstaunen nicht, was ich der Frau antworten sollte. So etwas Absurdes hatte ich noch nie gehört! Und ich fragte mich ernsthaft, in welchem Land ich wohl gelandet war. Nachvollziehen konnte ich nun auf jeden Fall, warum die meisten gemischten Ehepaare in die Großstadt zogen, wo es eher gleichgesinnte und weltoffene Menschen gab.

Der einzige Ort, in der David und ich uns als »gemischtes Paar«, als das wir bezeichnet wurden, wirklich wohl gefühlt hatten, war Lillooet gewesen, die kleine Stadt in der Nähe von Davids Claim. Die Denkweise dort war ganz anders, provinziell vielleicht, was das Weltwissen anging, aber nicht rassistisch. Das konnten die Einwohner sich auch gar nicht leisten, denn gleich außerhalb des Ortes befand sich ein großes Reservat, und die Indianer waren seit jeher ein fester Bestandteil der Bevölkerung. Mischehen gab es dort sehr häufig, und die meisten Familien im Ort waren miteinander verwandt. In Lillooet konnten David und ich uns ungezwungen bewegen und wurden ohne Einwände akzeptiert. Gern wären wir dorthin gezogen, aber leider waren die Grundstückspreise in und um Lillooet aufgrund des begrenzt zur Verfügung stehenden Privatlandes zu teuer für uns. Die Atmosphäre des Ortes, den wunderschönen nahe gelegenen See und die fantastische Landschaft werde ich jedoch für immer in meinem

Herzen tragen und habe sie aus diesem Grund zum Schauplatz meines Romans »Feuerblume« gewählt.

Eine andere Person, die mich im schlechtesten Sinne zum Staunen brachte, war die Ehefrau des Mannes, der die Stämme für unser Blockhaus anfertigte. Carol, so war ihr Name, posaunte ihre Meinungen immer sehr freizügig heraus, offenbar ohne vorher darüber nachzudenken, was sie da eigentlich von sich gab. Alles war in Carols Augen ungerecht: dass indianischen Kindern der Schlittschuhunterricht vom Staat bezahlt wurde, dass das Land im Reservat so billig war, dass Fördermittel für weiterführende Schulen an Indianer vergeben wurden, während alle anderen ihre Ausbildung selbst bezahlen mussten und so weiter und so fort. Irgendwann konnte ich es nicht mehr ertragen und fragte Carol, ob sie denn meine, es sei so ein großer Spaß, im Reservat wohnen zu müssen, weil man sich sonst nirgends etwas leisten konnte. Ob es ihr lieber wäre, mit ihren Kindern auf staatliche Gelder angewiesen zu sein, während der Rest der Gesellschaft auf sie herabblicke. Ob sie es nicht gern sähe, wenn ihrem Kind Fördermittel für weitergehende Schulen zur Verfügung stünden, wenn in seinem Umfeld fünfundneunzig Prozent der Jugendlichen noch nicht einmal einen High-School-Abschluss schafften. Aber manche Menschen sind einfach so verbohrt und egozentrisch, dass sie den Wald vor lauter Bäumen nicht sehen. Davon, dass man sich einmal versuchsweise in einen anderen hineinversetzen sollte, bevor man sich ein Urteil erlaubt, haben sie noch nie etwas gehört.

Aber solche Kommentare waren nichts im Vergleich zu dem, was ich später erleben sollte, und ich fand sehr schnell heraus, dass sich der Rassismus oft nicht nur gegen die Indianer, sondern einfach gegen jeden richtete, der anders war. So kannten wir in Greenwood zum Beispiel einen Mann, der uns gegenüber zwar recht nett und hilfsbereit war, der aber grundsätzlich nur Fleisch, Kartoffeln und Bratensoße aß. Er machte einen Bogen um »ausländische Gerichte«, wie er es nannte, worunter für ihn selbst Nudeln fielen und alle Gemüsesorten außer Erbsen, Karotten und Bohnen. Menschen, die eine andere Esskultur hatten, wurden von ihm sofort als »minderwertig« eingestuft. Eine solche Einstellung ist schon engstirnig genug. Was noch viel erschreckender ist: Der Weg von solchen Behauptungen bis hin zu tatkräftigen Ausschreitungen ist nicht weit.

Solche Leute haben natürlich auch sehr festgefahrene Ansichten über Indianer und Deutsche. Für viele Menschen in Nordamerika sind wir Deutschen noch immer Nazis. Das Schlimme ist: Die meisten dieser Menschen haben ihre eigene kleine Welt noch nie verlassen. Andere Kulturen, andere Sitten und Gebräuche, Menschen, die anders aussehen – all diese Dinge machen ihnen Angst, weil sie sie nicht verstehen. Das ist für mich jedoch noch lange keine Entschuldigung dafür, sich nicht die Mühe zu machen, den eigenen Horizont zu erweitern. Wie schade, dass sie weder die Vorteile erkennen können, die ein Vermischen von Kulturen mit sich bringen kann, noch die Bereicherung, die man durch den Austausch mit Menschen aus anderen Kulturkreisen erfährt. Auf eine solche Einstellung trifft man hier öfter, als einem lieb ist, und in meinen Augen grenzt sie an Gemeingefährlichkeit. Aber leider kann man den Menschen ihre Vorurteile nicht verbieten.

So wappnete ich mich dann auch mental, als David an dem Abend, von dem ich erzählen will, den Pick-up vor unserem Haus in Greenwood parkte, denn Familie Simmons verkörperte all das – und leider noch mehr.

Das Erste, was wir bei der Heimkehr damals sahen, war ein

riesiger Teufel, der mit langem Finger auf unser Haus deutete und den jemand mit roter Kreide auf die Straße direkt vor unserer Pforte gemalt hatte.

»Was ist das?«, wollte die vierjährige Haley wissen. »Das ist hässlich.«

»Da kann jemand nicht malen«, meinte ich nüchtern und schob Haley und Sam durch die Gartenpforte, aber mir saß vor Ärger ein Kloß im Hals. Zum Glück hatten meine Kinder keine Ahnung, was ein Teufel war, und verstanden noch nicht, was dieses Gekritzel ausdrücken sollte: Man hielt im Nachbarhaus auch sie für Teufelsbrut.

Gerade wollte ich aufatmen, denn ich dachte, die Schikanen der Familie Simmons seien doch wohl genug für einen Tag gewesen. Doch kaum hatten wir die Treppe vor dem Haus betreten, kam etwas über den Zaun geflogen, ganz knapp an Haleys Kopf vorbei, und platschte direkt vor uns auf die Gehwegplatten. Es waren vergammelte Essenreste.

»Geht einfach normal weiter«, hielt ich die Kinder an. Wir hätten ins Haus rennen können, aber dies war unser Grundstück, und so schnell wollte ich mich nicht einschüchtern lassen.

Bevor ich etwas zu David sagen konnte, schoss der Inhalt eines ganzen Abfalleimers über den Zaun und verfehlte uns dabei haarscharf. David blieb stehen, und ich sah an seinem Gesicht, dass Familie Simmons eine Grenze erreicht hatte.

David war mit Rassismus aufgewachsen und verabscheute ihn. Rassismus war der Grund dafür gewesen, dass David als junger Mann Nordamerika für fast zwanzig Jahre den Rücken gekehrt hatte. Er wusste, wie schnell es zu handgreiflichen Ausschreitungen kommen konnte, wenn man auf solche Schikanen reagierte. Aber jeder noch so friedliebende Mensch hat seine Prinzipien, und David ist niemand, der Auseinandersetzungen ausweicht, wenn sie sich nicht umgehen lassen.

Ich wusste das und machte mir nun Sorgen. Wie würde er reagieren?

Ich griff nach seinem Arm. »Sie sind es nicht wert«, flüsterte ich. »Denk an die Kinder.« In Gedanken sah ich David schon im Gefängnis und mich allein mit den Kindern, nur weil er Familie Simmons das gegeben hatte, was sie verdiente. Die kanadische Polizei stellt nicht erst lang Fragen. Sie nimmt einfach denjenigen in Gewahrsam, der dem Bild des Unruhestifters entspricht – und das waren in diesem Fall David und ich. Er, weil er Indianer war, und ich, weil ich mit ihm verheiratet und noch dazu angeblich ein Nazi war.

In diesem Augenblick streckten Mrs. Simmons und ihr Mann die Köpfe über den Zaun, ein hämisches Grinsen auf dem Gesicht.

»Geh zurück ins Reservat, Rothaut, hier ist kein Platz für dich!«, keifte Mrs. Simmons mit ihrer Marktschreierstimme.

»Und eine Nazisquaw wollen wir hier auch nicht!«, schrie Mr. Simmons und fuchtelte wild mit seinen dünnen Armen.

Die Worte trafen mich hart. »Squaw« ist in Nordamerika ein schlimmes Schimpfwort, vergleichbar etwa mit »Hure« oder »Nutte«. Noch nie war ich derart erniedrigt worden.

»Warum lassen Sie uns nicht in Frieden?«, fragte David ruhig, und ich bewunderte ihn sehr dafür, dass er wenigstens nach außen hin die Fassung wahrte.

»Wir reden nicht mit Rothäuten!«, kreischte Mrs. Simmons, ihr fettes Gesicht krebsrot. »Verschwinde von hier, mitsamt deinem Ungeziefer. In Greenwood ist kein Platz für Wagenabfackler!«

Dieses Schimpfwort stammt noch aus der Pionierzeit, in der Indianer tatsächlich manchmal Planwagen überfielen und mit Brandpfeilen beschossen – was mit uns und unserem Leben nun wirklich nicht das Geringste zu tun hatte.

Der zweijährige Sam streckte die Arme aus und wollte auf meinen Arm. Ich hob ihn hoch, und er verbarg sein Gesicht in meinem T-Shirt. Haley drückte sich schutzsuchend an mich, die Augen vor Schreck weit aufgerissen.

»Ihr beide versteckt euch zu Recht. Ich würde mich auch schämen, wenn ich solche Eltern hätte«, eiferte Mrs. Simmons sich. »Wir werden das Sozialamt einschalten. Dann wird man euch euren Eltern wegnehmen, weil sie euch einsperren und nie draußen spielen lassen!«

An dieser Stelle krampfte sich mein Herz noch weiter zusammen. Mir vorzuwerfen, ich würde meine Kinder einsperren und nie nach draußen lassen, wo sie doch den ganzen Tag frei auf der Ranch umherstreifen durften! Aber das wussten unsere Nachbarn natürlich nicht. In Greenwood wagte ich es aufgrund der Attacken gar nicht, die Kinder allein vor die Tür zu lassen, denn ich befürchtete, Familie Simmons könne ihnen etwas antun.

»Dann werdet ihr in Zukunft wohl besser bei uns wohnen. Vielleicht kann man eure Sünden noch aus euch herausprügeln und eure armen kleinen Seelen retten!«, setzte Mr. Simmons boshaft hinzu.

»Sanna, bring die Kinder ins Haus«, sagte David und schob mich auf die Haustür zu.

Ich sah ihn flehend an. Für David wäre es ein Kinderspiel gewesen, über den Zaun zu springen und den beiden solche Angst einzuflößen, dass sie nie wieder ein Wort zu uns sagen würden. Aber das würde unsere Situation nur verschlimmern.

Aus dem Augenwinkel sah ich, wie David ein paar Schritte auf den Zaun zutrat und sich mit bedrohlicher Stimme an das Nachbarehepaar wandte: »Meine Kinder lassen Sie da raus, verstanden?«

Ich wusste, er dachte in diesem Augenblick an die Residential Schools und die Grausamkeiten, die den indianischen Kindern dort angetan worden waren. David damit zu drohen, ihm seine Kinder wegzunehmen, war eine Sache, die er viel ernster nahm, als Familie Simmons damals dachte.

Im Haus angekommen, ging ich mit Haley und Sam ins Kinderzimmer und versuchte, sie abzulenken. Doch Mrs. Simmons' laute Stimme verfolgte uns durch das geöffnete Fenster. Sie wetterte jetzt nicht mehr hinter David her, sondern hatte es sich auf ihrer Veranda gemütlich gemacht und erzählte einer Bekannten lautstark, dass »der Indianer und das Naziweib« Asoziale seien und es »denen« bestimmt noch leidtun würde, wenn »die« nicht bald aus Greenwood verschwänden.

Es dauerte an dem Abend lange, bis wir die Kinder beruhigt hatten und sie eingeschlafen waren. Und dennoch wachten sie noch mehrmals aus Alpträumen auf. Die Vorfälle dieses Tages waren eben nicht die ersten dieser Art, und sie zehrten nicht nur an Davids und meinen Nerven, sondern auch an denen der Kinder.

Als Eltern waren David und ich immer sehr darauf bedacht gewesen, unsere Kinder ohne Angst aufwachsen zu lassen. Doch seit wir nach Greenwood gezogen waren, ließ sich das einfach nicht mehr umsetzen. Die Kinder verstanden vielleicht nicht alle Worte, die uns die Familie Simmons an den Kopf warf, aber ihre Seelen begriffen, was vor sich ging. Und dann war da noch das ungeborene Baby. Es strampelte in letzter Zeit so oft in meinem Bauch und schien kaum mehr zur Ruhe zu kommen. Ich wusste, dass sich meine eigene Unruhe und Sorge auf das Baby übertrugen, und auch das war nicht richtig. Mein Baby sollte in ein harmonisches Leben hineingeboren werden und nicht in eine Familie, in der alle unter mentalem Stress standen und sich kaum vor die Tür wagten. *Einen* Zwischenfall wie den eben beschriebenen kann man vielleicht noch verwinden. Aber wenn sich so etwas jeden Tag zuträgt und mit jedem Mal schlimmer wird, dann ist die Situation schon sehr bald unerträglich.

Ich setzte mich zu David aufs Sofa. Plötzlich liefen Tränen über meine Wangen. »Ich hasse Familie Simmons«, zischte ich.

»Du weißt, was Rosaleen immer sagt«, erinnerte David mich. »Wir sollten für die Menschen, die uns anfeinden und uns verletzen, beten, denn sie fügen sich mit ihren Taten und Worten letztendlich nur selbst Leid zu.«

»So weit bin ich noch nicht«, gab ich ärgerlich zu und brauste gleich danach auf: »Vor hundertzwanzig Jahren hätten die ihren Mund nicht so voll genommen, denn dann hätten sie mit einem direkten Echo rechnen müssen. Damals lief jeder mit einer Waffe herum, und man passte besser auf, was man sagte. Aber was kann man heutzutage tun? Die Simmons greifen uns nie körperlich an, dafür mit Worten und Aktionen, die man im Zweifelsfall schlecht beweisen könnte.«

»Ich wollte es eigentlich nicht so weit kommen lassen, aber ich werde die Sache jetzt doch der Polizei melden«, meinte David.

»Und was können die tun? Familie Simmons wird nicht so dumm sein und uns vor den Augen der Polizei schikanieren. Und andere Zeugen werden wir nicht finden. Entweder sind die Leute einer Meinung mit unseren Nachbarn, oder sie trauen sich nicht, etwas gegen sie zu sagen. Das haben wir doch schon alles versucht.«

»Ich werde es trotzdem melden«, meinte David. »Dann ist es auf jeden Fall offiziell.«

»Und ich werde meine Haare färben«, sagte ich entschlossen. »Ich habe keine Lust mehr, mir immer diese Nazisprüche anzuhören. Als ob jeder blonde Mensch ein Nazi wäre.«

David lächelte. »Und was für eine Farbe schwebt dir vor?«

»Rot«, erwiderte ich ohne Umschweife. »Wer legt sich schon gern mit einer temperamentvollen Rothaarigen an?«

»Mrs. Simmons«, meinte David trocken.

»Ich hoffe inständig, dass es nicht viele Menschen ihrer Art gibt«, erklärte ich. »Aber solche Leute werden wohl nie schlauer.« Ich seufzte und fügte leise hinzu: »Lange halte ich diese Schikane jedenfalls nicht mehr aus. Und die Kinder erst recht nicht.«

Ein Baby im Pick-up

Es war der Tag vor dem Heiligen Abend. Draußen war alles friedlich und still. Eine dicke Schneedecke hatte sich über Greenwood und die umliegenden Berge gelegt und alles in eine weiße Traumlandschaft verwandelt. Normalerweise hätte mich der Anblick begeistert, aber nicht an diesem Tag. Ich lag im Wohnzimmer auf dem Sofa und kämpfte mit innerer Unruhe und Unentschlossenheit. Am frühen Morgen hatten bei mir Wehen eingesetzt. Abstand und Stärke der Wehen waren unregelmäßig, aber das änderte nichts an der Tatsache: Das Baby meldete sich ganze dreieinhalb Wochen zu früh! Und während draußen der Schnee immer dichter fiel, kämpfte ich mit der Entscheidung, ob wir zum Krankenhaus fahren sollten oder es sich um falschen Alarm handelte. Haley und Sam waren beide kurz nach dem Stichtag auf die Welt gekommen, und ich hatte erwartet, dass sich das neue Baby ebenso verhalten würde. Und der Gedanke, sechzig Kilometer über eine abschüssige, kurvige Bergstraße durch dieses Schneegestöber zu fahren, nur um zum Krankenhaus zu gelangen, behagte mir ganz und gar nicht.

»Warum muss das Baby denn unbedingt heute kommen?«, fragte Haley. »Morgen ist Weihnachten, und da wollen wir doch hier zu Hause sein und nicht im Krankenhaus.«

»Das können wir uns leider nicht aussuchen«, erwiderte ich und streichelte ihr über das Haar.

»Meinst du, es ist Zeit?«, wollte David wissen und sah mich eindringlich an.

Ich versuchte, auf meine innere Stimme zu hören, mich genau daran zu erinnern, wie sich die Wehen angefühlt hatten, als Haley und Sam zur Welt gekommen waren. Es wäre einfacher gewesen, wenn ich einen Arzt oder eine Hebamme hätte fragen können. Aber so bequem war die Sache leider nicht. Hebammen sind in British Columbia zwar grundsätzlich zugelassen, aber die meisten von ihnen praktizieren in Vancouver und den anderen Großstädten, nicht auf dem Land. Und für mich war die nächste Hebamme über hundertsechzig Kilometer entfernt. Der nächstgelegene Arzt, der sich um Schwangerschaftsvorsorge und Geburt kümmerte, hatte seine Praxis in der Kleinstadt, wo sich auch das Krankenhaus befand. Nein, ich musste mich auf die Signale meines Körpers verlassen, musste den Mut aufbringen, selbst zu entscheiden, was in dieser Situation zu tun war – wie die Indianerinnen oder Pionierfrauen in den alten Tagen. Das hört sich leicht an, aber diesen Anzeichen zu folgen und ruhig zu bleiben ist dann doch viel schwerer. Vor allem, wenn die ersten beiden Geburten sehr schnell gegangen sind.

Ich bin jemand, der sich nicht gern auf andere verlässt und erst recht nicht wegen jeder Kleinigkeit zum Arzt rennt. Zimperlich bin ich nicht, doch um die Schmerzen ging es hier auch gar nicht. Es war eine ganz andere Sache, die mich beschäftigte. Ich sprach ein stilles Gebet und sagte dann zu David: »Nein, lass uns noch abwarten.«

Wie unkompliziert es doch gewesen wäre, hätte ich das Baby einfach zu Hause auf die Welt bringen können. Dann hätte ich mir keine Sorgen darüber machen müssen, wie die Straßenverhältnisse waren oder ob wir rechtzeitig im Krankenhaus ankommen würden. Aber Hebammen waren wie gesagt in unserer Gegend nicht zu finden, und die Ärzte führten aus versicherungstechnischen Gründen grundsätzlich keine Hausgeburten durch. Warum ich das Baby nicht ohne Beistand von Hebamme oder Arzt auf die Welt brachte? Nun, das mag für andere Familien ideal sein, aber leider nicht für unsere.

Ich schilderte ja bereits, dass uns als »indianische Familie mit Nazianteil« vielerorts ohnehin schon starker Rassismus entgegengebracht wurde. Selbst als wir in der Nähe von Hope wohnten und Haley gerade mal drei Jahre alt war, sprachen die anderen kleinen Mädchen im Ballettunterricht nicht mit ihr, geschweige denn, dass sie zu den Geburtstagen oder nachmittäglichen Treffen gebeten wurde, zu denen all die anderen Kinder eingeladen waren. Und auch ich wurde von den anderen Müttern gemieden und saß, während ich auf Haley wartete, immer allein, obwohl ich sonst nie Probleme hatte, mit anderen Menschen ins Gespräch zu kommen.

Wenn bei einer Geburt in Eigenregie etwas schiefging und mir oder dem Baby etwas geschah, dann würden die voreingenommenen Menschen in den Behörden sofort sagen: »Diese unverantwortlichen Indianer!« Man würde uns die Schuld zuschieben, selbst wenn sich der Vorfall dann ereignet hätte, wenn ich zur Geburt ins Krankenhaus gegangen wäre. Man würde uns das Sorgerecht für die Kinder entziehen und unsere Familie zerstören. Im Reservat und von unseren zahlreichen indianischen Freunden aus anderen Gebieten Nordamerikas haben wir schon viele furchtbare Geschichten darüber gehört, welche Ungerechtigkeiten ihnen zugefügt wurden, eben weil es sich bei ihnen »nur« um Indianer handelte. So wurde zum Beispiel ein betrunkener Indianer in Saskatchewan von der Polizei aufgegriffen, aber anstatt ihn nach Hause zu fahren oder mit auf die Polizeistation zu nehmen, warfen die Beamten ihn bei minus vierzig Grad ohne Schuhe oder Winterkleidung irgendwo in der Einöde aus dem Wagen und überließen ihn seinem Schicksal. Der Mann ist erfroren.

Nein, das Wohlergehen unserer Familie wollten wir unter keinen Umständen riskieren. Die meisten Indianer mussten schnell lernen, dass sie am besten mit der Gesellschaft der Weißen zurechtkommen, wenn sie »unsichtbar« sind – das heißt, sie folgen den Regeln und Gesetzen, bleiben unter sich und fallen nicht auf. Das ist bestimmt kein Rezept für ein erfülltes Leben, aber in diesem Fall hielten David und ich es für besser, bei diesem Spiel mitzuspielen. Immerhin hatten wir durch die anderen beiden Geburten bereits reichlich Erfahrung mit den oft sehr voreingenommenen und arroganten Ärzten und Krankenhäusern in der Gegend. Ja, sogar mit den Hebammen. Und damals, bei Haleys Geburt, war uns ein so krasser Rassismus entgegengeschlagen, der den von Familie Simmons noch bei weitem übertraf.

Als ich mit Haley schwanger wurde, war ich erst seit ein paar Monaten in Kanada. Mit dem Thema Schwangerschaft und Geburt hatte ich mich damals noch gar nicht auseinandergesetzt, besonders nicht auf Englisch. David und ich suchten uns daher einen Arzt in Hope, der nächstgelegenen Kleinstadt, und alles schien in Ordnung zu sein. Jedenfalls bis ich in den Büchern, die meine Mutter mir aus Deutschland schickte, etwas über verschiedene Möglichkeiten der Geburt las. Da wurde von Wassergeburten gesprochen, von Akupunktur und Homöopathie, von Hockstellungen, Hebammen und Geburtshäusern – alles Dinge, die ich für sehr sinnvoll hielt. Als ich daraufhin beim Arzt nachfragte, führte er mich in den Kreißsaal des kleinen Krankenhauses, deutete auf einen mehr als vorsintflutlich aussehenden Geburtsstuhl und meinte trocken: »Hier sehen Sie Ihre Möglichkeiten.«

Geschockt von dem Stuhl, der mich irgendwie an ein mittelalterliches Folterinstrument erinnerte, beschloss ich, mich nach anderen Optionen umzusehen. Leider musste ich schnell feststellen, dass neben dem Recycling und der Naturheilkunde auch die alternativen Geburtsmöglichkeiten noch lange nicht in meiner neuen Heimat angekommen waren.

Nach einigem Suchen stieß ich auf eine sehr nette Hebamme, die selbst sechs Kinder hatte und zu wissen schien, wovon sie sprach. Allerdings war die Praxis gute hundert Kilometer entfernt. Die Hebamme versicherte mir jedoch, dass die erste Geburt immer recht lange dauere und sie mit ihrer Kollegin bestimmt rechtzeitig für eine Hausgeburt bei uns eintreffen würde.

Meine Schwangerschaft verlief sehr unkompliziert, und ich fühlte mich rundum wohl. Doch ein paar Tage vor dem angepeilten Geburtstermin erlebte ich etwas, das mir noch heute eine Gänsehaut über den Rücken jagt. David arbeitete an unserem Blockhaus, und ich kam spätnachmittags vorbei, um ihm Gesellschaft zu leisten und bei einigen leichten Arbeiten zur Hand zu gehen. Die Sonne stand schon tief. David war mit Dachdecken beschäftigt, ich saß auf den Eingangsstufen, von denen aus man das gesamte Grundstück überblicken konnte. Wie aus dem Nichts tauchte eine riesige schemenhafte Gestalt an der Einfahrt auf. Sie war größer als ein Mensch, viel größer, und wirkte sehr bedrohlich. Die Gestalt hatte weder ein Gesicht, noch waren Einzelheiten zu erkennen, es handelte sich vielmehr um eine Art dunklen Schatten – und er kam direkt auf mich zu.

Solche geisterhaften Erscheinungen sind tief in der indianischen Kultur verwurzelt. Es sind Wesen, die zwischen den Welten wandeln können, und manchmal erscheinen sie uns, um eine Nachricht oder Warnung zu überbringen. Ich hatte durch die alten Geschichten von Davids Volk schon von ihnen gehört, aber es war das erste Mal, dass mir so ein Wesen begegnete. Ich war starr vor Schreck, und ein eiskalter

Schauer lief über meinen Rücken. Es fühlte sich an, als sei der Tod unterwegs, um mich zu holen.

Kurz vor dem Haus blieb der Schatten stehen und sah scheinbar direkt zu mir herüber. David rief mir vom Dach aus etwas zu, aber ich verstand seine Worte nicht. Im nächsten Augenblick bemerkte ich einen schweren Holzpfosten, der unmittelbar neben mir ins Rutschen geraten war. Ich sah den massiven Balken im Zeitlupentempo auf mich zukommen, aber ich konnte mich vor Entsetzen nicht rühren. Der Balken verfehlte mich um Haaresbreite und schlug krachend auf dem Boden auf. Sofort war David an meiner Seite und schüttelte mich behutsam. Als ich aus meiner Starre erwachte und mich umblickte, war das geisterhafte Wesen verschwunden. Der Schatten, der Balken – der Tod war noch einmal an mir vorübergegangen.

David hatte das Wesen ebenfalls gesehen. Doch für ihn war es nicht das erste Mal gewesen. Er sagte mir, dass ich keine Angst zu haben bräuchte. Aber wir müssten vorsichtig sein, besonders wegen der bevorstehenden Geburt. Wir waren uns darüber einig, dass die Begegnung eine ernstzunehmende Warnung gewesen war.

Die meisten Frauen sehen vor allem ihrer ersten Geburt mit gemischten Gefühlen entgegen. Für mich wurden diese quälenden Gedanken nun noch stärker, denn ich befürchtete nach diesem Vorfall, dass möglicherweise etwas mit dem Baby nicht in Ordnung war. Dass es etwas mit David oder mir zu tun haben könnte, kam mir damals nicht in den Sinn. Erst Tage später, als sich die Ereignisse um Haleys Geburt zu entfalten begannen, traf mich diese Erkenntnis wie ein Hammer.

An einem heißen Nachmittag im Juli half ich meiner Nachbarin, ihre ausgebüxte Hündin einzufangen. Das schnelle Laufen tat das seine, und am frühen Abend platzte meine Fruchtblase. Gegen 19.30 Uhr trafen meine Eltern ein, die sich sehr auf ihr erstes Enkelkind freuten und die extra aus Deutschland angereist waren, um mir nach der Geburt ein wenig unter die Arme greifen und das Baby kennenlernen zu können. Fast gleichzeitig mit ihrer Ankunft setzten regelmäßige Wehen ein, und wir benachrichtigten die Hebammen. Diese versicherten uns, dass das Baby erst in ein paar Stunden kommen werde, und fuhren seelenruhig ins hundertsechzig Kilometer weit entfernte Vancouver, um dort ein Restaurant zu besuchen. David versuchte, sie davon abzuhalten, sagte ihnen geradeheraus, dass wir nicht mehr so viel Zeit hätten. Doch sie hörten nicht auf ihn, sondern stempelten ihn als hysterischen werdenden Vater ab. Mich fragten sie, ob die Wehen leicht oder stark seien, aber woher sollte ich das wissen? Klar, sie waren schmerzhaft, aber wie konnte ich ahnen, was mich noch erwartete? Schließlich war dies meine erste Geburt. Die Hebammen fuhren also zum Essen, und wir blieben über Telefon in Verbindung.

Gegen 21 Uhr war klar, dass ich Presswehen hatte – und die Hebammen gerieten in Panik, denn sie waren noch immer in Vancouver. Sie sagten mir, ich solle mich auf die Seite legen und bloß nicht pressen und David solle einen Krankenwagen rufen, nur für alle Fälle. Mit meiner heutigen Erfahrung hätte ich damals wohl einfach aufgehängt und die Dinge ihren Lauf nehmen lassen. Aber wir vertrauten den Hebammen und riefen den Krankenwagen, der auch schnell zur Stelle war. Natürlich konnte er nicht ewig vor unserer Tür warten, doch ins Krankenhaus wollte ich auch nicht. Ich hatte immer noch die Hoffnung, dass die Hebammen es rechtzeitig zu uns schaffen würden und unser Baby in einer gemütlichen Atmosphäre statt in einem Krankenhaus zur Welt kommen könnte. Doch der Fahrer des Krankenwagens machte Druck und sagte, wir sollten entweder einsteigen oder er würde ohne uns abfahren.

Die Hebamme, mit der wir telefonierten, bat David daraufhin, das Telefon nach draußen zu bringen, damit sie mit dem Sanitäter sprechen könne. Doch der Mann verriegelte Fenster und Türen des Krankenwagens und ließ sich auf kein Gespräch ein. Als David dann an die Fensterscheibe klopfte, brauste er im Eiltempo davon.

Mittlerweile war es draußen dunkel, und mein Vater ging mit einer Taschenlampe hinaus, um auf die Hebammen zu warten und ihnen den Weg zu zeigen, damit sie uns auch gleich fanden. Schließlich kamen Schweinwerfer in Sicht, und mein Vater winkte den Wagen heran. Doch es handelte sich nicht um die Hebammen, sondern um einen Einsatzwagen der kanadischen Bundespolizei! Wie wir später von unserem Freund Harry erfuhren, hatte der Fahrer des Krankenwagens, gleich nachdem er bei uns abgefahren war, die Polizei verständigt und durchgegeben: »Weiße Frau in Not. Bewaffneter Indianer mit Kampfhund im Haus.«

Wenige Minuten später stürmten vier Polizisten das Haus. Sie alle waren schwer bewaffnet und hatten ihre Pistolen und Schrotflinten im Anschlag. Meine Eltern wurden in die Küche gedrängt und beordert, sich nicht von der Stelle zu rühren. Drei der Polizisten gingen auf David los, übermannten ihn und legten ihm Handschellen an. Später erzählte er mir, dass einer der Polizisten ein richtiges »Greenhorn« gewesen sei, der so unsicher mit seiner Waffe umging, dass David Angst gehabt hatte, es werde sich aus Versehen ein Schuss lösen und mich treffen, die im Zimmer direkt über dem Flur lag. Also versuchte David gar nicht erst, mit den Polizisten zu verhandeln, sondern ließ sich ohne Gegenwehr überwältigen, um mich und das Baby nicht in Gefahr zu bringen.

Die Waffen, von denen der Krankenwagenfahrer der Polizei erzählt hatte, stellten sich als Davids Schnitzwerkzeuge heraus, die in einer Werkzeugkiste im Flur lagen, und der Kampfhund als unser neun Monate alter Labrador! Trotzdem ließen die Beamten David nicht frei.

Ich bekam von all dem nichts mit, weil ich meine ganze Konzentration und Energie brauchte, um die Wehen durchzustehen, bis plötzlich zwei Polizisten neben meinem Bett standen und mir alle möglichen blöden Fragen stellten: »Wissen Sie, wie Sie heißen?« und »Welcher Tag ist heute?« Dann kamen zwei Sanitäter mit einer Trage nach oben, legten mich seitwärts darauf, banden meine Beine zusammen und trugen mich aus dem Haus. Zu dem Zeitpunkt nahm ich kaum noch irgendwelche Einzelheiten wahr. Die starken Schmerzen der Presswehen und die Tatsache, dass die Geburt nicht ihren natürlichen Gang nehmen konnte, hatten mich benommen gemacht. Umgeben von all diesen Fremden überkam mich eine furchtbare Angst. *Wo war David?*

Vor dem Haus sah ich, dass der Krankenwagen zurück war. Dort angelangt, entdeckte ich auch endlich David. Man hatte ihm Handschellen angelegt und seinen Oberkörper auf die Haube des Einsatzwagens gepresst. Da nahm ich dann all meine Kraftreserven zusammen und schrie, dass ich nicht ohne meinen Mann ins Krankenhaus fahren würde. Die Polizisten sahen mich verdutzt an und fragten: »Wo ist denn Ihr Mann?«

»Dort!«, schrie ich und deutete auf David.

Widerwillig nahmen die Polizisten David die Handschellen ab und ließen ihn zu mir in den Krankenwagen steigen. Einer von ihnen setzte sich zu ihm, er traute David noch immer nicht über den Weg. Der Polizist war auch noch an unserer Seite, als wir im Kreißsaal ankamen. Glücklicherweise hatte eine der Schwestern genügend Verstand, ihn aus dem Zimmer zu schicken, sonst wäre er wohl noch geblieben, bis Haley geboren war.

Ich war unendlich erleichtert, weil ich dachte, dass ich die Geburt nun endlich hinter mich bringen könnte und die schrecklichen Schmerzen, die ich seit Stunden ausstand, bald vorbei sein würden. Aber das war weit gefehlt. Wir mussten auf den Arzt warten. Wie lange ich dalag und wartete, kann ich nicht sagen. Die Hebammen trafen fast gleichzeitig mit dem Arzt ein, und wenige Minuten später kam Haley zur Welt, eine knappe halbe Stunde nach Mitternacht. Sie hatte ihre kleine Faust an den Kopf gelegt, eine richtige Kämpfernatur. Warum es so wichtig war, dass Haley nach Mitternacht, also laut Datum einen Tag später zur Welt kam, weiß ich bis heute nicht. Ich weiß nur, dass sie ohne diese Komplikationen gegen 22 Uhr am Vortag geboren worden wäre, ich nicht eine Woche lang auf einem Schwimmring hätte sitzen müssen – mein Steißbein war durch das Zurückhalten der Geburt fürchterlich gestaucht – und David keine Schürfwunden von den Handschellen gehabt hätte.

Wir feuerten die Hebammen noch in derselben Nacht, was jedoch auch dazu führte, dass ich niemanden hatte, der sich im Wochenbett um uns kümmerte, um meine Brustentzündung und um Haleys Bauchweh und Blähungen, um Depressionen nach der Geburt und eine schlimme Infektion, die mich für mehrere Wochen aus dem Gleichgewicht warf. Dies alles bewältigte ich damals eigenständig und ohne ärztliche Hilfe. Es war nicht einfach, aber diese Erfahrungen gaben mir eine gute Portion Selbstvertrauen, Unabhängigkeit und ein gewisses Gefühl von Stolz.

Die Polizisten zogen einfach ab, ohne sich für ihr Verhalten zu entschuldigen. Unser indianischer Freund George, ebenfalls Polizist, sagte uns damals, dass wir wegen des fahrlässigen Verhaltens der Beamten eine Beschwerde einreichen sollten. David und ich waren jedoch einfach nur froh, dass alles gut ausgegangen war, also verzichteten wir darauf. Aber es überkam mich doch ein Schauern, als ich Haley in den Armen hielt und an die schattenhafte Gestalt dachte, die uns wenige Tage zuvor begegnet war – und an die Warnung, die sie uns überbracht hatte. Die Vorurteile des Krankenwagenfahrers hätten uns das Leben kosten können!

All diese Erinnerungen schwirrten mir im Kopf herum, als ich nun mit Vorwehen auf dem Sofa lag und auf mein drittes Kind wartete.

Seit Haleys Geburt habe ich mir einen umfangreichen Wissensschatz zum Thema Schwangerschaft, Geburt und Babypflege angelegt, denn noch einmal wollte ich so eine Katastrophe nicht erleben. Und als ich mit Sam schwanger war, konnte ich diese Dinge bei den Vorsorgeuntersuchungen in einwandfreiem Englisch mit meiner Ärztin diskutieren. Sams Geburt verlief dann auch sehr unkompliziert: Ich wachte morgens um kurz nach acht Uhr auf, spürte leichte Wehen, wir fuhren ins Krankenhaus, die Ärztin kam gleich nach uns an, und um zehn Uhr erblickte Sam das Licht der Welt.

Doch nun, bei meiner dritten Geburt, war wieder alles anders. Meine nette Ärztin war nun gute fünf Autostunden entfernt, und ich hatte mich wieder einmal neu orientieren müssen. Zwar erwartete ich keine vergleichbaren Schwierigkeiten, doch diesmal machten mir die Jahreszeit und die große Entfernung zum Krankenhaus Sorge.

Fürs Erste jedoch verdrängte ich meine Befürchtungen, die Wehen ließen nach, und wir verbrachten ein ruhiges Weihnachtsfest.

Gute zwei Wochen später, immer noch über eine Woche vor dem Termin, meldete sich das Baby dann wieder. Es war halb eins in der Nacht, und ich wachte mit einem seltsamen Gefühl im Bauch auf. Wehen hatte ich noch keine, aber so lange wollte ich auch nicht warten, nicht in einer eiskalten, schnee-reichen Nacht im Januar. David rief unsere Lieblingsnachbarin an, damit sie kam und auf Haley und Sam aufpasste, und er verständigte auch die neue Ärztin. Die Nachbarin war zwanzig Minuten später da, die Ärztin erst eine Dreiviertel-stunde später, denn sie hatte noch auf den Babysitter für ihre eigenen Kinder warten müssen.

Mittlerweile hatte ich Wehen im Abstand von zwei Minuten und fühlte mich eigentlich gar nicht danach, jetzt noch ins Auto zu steigen und die lange Fahrt zum Krankenhaus anzu-treten. Aber die Ärztin hatte Angst zu bleiben, da es in Kana-da per Gesetz verboten ist, Hausgeburten durchzuführen. Also lud David mich in den Pick-up, und wir machten uns auf den Weg. Der Rücksitz war vollgepackt mit meiner Tasche und den sauberen Handtüchern, die wir auf Anraten der Ärz-tin mitgenommen hatten, also lag ich so gut es ging auf der vorderen Sitzbank. Die Ärztin folgte uns in ihrem Wagen.

David fuhr so schnell, wie es die Straßenverhältnisse zulie-ßen, aber gute achtzehn Kilometer vom Krankenhaus entfernt bat ich ihn, rechts heranzufahren. Das Baby kam, und zwar in genau dem Moment, daran führte kein Weg vorbei! Wir hielten an, und die Ärztin kam zu unserem Wagen herüber. Ich dachte, dass sie mir bei der Geburt zur Seite stehen wolle, aber statt-dessen quetschte sie sich zu uns auf den Vordersitz und befahl David, so schnell er konnte weiterzufahren.

Das war schon eine eigenartige Situation: Die Geburt stand unmittelbar bevor, und ich kniete auf der Sitzbank des Pick-ups, während der Wagen durch die dunkle, eiskalte Nacht (es waren minus 29 Grad) raste. Ein paar Minuten später wandte ich mich an die Ärztin: »Das Baby kommt!« – Und das stimmte auch.

»Oh, mein Gott, da ist der Kopf!«, rief sie aufgeregt. Zwei

Wehen später war Isaac geboren. Die ganze Sache – von der ersten Wehe, bis das Baby da war – hatte nicht länger als etwas über eine Stunde gedauert. Und obwohl Isaac sechzig Zentimeter maß und über vier Kilogramm wog, war diese Geburt meine leichteste!

Die Ärztin rief im Krankenhaus an, und als wir kurz darauf dort eintrafen, erwartete man uns bereits mit einer Trage und vorgewärmten Decken. David durchschnitt noch im Pick-up die Nabelschnur. Es versteht sich von selbst, dass wir den Wagen niemals verkaufen werden. Er wird für Isaac aufbewahrt, der ihn von klein auf als »mein Pick-up« bezeichnete.

Isaac war ein entzückendes Baby, und ich war so stolz, als ich vom Bett aus beobachtete, wie David den Kleinen zärtlich im Arm hielt und mit ihm im Zimmer auf und ab ging. Es sind Augenblicke wie dieser, in denen ich keine Worte für meine Liebe und Dankbarkeit finden kann.

Ich verließ das Krankenhaus auf eigenen Wunsch noch am selben Morgen, denn ich wollte Haley und Sam nicht länger als nötig in der Obhut unserer Nachbarin lassen. Ich fühlte, wie schon bei den ersten beiden Geburten, dass ich zu Hause viel besser aufgehoben war. Meine Entscheidung wurde durch das Verhalten des Arztes bestärkt, der Baby Isaac untersuchen sollte, bevor wir das Krankenhaus verließen. Er war ein widerlicher Angeber und bemühte sich, wo er nur konnte, die ihn begleitende Medizinstudentin zu beeindrucken. Die beiden holten mich in meinem Zimmer ab, gingen mit mir und dem Baby quer durchs Krankenhaus zu einem Behandlungszimmer und begannen dann, Isaac zu untersuchen, ohne sich vorher die Hände zu waschen. Dabei machten sie sich lautstark über mich lustig, weil ich einige der gängigen Vorsorgemaßnahmen (wie zum Beispiel einen Bluttest, Vitaminpräparate und antibiotische Augentropfen) abgelehnt hatte. Wäre dies mein erstes Baby und ich weniger gut informiert gewesen, wäre ich wohl in Tränen aufgelöst aus dem Zimmer gestürmt. Stattdessen schluckte ich meinen Ärger über ein derart unprofessionelles Verhalten hinunter und hoffte, dass die Untersuchung möglichst bald vorüber sein würde und wir mit dem kleinen Isaac nach Hause fahren konnten. Doch als der Arzt dann seinen ungewaschenen Finger in den Mund meines Neugeborenen steckte, platze mir der Kragen. Die Worte, die ich den beiden an den Kopf warf, wiederhole ich an dieser Stelle lieber nicht. Auf jeden Fall verstummte ihr albernes Gekicher sehr schnell. Ich nahm mein Baby und verließ das Krankenhaus.

Eine der ersten Personen, die wir anriefen, um von Isaacs Geburt zu berichten, war Rosaleen. Noch bis wenige Monate vor der Geburt hatten David und ich gehofft, unser neues Baby für eine *blessing ceremony,* also eine Segnungszeremonie, zu ihr ins Reservat bringen zu können. Rosaleen hatte schon für Haley und Sam eine solche traditionelle Segnungszeremonie durchgeführt, und daher lag es David und mir sehr am Herzen. Aber Rosaleens Gesundheitszustand hatte sich aufgrund ihres Alters (sie war mittlerweile um die neunzig Jahre alt) in den letzten Wochen stetig verschlechtert, und es war nicht mehr daran zu denken, sie um die Durchführung der Zeremonie zu bitten.

Die Blessing Ceremony wird normalerweise abgehalten, wenn das Baby ein paar Wochen alt ist. Familienangehörige und Freunde werden eingeladen, nicht nur, weil man sie gern dabeihat, sondern vor allem, weil sie der Zeremonie als Zeugen beiwohnen. Für Haley und Sam hatten wir jeweils eine kleine Gruppe von engen Freunden und Familienmitgliedern zu uns nach Hause gebeten und die Zeremonie in unserem Wohnzimmer abgehalten. Rosaleen erzählte zuerst eine der alten Geschichten. Diese lief darauf hinaus, welchen indianischen Namen das Kind erhalten würde. Dieser Name gibt dem Neugeborenen gleichzeitig Stärke und Schutz und wird nie vor anderen ausgesprochen. Auch Haley und Sam erhielten im Verlauf ihrer Zeremonie einen solchen »Geheimnamen«. Als Zeichen des Dankes übergaben wir Rosaleen im Anschluss ein kleines Geschenk. Auch die Zeugen erhielten eine Gabe, die gleichzeitig als Andenken diente. Wir wählten Sonderprägungen von bestimmten Münzen und wohlriechende Kräuter. Anschließend gab es für alle etwas zu essen. Wie die Zeugen ist auch das Reichen von gutem Essen ein wichtiger Bestandteil einer jeden indianischen Zeremonie. Alles in allem ist die Blessing Ceremony ein bedeutendes Familienereignis und die erste Zeremonie, an der ein Kind in seinem Leben teilnimmt.

Wir hatten uns also auch bei Isaac sehr darauf gefreut, aber manchmal macht einem das Leben einen Strich durch die Rechnung. Und da wir niemand anderen als Rosaleen um die Durchführung bitten wollten, hielten wir unsere Blessing Ceremony diesmal eben einfach übers Telefon ab. Die Zeremonie war nicht weniger tiefgehend und berührend, und ich verdrückte einige Tränen, während Isaac auf meinem Arm fröhlich vor sich hin gurgelte.

Noch heute sind David und ich unendlich dankbar dafür, dass unsere Familie die Gelegenheit hatte, für so viele Jahre in engem Kontakt zu Rosaleen stehen und von ihrer Weisheit profitieren zu dürfen. Sie starb wenige Wochen nach Isaacs Geburt und hinterließ bei allen, die sie kannten, eine schreckliche Leere. So auch bei uns. Manchmal jedoch, wenn wir draußen in der Wildnis sind, spüren wir ganz deutlich ihre Anwesenheit. In solchen Momenten wissen wir, dass Rosaleen auch heute noch über unsere Familie wacht.

Zwischen Bären und Gangstern

Im Jahr 2003, als Isaac geboren wurde, kam der Frühling ungewöhnlich früh. Anfang Februar begann der Schnee zu schmelzen, und in der ersten Märzwoche war er selbst auf unserer Ranch in den Bergen komplett weggetaut. Auch der *spring breakup*, also die Zeit nach der Schneeschmelze, in der überschwemmte Bäche und schlammige, schwer befahrbare Straßen die Regel sind, war bereits vorbei. Die meiste Feuchtigkeit war aus dem Boden verschwunden und unsere Ranch wieder problemlos erreichbar. Für uns bedeutete es, dass wir unsere Bauarbeiten auf der Ranch fortsetzen konnten. Also sammelten wir unsere Werkzeuge zusammen, luden die Kinder in den Pick-up und machten uns von unserem temporären Heim in Greenwood aus auf den Weg.

Es gibt wohl keinen schöneren Spielplatz für Kinder als die unberührte Natur. Während David und ich an den restlichen Zäunen arbeiteten, tollten Haley und Sam neben uns am Berghang herum. Es gab ja auch unheimlich viel zu sehen: die ersten Wildblumen, die vorsichtig ihre Köpfe aus der Erde steckten; die Waldameisen, die plötzlich wieder ganz geschäftig waren; Habichte und Falken, die weite Kreise am Himmel zogen und ab und an ihre Schreie ausstießen; die kleinen Präriehunde, die sich so süß auf die Hinterbeine aufrichteten und ihr lustiges Pfeifen ertönen ließen, und nicht zuletzt die winzigen Kolibris, die nach und nach in die hiesigen Gefilde zurückkehrten und unter lautem Surren nach Nektar Ausschau hielten.

Aber die Wildnis ist kein Stadtpark, und man kann die Kinder nicht einfach alleine herumlaufen lassen. Deshalb hatte ich Baby Isaac beim Arbeiten auch immer direkt neben mir. Er saß in seiner Babywippe, schlief oder sah uns und den Kindern zu. Alles in allem war Isaac sehr lieb und pflegeleicht, und wir hätten damals auf der Ranch bei weitem nicht so viel geschafft, wenn er nicht so ein ruhiges Baby gewesen wäre. Trotzdem mussten wir die Augen offen halten, denn für einen Kojoten oder Puma wären die Kinder ein leichter Fang und nach dem Winter eine willkommene Mahlzeit gewesen. Aber auch Elche oder Wapitis konnten schnell gefährlich werden, besonders während der Brunstzeit oder wenn sie ihre Jungen bei sich hatten und sich bedroht fühlten. Außerdem waren jetzt natürlich auch die Bären aus ihrem Winterschlaf erwacht.

In der indianischen Kultur wird allen Lebewesen Respekt entgegengebracht, so auch den Tieren. Ein jedes wird für seine speziellen Charaktereigenschaften anerkannt und verehrt, und in besonderen Situationen versucht man, sich diese auf verschiedene Arten anzueignen. Wollte man sich auf der Jagd anmutig an sein Beutetier heranpirschen, so suchte man die Kraft des Wolfes. War man auf der Suche nach spiritueller Erleuchtung, so bat man den Kolibri um Hilfe und so weiter. Die Anwesenheit der wilden Tiere war nie ein Grund zur Sorge oder Aufregung. Aber man war sich ihrer spirituellen und physischen Kraft bewusst und begegnete ihnen mit entsprechendem Respekt.

David und ich schärften den Kindern diese Sichtweise von klein auf ein. Heute haben alle vier große Achtung vor den Lebewesen der Natur, aber keine Angst. Und sie wissen, dass viele von ihnen versuchen, uns Menschen zu helfen. Deshalb fragen wir aus unserer Familie jedes Tier, das uns auffällig nahe kommt »Was kann ich für dich tun?«, in der Hoffnung, von diesem Lebewesen ebenfalls Hilfe zu bekommen, wenn wir diese brauchen. Wir haben deshalb auch ein Abkommen mit den Tieren getroffen, dass sie ungestört auf unserem Land umherstreifen können, solange sie uns in Ruhe lassen.

Bisher ist uns nur ein wildes Tier begegnet, das sich nicht an diese Regel hielt. Wir wohnten damals noch in dem großen Haus in Dogwood Valley und hatten außer mit ein paar Hirschen, die eine Vorliebe für meine Erdbeeren entwickelt zu haben schienen, kaum Bekanntschaft mit wilden Tieren gemacht. Da entdeckte David eines Morgens einen großen Schwarzbären, der sich direkt unterhalb des Hauses durch das Dickicht schlich. David feuerte kurzerhand einige Warnschüsse ab, und es schien, als habe der Bär das Weite gesucht.

Am Nachmittag tauchte er dann plötzlich auf der anderen Seite des Hauses wieder auf. Er wanderte in einem Kreis um uns herum. Als ich am frühen Abend aus dem Fenster sah, entdeckte ich den Bären erneut. Keine fünfzig Meter vom Haus entfernt, hatte er sich zu seiner vollen Größe aufgerichtet und rührte sich nicht vom Fleck.

David ging nach draußen, um das Tier zu verscheuchen. Seiner Aussage nach entwickeln Bären schnell ein bestimmtes Verhaltensmuster, und er wollte vermeiden, dass der Bär unser Haus sozusagen auf seine tägliche Route setzte.

Warnschüsse und Schreie vertrieben das Tier jedoch nicht. Im Gegenteil, der Lärm schien ihn ärgerlich zu machen. Er wandte sich in unsere Richtung, schwenkte seinen Kopf hin und her und stieß lautes Gebrüll aus. Schnell holte ich Haley und Sam ins Haus – die beiden hatten sich die Gelegenheit nicht nehmen lassen, einen Bären aus nächster Nähe zu sehen, und waren ihrem Vater gefolgt. Aber nun wurde es mir doch zu gefährlich.

Draußen auf der Veranda sprach David mit dem Tier. Er sagte ihm, dass wir keinen Groll gegen ihn hegten und er weiterziehen und uns in Ruhe lassen solle. Andernfalls bliebe David nichts anderes übrig, als sich zur Wehr zu setzen. Durch das Fenster beobachteten die Kinder und ich, wie der Bär, trotz Davids Friedensangebots, nun ein paar Schritte auf das Haus zu machte. Dabei stieß er ein solch fürchterliches Gebrüll aus, dass ich wirklich Angst bekam. David ließ ihn bis auf dreißig Meter herankommen. Dann feuerte er sein Gewehr ab. Der Bär war sofort tot.

Ich bin dankbar, dass wir bisher nur ein einziges Mal ein Tier töten mussten, um unsere Familie zu schützen. Man hört hier oft schreckliche Geschichten über Bären und Pumas, die Menschen auflauern und über sie herfallen. Aber meist muss man die Sache im richtigen Licht betrachten. Wenn man unbewaffnet und allein in einer Gegend joggen geht, in der es von Pumas wimmelt, dann muss man sich nicht wundern, wenn man von einem von ihnen erwischt wird. Und wenn man in einem Gebiet lebt, in dem es viele Grizzlys gibt, dann muss man damit rechnen, dass einem eines Tages einer über den Weg läuft, der nicht freundlich gesinnt ist.

Tiere sind und bleiben Tiere, und wann immer man ihnen begegnet, heißt es vorsichtig sein. Das gilt von der Hauskatze über Hunde bis hin zu jedem freilebenden Tier. Mich überrascht es jedes Mal, wenn Leute sich zu Fotosafaris anmelden. Natürlich ist es schön, Tiere in der freien Wildbahn zu beobachten, aber die Wildtiere werden dafür oft mit Leckerbissen angelockt und gewöhnen sich dadurch an die Nähe von Menschen. Besonders bei Bären führt dies in der Regel dazu, dass sie sich nahe an Häuser und Wohngegenden heranwagen und dann getötet werden müssen. Das sollte man sich vor Augen führen, wenn man an solchen Veranstaltungen teilnimmt.

Wir haben vielfach die Erfahrung gemacht, dass die potenzielle Gefahr, die die wilden Tiere darstellen, besonders von

Touristen stark unterschätzt wird. Uns sind auf sehr abgelegenen Straßen schon öfter vor allem deutsche Ehepaare begegnet, die mitsamt Kleinkindern völlig unvorbereitet in der Wildnis unterwegs waren. Auf unsere Nachfrage hin bekamen wir Antworten wie: »Wir haben Urlaub und wandern von Vancouver nach Calgary« oder »Dieser Weg war als Abkürzung auf der Straßenkarte eingezeichnet«. Waffen hatte keiner von ihnen dabei, noch nicht einmal einen Wanderstab, mit dem man sich notfalls hätte zur Wehr setzen können. Diese Leute waren der festen Überzeugung, es mache kaum einen Unterschied, ob man nun durch die Wildnis Kanadas oder durch den Bayerischen Wald spazierte. Keines unserer Argumente konnte sie umstimmen, obwohl wir ihnen sagten, dass wir an der Stelle gerade vor ein paar Tagen einen Grizzly dabei beobachtet hätten, wie er eine Kuh riss. Die Leute erklärten daraufhin, dass sie ja der Natur nichts täten, also würde die Natur auch ihnen nichts anhaben. Dass diese Milchmädchenrechnung nichts mit der Realität der Wildnis zu tun hat und oftmals nicht aufgeht, davon wollten sie nichts hören. Wir hofften nur inständig, dass die kleinen Kinder nicht für die Leichtfertigkeit ihrer Eltern bezahlen mussten.

David und ich besuchen grundsätzlich keine Nationalparks, wenn wir mit den Kindern unterwegs sind, weil dort das Mitführen von Schusswaffen untersagt ist. Wir möchten aber im Notfall in der Lage sein, unsere Kinder vor Gefahren zu schützen. Wir ziehen daher Crown Land, also Land, das der Regierung gehört, für unsere Familienausflüge vor. Kanadas Wildnis ist zum größten Teil Crown Land, und es darf, wie bereits erwähnt, ebenso wie die Parks kostenlos von der Öffentlichkeit genutzt werden. Allerdings gibt es auf dem Crown Land keine gekennzeichneten Wanderwege, öffentlichen Toiletten oder Campingplätze.

Eine weitaus angsteinflößendere Begegnung mit Tieren ganz anderer Art hatten wir, als wir noch in dem großen Haus in Dogwood Valley lebten. Wohnzimmer und Kinderzimmer dort hatten große Fenster, die vom Boden fast bis zur Decke reichten. Eigentlich mag ich solche Fenster, aber seit diesem Tag fühle ich mich damit nicht mehr wohl.

Es geschah an einem Abend im November. David stand vor der Haustür und rauchte, während ich im Wohnzimmer beschäftigt war. Haley und Sam schliefen schon. Durch die Haustür, die einen Spaltbreit offen stand, hörte ich, wie David mit jemandem sprach. Verwundert ging ich zum Fenster, um nachzusehen, wer da so spät noch zu Besuch gekommen war. Es war schon dunkel, und das Wohnzimmer war hell erleuchtet, so dass es schwer war, draußen etwas zu erkennen. Daher trat ich ganz nahe ans Fenster und spähte hinaus. Mit einem Mal sprang mir aus der Dunkelheit etwas Riesiges entgegen. Im gleichen Augenblick hörte ich David rufen – er kam ins Haus und schloss hastig die Tür. Vor Schreck konnte ich nichts sagen, ich starrte nur wie versteinert auf das Wesen, das mir von der anderen Seite des Fensters aus zähnefletschend entgegenblickte. Als ich mich endlich nach David umsehen konnte, stand er schon neben mir und zog mich vom Fenster fort.

»Ein Wolf, hier?«, fragte ich mit stockender Stimme. Das Äußere des Tieres ließ keinen anderen Schluss zu.

»Das Tier sieht aus wie ein Wolf«, erklärte David. »Es hat die Gestalt, die richtige Größe, die langen Beine. Aber es verhält sich nicht wie ein Wolf. Es ist aggressiv und angriffslustig wie ein Kampfhund. Ich habe so etwas noch nie erlebt. Da draußen laufen mindestens vier oder fünf von ihnen herum!«

In dieser Nacht holten wir die Kinder in unser Schlafzimmer. Ich hätte kein Auge zugetan, wenn ich sie in ihrem Zimmer gelassen hätte, wo diese Tiere womöglich einfach durch die Fensterscheibe gesprungen und mit den Kindern in der Dunkelheit verschwunden wären.

David stellte in den folgenden Tagen einige Nachforschungen an und fand heraus, dass es sich bei den Tieren um Wolf-Pitbull-Mischlinge handelte. Jemand in der Gegend züchtete Pitbulls und veranstaltete mit ihnen illegale Hundekämpfe. Eines Tages kam dieser jemand dann auf die Idee, Wölfe mit den Pitbulls zu kreuzen. Er erhoffte sich stärkere, aggressivere Kampfhunde. Das Ergebnis fiel jedoch ganz anders aus als erwartet: Ein Teil der Welpen glich im Aussehen einem Wolf, vom Charakter her jedoch dem Pitbull. Der andere Teil sah aus wie ein Pitbull, war aber menschenscheu und verhielt sich wie ein Wolf. Da der Mann keine Hunde bei den Kämpfen einsetzen konnte, die wie Wölfe aussahen, und die Pitbulls ihren Kampfgeist verloren hatten, setzte er die Welpen in der Wildnis aus. Die Tiere schlossen sich in Rudeln zusammen und machten die Gegenden in und um Dogwood Valley und Hope unsicher. Natürlich wurde die Öffentlichkeit von dieser Gefahr nie offiziell unterrichtet, weil man Panik vermeiden wollte. Gleichzeitig empfanden wir dieses Verhalten der Politiker als fahrlässig, denn immerhin streunten diese angriffslustigen Tiere in bewohnten Gebieten herum.

Wir sahen das Rudel der Wolf-Pitbulls noch einige Male direkt an unserem Haus, auch tagsüber. David arbeitete damals zwar in einer Halle, musste aber aufgrund des Steinstaubs, den er verursachte, die Tore weit offen stehen lassen und wegen des Lärms Ohrschützer tragen. Also lief es für ihn darauf hinaus, dass er einen Spiegel anbringen musste, so dass er immer sehen konnte, was sich hinter seinem Rücken abspielte. Wenn ich mit den Kindern nach draußen ging, blieb ich bewusst in der Nähe der Haustür, denn was konnte ich im Notfall schon gegen ein ganzes Rudel wildgewordener Tiere ausrichten?

Eines Abends, als David geschäftlich in Vancouver und ich mit der zweieinhalbjährigen Haley und dem sechs Monate alten Sam allein zu Hause war, tauchten die Wolf-Pitbull-Mischlinge erneut direkt vor unserem Fenster auf. Sie knurrten, fletschten die Zähne und machten keine Anstalten zu verschwinden. Ich hatte Angst, dass die Viecher durch das Fenster springen und uns angreifen würden, aber laut Gesetz durfte ich Davids Gewehre nicht benutzen, vor allem dann nicht, wenn er nicht zu Hause war. Dann mussten sie in einem Gewehrschrank eingeschlossen sein. Also rief ich David an, um zu fragen, was ich tun sollte. Er sagte mir – egal, was unser indianischer Freund bei der Polizei auch gesagt habe –, ich solle die Schrotflinte herausnehmen, mit den Kindern ins Schlafzimmer gehen und dort warten, bis er zurück sei.

Dieser Vorfall führte dazu, dass ich meinen Waffenschein machte und ein eigenes Gewehr sowie eine eigene Pistole bekam. Eigentlich war ich Schusswaffen gegenüber immer sehr skeptisch eingestellt gewesen. Aber ich fand schnell heraus, dass sie keine Gefahr darstellten, solange man wusste, wie man mit ihnen umzugehen hatte. Das Schusswaffentraining gab mir viel Selbstvertrauen, und ich war stolz, als ich den Kurs bestand, vor allem, weil ich mir das Wissen im Eigenstudium angeeignet und die schriftliche Prüfung mit Baby Sam auf dem Schoß abgelegt hatte. Für mich war es wieder einmal eine Bestätigung dafür, dass Kinder einem nicht im Weg stehen und man alles erreichen kann, wenn man es nur wirklich will.

Der Waffenschein war meine dritte Prüfung, die ich auf Englisch ablegte. Zuvor hatte ich schon den Jagdschein und das *Free Miner's Certificate* (das ist die Erlaubnis, einen Claim abzustecken) erworben. Für mich waren dies nicht nur Prüfungen, die mir nützlich erschienen – sie erlaubten mir zudem, mich mit der Geschichte meines neuen Heimatlandes verbunden zu fühlen und dazu beizutragen, dass die traditionellen Bräuche erhalten blieben. Zu oft habe ich erlebt, dass Menschen nach Kanada auswandern und dann all die Dinge ändern wollen, die seit jeher Teil dieses Landes waren, nur weil diese in ihrer bisherigen Heimat anders gehandhabt wurden. Da frage ich mich immer, warum man überhaupt auswandern will, wenn man dann doch alles genau so haben möchte wie in der Heimat. Natürlich ist in Kanada nicht alles perfekt – weit gefehlt! Das habe ich ja auch schon beschrieben. Aber ein gewisser Respekt und Verständnis für die Geschichte des Landes sollten schon vorhanden sein. Dieses »Besserwissertum«, mit dem viele Einwanderer hier anrücken, kommt bei den Einheimischen nicht gut an. Und natürlich auch nicht, dass sie mit ihrem Geld die – im Vergleich zu Europa niedrigeren – Grundstückspreise in die Höhe treiben. Damit ist nun aber fast Schluss, denn wir sind mittlerweile so weit, dass diese in den Großstädten schon weitaus höher liegen als in den meisten europäischen Ländern.

Mit den besseren Wetterverhältnissen meldeten sich nun auch die ersten Besucher an, die Baby Isaac kennenlernen wollten. Einer von ihnen war Davids Bruder. Er reiste mit dem Auto aus der Nähe von Vancouver an, aber da es das erste Mal war, dass er uns in Greenwood besuchte, fand er das Haus nicht sofort. Als er schließlich vor unserer Haustür hielt, stieg er nicht aus, sondern hupte nur.

»Irgendetwas stimmt da nicht«, sagte ich, und David ging nach draußen, um nachzusehen. Als die beiden ein paar Minuten später ins Haus kamen, sah Malcolm ganz verstört, ja fast verängstigt aus.

»Was ist denn los?«, erkundigte ich mich besorgt.

David grinste. »Ich glaube, Malcolm ist dem Hollywood-bild einer nordamerikanischen Hinterwäldlerstadt zum Opfer gefallen«, sagte er.

»Das stimmt nicht«, warf Malcolm ein. »Ich habe mich bloß informiert. In diesen kleinen Orten tragen sich die schlimmsten Dinge zu. Wie heruntergekommen die meisten Häuser hier schon aussehen! Und die Typen, die man auf der Straße trifft. *Rednecks* alle miteinander! Hier traut man sich ja kaum, aus dem Auto zu steigen. Ich bin froh, dass ich meine Familie zu Hause gelassen habe. Das Café an der Hauptstraße scheint dazu noch ein Treffpunkt für die Hells Angels zu sein. David, wie konntest du deine Familie nur hierherbringen?«

Nun dämmerte es bei mir, und ich begann ebenfalls zu grinsen. Nicht, weil ich Malcolms Gefühle lächerlich fand, sondern weil ich sie nachvollziehen konnte und froh war, dass es ihm als Mann mit seinem ersten Eindruck hier ebenso erging wie mir. Ich musste ihm recht geben: Greenwood war eine Ortschaft, an die man sich erst gewöhnen musste, vor allem, wenn man aus der Großstadt kam. Natürlich gab es hier die schöne breite Hauptstraße mit den alten Gebäuden aus der Pionierzeit, eine Kulisse, von der selbst Hollywood schon angelockt worden war. Aber bei genauerem Hinsehen stellte man schnell fest, dass es sich meist im wahrsten Sinne des Wortes nur um eine falsche Fassade handelte. Der Stadt und den Anwohnern fehlte das Geld, und dementsprechend verkamen die Häuser mit jedem Jahr mehr. Die neueren Häuser in Greenwood waren mittlerweile auch schon fünfzig oder sechzig Jahre alt und wirklich keine außergewöhnlichen Schönheiten. Und ja, in Greenwood wimmelte es von Drogenabhängigen, Crystal-Meth-Herstellern, Arbeitslosen und Hells Angels, also wollte man mit den meisten Anwohnern nichts zu tun haben. Zum Glück wurde die Krankenschwester, die sich hier auf dem Land um Dinge wie Impfungen, Aufklärungsunterricht an den Schulen, Hilfe für drogenabhängige oder schwangere Jugendliche und alte oder alleinstehende Menschen kümmert, bald zu einer sehr guten Freundin von uns. Sie kam viel herum und hatte einen guten Überblick über die Einwohner. Sie bestärkte uns in unserer Einstellung, unsere Kinder nicht in die hiesigen Schulen zu schicken, und nach dem, was sie uns erzählt hat, weiß ich auch, warum. David und ich hatten von vornherein geplant, unsere Kinder zu Hause zu unterrichten, aber ich war unserer neuen Freundin für diese Warnung doch sehr dankbar. Was sie sich selbst von den Zehnjährigen in den Schulen anhören muss und wie die Schüler miteinander umgehen, ist unfassbar, und ich kann es nicht niederschreiben. Es zeigt jedoch deutlich, dass den Kindern jeglicher Respekt vor Erwachsenen, dem anderen Geschlecht und vor allem für sich selbst fehlt. Und woher sollen sie diese Dinge auch lernen, wenn die Eltern den ganzen Tag nur vor dem Fernseher hocken, Drogen nehmen, Alkohol trinken und sich keinen Dreck darum scheren, was ihre Kinder machen?

Auf der anderen Seite gibt es hier auch viele Leute, die einen Job haben, der ihnen physisch viel abverlangt und die Kleidung schnell verschleißen lässt, die aber dennoch nicht genug Geld nach Hause bringen, um alles immer sofort zu ersetzen. Diese Leute sehen vielleicht auf den ersten Blick wie richtige Hinterwäldler aus, schäbig, unrasiert und angsteinflößend, haben dabei aber ein gutes Herz. Über die Jahre hinweg habe ich gelernt, die Menschen hier besser einzuschätzen, und heute würde ich vielleicht eher einem schäbigen Hinterwäldler über den Weg trauen als einem Geschäftsmann im Maßanzug.

Das war allerdings nicht immer so. Bei meinem ersten

Besuch in Kanada sammelte ich einige Erfahrungen, die sich nun in Malcolms Vorbehalten spiegelten. Ich erinnere mich zum Beispiel an einen winzigen Ort, gute zwei Fahrstunden von Lillooet entfernt. Es führte nur eine einzige Straße dorthin, und es gab keine andere Ortschaft entlang des Weges. Die Straße endete in diesem Ort, der verlassen und scheinbar vergessen weitab von allem anderen in der Wildnis lag.

Ich hatte die Handvoll Häuser damals gar nicht als Ortschaft erkannt und dachte, wir hätten uns verfahren. Als David dann meinte, er wolle mal nach dem Weg fragen, glaubte ich, er habe den Verstand verloren. Der Saloon war das einzige Gebäude, in dem sich offensichtlich jemand aufhielt. Auf der breiten Treppe vor dem Eingang des verwitterten Holzgebäudes saß nämlich ein halbes Dutzend Männer mit abgewetzten Jeans, schwarzen Lederwesten, dunklen Sonnenbrillen und Bierdosen in der Hand. Heute muss ich darüber lachen, aber als David damals ausstieg und mich im Wagen zurückließ, dachte ich, wir würden dort nie wieder wegkommen. Es war ein sehr seltsames Gefühl und umso intensiver, weil wir uns mitten in der Wildnis befanden – fast so, als wären wir in eine tödliche Falle gelaufen.

Sobald David ausgestiegen war, verriegelte ich die Wagentüren, rutschte tiefer in den Sitz und zwang mich, so gleichgültig wie möglich in eine andere Richtung zu blicken. Wie die Männer sich damals über mich amüsiert haben müssen! Ich kann mir gut vorstellen, wie versteinert und verängstigt mein Gesicht ausgesehen haben muss. Ich kann es mir deshalb so lebhaft ausmalen, weil ich den Ausdruck inzwischen auf den Gesichtern vieler unserer Besucher gesehen habe und er nun auch in Malcolms Miene deutlich zu erkennen war. So leicht können einem Vorurteile einen Strich durch die Rechnung machen! Ich habe mir schon lange geschworen, dass ich versuchen werde, Menschen nicht aufgrund meines ersten Eindrucks in Schubladen zu stecken.

Ich glaube, es geht sehr vielen Leuten so wie mir damals, und diese Denkweise muss einer der Gründe dafür sein, dass in Kanada fast alle Häuser außerhalb von Städten direkt an einem Highway liegen. Die Menschen haben Angst davor, was alles passieren könnte, wenn sie außerhalb der Sichtweite anderer einsam in der Wildnis leben. Bei David und mir verhält es sich inzwischen andersherum: Uns wird ungemütlich bei dem Gedanken, dass jemand in unsere Nachbarschaft ziehen und uns buchstäblich vor der Nase sein könnte!

Ein Job und ein Flammenmeer

Die Zeit um Isaacs Geburt war finanziell sehr schwierig für uns. Ich erzählte ja bereits, dass wir den Großteil unseres Geldes in das Haus in Greenwood gesteckt hatten, weil die Banken für Grundstücke in dieser Gegend keine Hypotheken vergaben. Unser Plan war es von Anfang an gewesen, das Haus zu verkaufen, sobald wir eine Unterkunft auf der Ranch aufgestellt hatten. Dies stellte sich jedoch als viel schwieriger heraus als gedacht. David schaffte es nach der harten Arbeit auf der Ranch weder zeitlich noch körperlich, größere Skulpturen fertigzustellen, die uns die nötigen Mittel für das Renovieren des Wohncontainers, geschweige denn für ein richtiges Haus verschafft hätten. Das wenige Geld, das reinkam, brauchten wir, um die laufenden Kosten unserer Familie zu decken. Also stellten wir das Haus in Greenwood zum Verkauf. Doch auch das gestaltete sich schwierig, denn der Ruf der Familie Simmons war jedem im Ort bekannt, und niemand wollte neben solchen Leuten wohnen, nicht einmal zur Miete.

Der Verkauf einer größeren Skulptur hätte uns damals sehr geholfen. Aber selbst wenn David es zeitlich geschafft hätte, so wäre da immer noch eine riesige Hürde geblieben: Kanadier interessieren sich nicht für Kunstobjekte, besonders nicht auf dem Land und erst recht nicht, wenn sie mehr als fünfzig Dollar kosten. Und indianische Kunst verkauft sich sowieso nur in Gegenden mit viel Tourismus. David hätte höchstens eine Skulptur auf Kommission anfertigen können, doch damit hatten wir gleich zu Beginn unseres gemeinsamen Lebens in Kanada derartige Probleme gehabt, dass David sich schwor, nie wieder eine solche Vereinbarung einzugehen. Und ich kann es ihm nicht verübeln.

Ich hätte damals aus Not einen Job angenommen, obwohl Isaac nur wenige Wochen alt war. Aber mein Abschluss wurde in Kanada nicht anerkannt, und ich war nicht bereit, meine drei kleinen Kinder für einen schlecht bezahlten Job in einem Fast-Food-Restaurant den ganzen Tag über in der Obhut einer fremden Person zu lassen.

Schon im Sommer vor Isaacs Geburt, als wir unter den Schikanen der Familie Simmons litten, hatte ich mich um die kanadische Staatsangehörigkeit bemüht. Viele unserer Bekannten hatten mich dazu ermutigt, denn sie meinten, dass unsere Familie weniger Angriffsfläche bieten würde, wenn wir uns besser anpassten. David konnte schlecht damit aufhören, Indianer zu sein, aber ich konnte Kanadierin werden. Daher färbte ich mir wie angekündigt in jenem Sommer nicht nur die Haare rot, sondern erkundigte mich beim deutschen Konsulat in Vancouver auch nach einer Beibehaltungsgenehmigung für die deutsche Staatsbürgerschaft. Normalerweise verliert man diese nämlich bei der Annahme der kanadischen Staatsbürgerschaft automatisch.

Der Herr vom Konsulat war nicht sehr entgegenkommend. Für einen solchen Antrag mussten unzählige Formulare ausgefüllt, umfangreiche Nachweise aller Art eingereicht und eine stattliche Gebühr musste bezahlt werden; außerdem verlangte er von mir, für ein persönliches Gespräch ins Konsulat nach Vancouver zu kommen. Eine solche Reise bedeutete für uns damals eine erhebliche finanzielle Belastung, denn wir mussten für die fast sechshundert Kilometer lange Fahrt nicht nur das Benzin bezahlen, sondern natürlich auch Verpflegung und Motelkosten für vier Personen, weil die lange Strecke und das Gespräch im Konsulat nicht an einem Tag zu schaffen waren.

Dazu kam, dass ich mich aufgrund meiner Schwangerschaft nicht in der Lage fühlte, das alles auf mich zu nehmen. Daher bat ich darum, das Gespräch ausnahmsweise per Telefon abwickeln zu dürfen, aber der Vertreter des Konsulats ließ sich nicht erweichen. Wenn ich nicht persönlich in Vancouver vorspräche, würde mein Antrag gar nicht erst angenommen werden.

David und ich diskutierten lange darüber und sprachen auch mit Rosaleen über die Angelegenheit. Schließlich baten wir in einem Gebet die Geistwesen um Hilfe, weil ich mich völlig hin- und hergerissen fühlte. Auf der einen Seite wollte ich meine deutsche Staatsbürgerschaft nicht aufgeben. Deutschland war mein Heimatland und würde es auch immer bleiben. Den Gedanken, mich in Zukunft am Flughafen in die Warteschlange für ausländische Passagiere einreihen zu müssen, fand ich komplett absurd. Auf der anderen Seite würde die kanadische Staatsangehörigkeit meine Familie vielleicht wenigstens in Zukunft vor rassistischen Angriffen bewahren. Auch versprach ich mir als kanadische Staatsbürgerin bessere Jobaussichten.

Letztendlich lief es darauf hinaus, dass ich Rosaleen, den Geistwesen und unseren Freunden und Bekannten recht geben musste: Wir lebten in Kanada, und daher war es nur folgerichtig, die kanadische Staatsangehörigkeit anzunehmen und damit das alltägliche Leben meiner Familie so gut es ging positiv zu beeinflussen. Isaac war kaum drei Monate alt, als wir in die nächstgrößere Kleinstadt fuhren, damit ich dort den Test ablegen und somit endlich eine richtige Kanadierin werden konnte.

Im Rahmen des Tests und der Einbürgerungszeremonie traf ich einige andere Deutsche, die ebenfalls mit dem Konsulat in Kontakt gestanden hatten. Sie alle hatten einen Antrag auf Beibehaltung der deutschen Staatsangehörigkeit gestellt und diesen genehmigt bekommen. Auf meine Frage hin erklärten sie mir, dass sie das Gespräch per Telefon hätten führen dürfen. Wie wütend ich in diesem Augenblick auf die deutsche Bürokratie war, brauche ich wohl nicht extra zu betonen!

Jedenfalls erhielt ich an diesem Tag meine kanadische Staatsangehörigkeit und war nicht länger eine Deutsche. So belegten es jedenfalls die Papiere. Für mich war es, als hätte ich eine weitere Brücke zu meinem alten Leben, meinem alten Ich abgebrochen, und obwohl es keine sichtbare Veränderung war, dauerte es eine Weile, bis ich mich an die neue Situation gewöhnt hatte. Aber ich war auch sehr stolz, endlich offiziell Teil des Landes zu sein, in dem ich nun lebte. Mein Ehemann und meine Kinder waren Kanadier, und ich fühlte mit einem Mal eine neue Art von Zugehörigkeit.

Noch bevor ich mich nach einem geeigneten Job umschauen konnte, geschah etwas Wunderbares: David erhielt von einem Reservat in der Nähe von Abbotsford, British Columbia, das Angebot, die Leitung für den Bau eines traditionellen Langhauses zu übernehmen. Der Job würde gut bezahlt werden und unsere finanzielle Situation für viele Monate stabilisieren. Wir sahen das Angebot als Zeichen dafür, dass einem geholfen wird, wenn man das Richtige tut. Es ist nur manchmal sehr schwer, Vertrauen zu haben und lange genug abzuwarten!

Der einzige Haken an der Sache war, dass das Reservat fünf Autostunden von Greenwood entfernt lag. Dies brachte verschiedene Schwierigkeiten mit sich: Zum einen wäre David die ganze Woche über fort, und wir würden ihn nur am Wochenende sehen. Nach einer Woche schwerer körperlicher Arbeit und der ganzen Fahrerei hätte David an seinen freien Tagen außerdem kaum noch Energie oder Lust, mit dem Bau auf unserer Ranch weiterzumachen. Aber diese Tatsache ließ sich nicht ändern, denn wir brauchten das Geld. Davids

Abwesenheit bedeutete jedoch auch, dass die Kinder und ich die Woche über allein in unserem Haus bleiben würden – mit Familie Simmons gleich nebenan. Das waren für mich keine rosigen Aussichten, besonders da es endlich wärmer wurde und ich eigentlich gern Zeit draußen verbracht hätte. Aber wir würden uns schon irgendwie arrangieren, und an den Wochenenden wäre David dann ja bei uns, und wir könnten gemeinsam etwas unternehmen.

Kurz bevor David den Job antrat, bot der Stamm ihm eine Vier-Tage-Woche an, so dass er zwar länger am Stück arbeiten müsste, dafür aber drei Tage pro Woche bei uns sein könnte. Mir war das sehr recht, nicht nur wegen Familie Simmons, sondern weil dieses Frühjahr ungewöhnlich trocken und warm war und überall in unserer Gegend Waldbrände ausbrachen, die den Ortschaften teilweise bedrohliche nah kamen. Doch am Ende waren es nicht die Waldbrände, die uns gefährlich wurden, sondern eine ganz andere Art von Feuer.

Es geschah ein paar Tage bevor David zum Reservat nach Abbotsford aufbrechen musste. Eigentlich hatten wir vorgehabt, den Tag in unserem Haus in Greenwood zu verbringen. Aber als wir am Morgen aufwachten, sagte David, er habe das bestimmte Gefühl, dass wir zur Ranch fahren und dort arbeiten sollten. Und nicht nur das. David erklärte, dass wir außerdem den Sohn eines unserer Nachbarn verständigen sollten, damit er kam und ihm bei einigen der schweren Arbeiten zur Hand ging.

Ich war nicht besonders glücklich über diese Entscheidung, denn ich hatte mich schon sehr auf den freien Tag gefreut. Es kam nicht oft vor, dass wir einfach mal nichts taten. Und dass wir bei unseren geringen finanziellen Mitteln auch noch Geld für einen Helfer ausgeben sollten, traf bei mir ebenfalls nicht auf Jubelstimmung.

Als ich David meine Zweifel mitteilte, sah er mir fest in die Augen und meinte: »Ich würde den Tag auch lieber mit Faulenzen verbringen, aber wenn die Geistwesen uns einen Hinweis geben, dann müssen wir ihn befolgen. Wozu das alles gut ist, wird sich uns zeigen, wenn die Zeit kommt.«

Mit dieser Feststellung hatte David natürlich vollkommen recht. Daher packte ich ohne weiteres Murren etwas fürs Mittagessen ein, und wenig später befanden wir uns auf dem Weg zur Ranch. Dort arbeiteten wir den ganzen Tag. Der Sohn unseres Nachbarn war wie geplant bei uns und ging David zur Hand. Die Arbeit ging besser voran als gedacht, und wir blieben bis zum Abend auf der Ranch.

Es dämmerte bereits, als wir endlich wieder in Greenwood eintrafen. Eine seltsame Stille lag über dem Ort und ließ mich aufmerksam werden. Ein Gefühl der Dringlichkeit überkam mich, und als ich zu David hinübersah, bemerkte ich, dass auch seine Miene angespannt war. Als er den Pick-up um die nächste Biegung lenkte, erstarrten wir. In unserer Straße herrschte Chaos: Das Haus von Familie Simmons brannte lichterloh. Riesige Flammen schlugen in den dunklen Himmel, und das Knacken und Knistern, mit dem das Feuer das Haus auffraß, war so unheimlich laut, dass einem das Blut in den Adern gefror. Einsatzwagen der freiwilligen Feuerwehr versperrten den Weg, und überall rannten aufgeregt Leute umher. Dutzende Schaulustige hatten sich versammelt und diskutierten die Sachlage.

Alles, was ich sah, war das Flammenmeer, das keine fünf Meter von unserem Haus – und allem, was wir besaßen – tobte. Bevor wir uns von dem Schrecken erholt hatten, trat einer der Anwohner zu uns an den Wagen, lehnte sich ins Fenster und meinte halb scherzend zu David:

»Da habt ihr wohl endlich genug von Familie Simmons gehabt, was? Gute Arbeit!«

»Wir haben nichts damit zu tun«, erwiderte David ernst. Bei solchen Dingen verstand er keinen Spaß.

»Sicher«, meinte der Mann. Aber wir konnten aus seiner Stimme hören, dass er uns nicht glaubte. »Auf jeden Fall war es Brandstiftung. Das hat der Einsatzleiter der Feuerwehr gesagt.«

Brandstiftung. Da erinnerte ich mich an Davids Worte vom Morgen: »Wenn die Geistwesen uns einen Hinweis geben, dann müssen wir ihrem Rat folgen.« Wenn wir an diesem Tag nicht zur Ranch gefahren wären … Wenn wir nun zu Hause geblieben wären … Wie leicht hätten wir dem Feuer zum Opfer fallen können! Es grenzte sowieso an ein Wunder, dass die Flammen noch nicht auf unser Haus übergesprungen waren, wo die Häuser doch so dicht beieinander standen. Ein Windstoß hätte ausgereicht, um auch unser Haus in Flammen aufgehen zu lassen. Aber an diesem Tag herrschte absolute Windstille. Zudem konnte der Sohn unseres Nachbarn bezeugen, dass wir den ganzen Tag über auf der Ranch gewesen waren. Die Geistwesen hatten wirklich ganze Arbeit geleistet, um unserer Familie beizustehen. Überwältigt vom Ausmaß der Angelegenheit senkte ich die Augen und sprach ein leises Gebet, um mich bei ihnen zu bedanken.

Es dauerte bis spät in die Nacht, bis die Feuerwehr ihren Einsatz beendet hatte und wir in unser Haus zurückkehren durften. Wir waren unendlich erleichtert. Ob Familie Simmons es darauf abgesehen hatte, uns die Schuld an ihrem Hausbrand zu geben, kann ich nur vermuten. Tatsache ist, dass für sie die ganze Sache nach hinten losging. Wir hatten ein felsenfestes Alibi, und auch sonst konnte die Polizei niemanden finden, der ein Motiv für die Tat gehabt hätte. Die Versicherung schickte einen Inspektor, der die Brandursache untersuchte. Das Feuer war in einem Zimmer im oberen Geschoss ausgebrochen. Eine Lampe schien der Auslöser gewesen zu sein. Als wir das hörten, fiel David und mir ein, dass wir am Abend vor dem Brand gesehen hatten, wie Mrs. Simmons im Schlafzimmer einige Koffer gepackt hatte. Dabei hatte sie allerlei Klamotten umhergeworfen, von denen auch welche auf der Stehlampe gelandet waren. Die Sache wurde noch verdächtiger, als wir erfuhren, dass Familie Simmons am Tag des Brandes nicht zu Hause gewesen war. Und nicht nur das. Nachbarn hatten beobachtet, wie sie eine ganze Ladung von Koffern und Kisten auf ihrem Pick-up verstaut hatten, bevor sie abgefahren waren. Ein bisschen viel Aufwand für einen Tagesausflug. Das dachte sich dann auch der Herr von der Versicherung: Die Familie hat bis heute keine Entschädigung für ihr Haus und ihren Hausrat erhalten, weil der Verdacht bestand, dass sie den Brand selbst gelegt hatten, um die Versicherungssumme zu kassieren. Die Simmons verließen Greenwood daraufhin und zogen nach Alberta. Wir haben sie seit dem Brand nie wiedergesehen.

Wir waren erleichtert darüber, so überraschend von unseren fürchterlichen Nachbarn befreit worden zu sein. Die vier Tage pro Woche, die ich nun allein mit den Kindern verbringen sollte, erschienen plötzlich ganz erfreulich. Ich würde mich vier Tage lang in Ruhe um Haushalt und Kinder kümmern können – und wir hatten ein Einkommen. Es war fast zu schön, um wahr zu sein!

Das war es dann allerdings auch. David hatte den Job noch keine drei Monate, als der Häuptling des Reservats begann, sich einzumischen. David war zugesichert worden, dass er die Arbeiter aussuchen und die Arbeitseinteilung in eigener Verantwortung vornehmen könne. Nun wollte der Häuptling den einen Mann nicht in der Bautruppe haben, weil er ihn nicht mochte, dafür aber den anderen, weil er mit ihm verwandt war. David jedoch war allein daran interessiert, dass die Männer morgens pünktlich erschienen und hart arbeiteten, was bei den Leuten, die der Häuptling vorschlug, nicht unbedingt der Fall war.

Im Lauf der Wochen tauchten dann einige Unstimmigkeiten bei den Abrechnungen für die Baukosten auf: Es schien mehr Material eingekauft und vom Stamm bezahlt worden zu sein, als David angefordert hatte. Er stellte einige Nachforschungen an und fand heraus, dass der Häuptling Stammesgelder dazu benutzte, den Bau seines eigenen Hauses zu finanzieren. David hatte auf zu vielen Reservaten in Kanada und den USA gelebt, um zu bestreiten, dass solche Vorfälle hin und wieder vorkamen, nicht anders als in der Welt des »weißen Mannes«. Trotzdem verachtete er Menschen, weiß wie rot, die ihre Mitmenschen derart ausnutzten, noch dazu, da diese weit unter der Armutsgrenze lebten. Also sagte David dem Häuptling, dass er wüsste, was abliefe, und dass er unter diesen Voraussetzungen nicht länger am Langhaus arbeiten könne. David konnte an der Politik auf den Reservaten nichts ändern, aber er wollte an derlei Vorgängen auch nicht teilhaben.

Ich war stolz darauf, dass David den Mut hatte, zu seinen Grundsätzen zu stehen, selbst wenn es eine harte Zeit für seine Familie bedeutete. Manch anderer hätte einfach den Mund gehalten, weitergearbeitet und das monatliche Gehalt eingestrichen. Doch so saßen wir am Ende des Sommers wieder einmal ohne Einkommensquelle da.

Ich spielte erneut mit dem Gedanken, dass ich mir trotz des Babys vielleicht einen Job suchen sollte, da rief uns Davids Bruder Jon an. Er war einige Jahre zuvor nach Nova Scotia umgesiedelt und lud uns nun ein, ebenfalls dorthin zu ziehen. Er sprach von günstigen Immobilien und guten Aussichten für Indianer, denn die Stämme der Mi'kmaw, die ursprünglich dort ansässig gewesen waren, machten seit langem nur noch einen geringen Teil der Bevölkerung aus. Trotzdem gab es einige Programme, die Indianer dabei unterstützten, ihren Highschool-Abschluss oder eine Weiterbildung am College zu machen oder aber ihr eigenes Unternehmen aufzubauen. David qualifizierte sich praktisch sofort für mindestens zwei Semester am College, wofür ihm nicht nur die Kursgebühren, sondern auch Lebenshaltungskosten zugestanden würden. David hatte schon lange eine weiterführende Schule besuchen wollen, aber da in Kanada alle College- und Universitätsgebühren von den Studenten getragen werden müssen und diese Gebühren sehr stattlich sind, war es ihm bisher nie möglich gewesen. Trotzdem überzeugten uns diese Aussichten noch nicht genug, um British Columbia den Rücken zu kehren und unsere Familie abermals zu verpflanzen.

Dann geschah etwas, womit wir schon gar nicht mehr gerechnet hatten: Jemand wollte unser Haus in Greenwood kaufen. Nun, da Familie Simmons nicht mehr nebenan wohnte, hatte sich tatsächlich ein Interessent gemeldet! Und die Familie wollte so schnell es ging einziehen, denn ihr bisheriges Haus war bereits verkauft.

In was für eine Zwickmühle uns das Kaufangebot brachte! Der gebotene Kaufpreis war gerade so hoch, dass wir das Geld, das wir für das Haus bezahlt hatten, wieder hereinbekamen – aber kaum mehr. Wir konnten es uns nicht leisten, das Angebot abzuschlagen, denn wer wusste schon, ob und wann sich ein anderer Käufer melden würde. Aber die Familie wollte praktisch sofort einziehen, und das bedeutete für uns, dass wir von heute auf morgen eine andere Bleibe finden mussten. Das Geld würde es uns ermöglichen, auf der Ranch endlich mit dem Renovieren des Wohncontainers zu beginnen. Es würde allerdings nicht ausreichen, um auch ein Haus und alle anderen Notwendigkeiten wie Wasserleitungen und Solarstrom komplett zu finanzieren. Selbst wenn das Geld gereicht hätte und wir uns Helfer hätten leisten können, wären wir nie vor Einbruch des Winters fertig geworden. Und wohin sollten wir dann? Wir standen praktisch vor demselben Problem, vor dem wir ein gutes Jahr zuvor gestanden hatten, als ich mit Isaac schwanger gewesen war: Es gab weiterhin keine bewohnbare Unterkunft auf unserem Land, und etwas zu mieten stand außer Frage.

Die Anrufe von Davids Bruder aus Nova Scotia mehrten sich in dieser Zeit, und eines Abends sprach David dann aus, was ich schon befürchtet hatte: »Ich glaube, die Zeichen sind klar. Hier ist uns im Augenblick der Weg versperrt, in Nova Scotia hingegen steht uns eine kleine Tür offen. Wir dürfen nicht länger zögern.«

»Nova Scotia ist am anderen Ende der Welt«, warf ich ein.

»Aber trotzdem noch im gleichen Land«, versuchte David zu scherzen. »Auch wenn es fünfeinhalbtausend Kilometer von hier entfernt ist, brauchen wir dort wenigstens nicht um Einwanderungserlaubnis zu bitten.«

An dieser Stelle wurde mir wieder einmal klar, dass mein Umzug nach Kanada noch viel mehr Konsequenzen nach sich zog, als mir anfangs bewusst gewesen war. Es war schon schwer genug gewesen, aus Deutschland fortzugehen. Doch damals hatte ich angenommen, im Reservat so etwas wie Familienanschluss zu finden. Nun lag das Reservat weit hinter uns, ebenso wie das Blockhaus und das große Haus bei Hope, und mit ihnen all die Menschen, die uns Familie und Freunde gewesen waren. Selbst Rosaleen war nicht mehr da. Wir waren allein. Nur David, die Kinder und ich. Gerade hatten wir begonnen, uns in der Umgebung von Greenwood wohl zu fühlen, und nun sollten wir schon wieder alles hinter uns lassen und ins große Ungewisse aufbrechen?

Im Geiste sah ich plötzlich Rosaleen vor mir, wie sie dastand und mich ermutigend anlächelte. Schon zu Lebzeiten war eine ungeheuer positive Kraft und Stärke von dieser kleinen, zarten Person ausgegangen, die sich nun noch verdoppelt zu haben schien. Etwas davon sprang in diesem Augenblick auf mich über – wie so oft schon in den vergangenen Jahren. Es war, als greife mir eine unsichtbare Hand unter den Arm und stütze mich und eine lautlose Stimme flüstere mir zu: »Du bist viel stärker, als du glaubst. Du kannst alles überwinden, was sich dir in den Weg stellt. Bisher hast du nur einen Bruchteil deiner inneren Kraft genutzt. Du musst nur Mut haben und daran glauben. Entspanne dich und sieh dem Abenteuer gelassen ins Auge.«

Abschied und Kugelhagel

An einem sonnigen Morgen Ende September 2003 parkte David den Pick-up vor dem alten Wohncontainer auf der Ranch. In den vergangenen zwei Wochen hatten wir all unsere Habseligkeiten hierhergeschafft und in dem Container verstaut, denn wir mussten das Haus in Greenwood für die neuen Besitzer frei machen. Für einen kompletten Umzug nach Nova Scotia hatten wir kein Geld, daher hatten wir beschlossen, Hausrat und Möbel bis auf weiteres in dem Container einzulagern. Nach Nova Scotia würden wir nur das mitnehmen, was auf die Ladefläche des Pick-ups passte.

Einen Moment lang hielt ich in meiner Arbeit inne und ließ meinen Blick über die umliegenden Bergketten schweifen, die sich am Horizont in einem bläulichen Dunst verloren. Der Geruch von Holzfeuer lag in der Luft. Seit fünf Monaten hatte es kein einziges Mal ordentlich geregnet, und selbst jetzt, Ende September, waren die Tage noch immer brüllend heiß. Die Wildnis war knochentrocken. Der kleinste Funke würde den Wald in Flammen aufgehen lassen. Überall in der Provinz tobten bereits riesige Waldbrände, die nur schwer unter Kontrolle zu bringen waren. Jeglicher Gebrauch von Maschinen in der Wildnis war untersagt worden, und Lagerfeuer waren bereits seit Monaten verboten. Versicherungspolicen für Häuser in der Nähe der Brandherde wurden nicht verlängert, und es war nahezu unmöglich, eine Hausversicherung für ein neu erworbenes Grundstück zu bekommen.

Haley und Sam spielten neben dem Wohncontainer und ahnten nichts von der drohenden Gefahr. Für sie war dieser Sommer herrlich gewesen. Jeden Tag blauer Himmel und

Sonnenschein! Ich machte mir dafür umso mehr Sorgen. Wir würden unsere Habseligkeiten in einem Container in der Wildnis zurücklassen müssen, wo es niemandem auffiele, wenn etwas gestohlen wurde. Oder, noch viel schlimmer: Randalierer könnten die Tür aufbrechen und dann monatelang unbemerkt offen stehen lassen. Die Ranch lag zu dicht an den tobenden Waldbränden, so dass wir zu denen gehörten, die keinen Versicherungsschutz für ihr Grundstück bekommen konnten. Sollte also unser Hab und Gut vom Feuer zerstört werden oder jemand in den Container einbrechen, so müssten wir alles selbst ersetzen.

Doch da war noch ein anderer Gedanke, und dieser quälte mich bei weitem mehr: Was, wenn wir in Nova Scotia langfristig Fuß fassen und ein neues Leben beginnen würden? Unser Land hier war mir so sehr ans Herz gewachsen. Wenn wir es morgen bei der Abreise hinter uns ließen, würden wir die Ranch jemals wiedersehen? Würden wir jemals hierher zurückkehren?

Und dann war da natürlich die Reise selbst. Mit einem Säugling, zwei Kleinkindern, gerade mal drei und fünf Jahre alt, einem jungen Hund und einer Katze im Schlepptau über fünftausend Kilometer mit dem Auto zu fahren, an ein solches Unternehmen hätte ich freiwillig niemals gedacht. Wie würden es die Kinder und Tiere so lange im Wagen aushalten, wo sie doch daran gewöhnt waren, den ganzen Tag ungezügelt umherzulaufen? Wir wollten tagsüber fahren, darüber waren wir uns einig. David war als junger Mann viele Male quer durch ganz Nordamerika gereist, und nun sollte seine Familie beim ganzen Aufwand des Umzugs wenigstens die atemberaubende Landschaft genießen können. Aber was, wenn der Pick-up nicht durchhalten und unterwegs kaputt gehen würde? Schließlich war der Wagen nicht mehr der

Jüngste. Wie sollten wir eine Reparatur bezahlen? Wie schon so oft ging meine Fantasie mal wieder mit mir durch, und ich malte mir die schlimmsten Dinge aus, ohne dass überhaupt etwas passiert war. Solch nagende Sorgen überkommen mich auch heute noch manchmal, aber lange nicht mehr so häufig wie damals. Ich habe seitdem sehr viel Vertrauen an eine höhere Gewalt gewonnen, die über uns wacht und die Dinge lenkt. Heute weiß ich in meinem Herzen, dass es sich nicht lohnt, sich darüber den Kopf zu zerbrechen. Aber jeder Mensch hat hin und wieder einen Tiefpunkt und beginnt zu zweifeln.

Für David war es damals genauso schwer, unsere Ranch zu verlassen. Gerade weil er in seinem Leben viel gereist war, wünschte er sich nichts sehnlicher, als endlich irgendwo sesshaft zu werden. Ihm gelang es nur besser als mir, seine Gefühle zu verbergen – und sein Vertrauen in die höhere Kraft war auch viel stärker.

Als ich so dastand und meinen Gedanken nachhing, ertappte ich mich einen winzigen Augenblick lang bei dem Wunsch, David hätte einfach irgendeinen Auftrag hier in British Columbia angenommen. David arbeitet immer frei, das heißt, er erschafft eine Skulptur und findet dann einen Käufer, dem sie gefällt. Aufträge, bei denen jemand genau vorgibt, was er anzufertigen hat, nimmt David grundsätzlich nicht an. Nicht nur, weil er es als langweilig empfindet, einfach das zu kreieren, was andere sich vorstellen, sondern weil er bestimmte Formen in den Marmor- und Granitblöcken sieht. Und diese Formen sollten dann auch daraus entstehen. Er mag dem Gestein nicht etwas anderes aufzwingen, das gar nicht in ihm steckt.

Seit wir in Kanada lebten, hatte David erst eine Ausnahme von dieser Regel gemacht, und zwar, um im Auftrag einer großen Baufirma eine lebensgroße Skulptur zu schaffen. Und dieses eine Mal hatte sich zu einer lebensgefährlichen Situation für uns alle entwickelt. Nein, einen solchen Auftrag konnte David nicht noch einmal annehmen, das stand außer Frage. Wir mussten nach Nova Scotia umziehen, es führte kein Weg daran vorbei. Die Not zwingt einen oft dazu, Dinge zu tun, die man nie für möglich gehalten hätte. Und die Hauptsache war ja, dass wir als Familie zusammen waren – egal, wo.

Ich arbeitete weiter, reichte David Koffer und Kisten, die er auf dem Pick-up verstaute. Doch aufgewühlt durch diese Erinnerungen tauchten nun ungewollt Bilder vor meinem inneren Auge auf: Bilder von den schrecklichen Ereignissen, die sich zugetragen hatten, als David an der Skulptur für die große Baufirma arbeitete.

Ich schüttelte den Kopf, um die Bilder zu verscheuchen, aber es gelang mir nicht. Und dann kam mir ein anderer Gedanke: Vielleicht war es gut, noch einmal einen Neuanfang zu wagen. Vielleicht waren die Menschen an der Ostküste offener für die Künste, und David hätte es mit seiner Arbeit dort leichter. Es war einen Versuch wert. Schlimmer als das Desaster mit der Baufirma konnte es jedenfalls kaum werden. Und dieses Desaster war schließlich der Anstoß dazu gewesen, die Ranch zu kaufen und aus Hope fortzuziehen. Oftmals geschehen solche unangenehmen Dinge also nur deshalb, um uns Menschen in eine Richtung zu schicken, in die wir freiwillig nie gegangen wären. Und meist bringen Anstöße dieser Art Glück. Man darf sich nur nicht gegen sie wehren.

Unwillkürlich schweiften meine Gedanken nun zurück zu dem verhängnisvollen Nachmittag im Sommer des Jahres 2001. Sam war kaum ein Jahr alt und schlief im Kinderwagen auf der Terrasse. Haley und ich spielten ganz in der Nähe im Gras. David hatte seine Arbeit für eine kurze Pause unterbrochen, saß auf der Treppenstufe und trank Kaffee. Die Sonne schien, und die Stimmung war entspannt. Da zischte plötzlich etwas durch die Luft und prallte auf dem Betonboden der Terrasse ab – direkt neben Sams Kinderwagen.

»Was war das?«, fragte ich alarmiert. Doch bevor David antworten konnte, ertönte das Zischen erneut, und wieder war ein Aufprall direkt neben uns zu hören.

»Schüsse«, sagte David und war sofort auf den Beinen. Seine Stimme klang ruhig, aber die innere Anspannung spiegelte sich auf seinem Gesicht.

»Sind die nicht ganz dicht?«, rief ich aufgebracht. »Sehen die nicht, dass hier jemand wohnt?«

»Nimm die Kinder und geh ins Haus«, raunte David, ohne auf meinen Kommentar einzugehen.

Kaum hatte ich die Tür hinter mir zugezogen, fielen draußen bereits weitere Schüsse. David kam hereingestürzt und rannte ins Schlafzimmer. Ich dachte, er würde sein Gewehr holen, um zurückzuschießen, und mir wurde ganz schlecht vor Aufregung. In den letzten Wochen hatten wir genug Unannehmlichkeiten erlebt – eine Schießerei und deren Folgen fehlten mir jetzt gerade noch! Doch zu meiner Überraschung hielt David kein Gewehr in der Hand, als er zu mir und den Kindern zurückkehrte. Stattdessen steuerte er auf das Telefon zu. Ich sah ihn fragend an.

»Ich habe sichergestellt, dass der Waffenschrank verriegelt ist«, erklärte er. »Hier, nimm du den Schlüssel. Wenn ich jetzt ein Gewehr in die Hand nehme, wird Blut fließen.«

»Was hast du vor?«

»Ich rufe die Polizei an.«

Von draußen war nun ein regelrechter Kugelhagel zu hören.

»Und was, wenn die Kerle das Haus stürmen, bevor die Polizei eintrifft?«

»Die wollen uns nur Angst machen«, sagte David ruhig.

»Wie meinst du das? Die schießen auf uns!«

»Erinnerst du dich, dass der Besitzer der Baufirma mir bei unserem letzten Treffen gesagt hat, ich solle besser tun, was er verlangt, sonst würde es mir leidtun?«

Ich schluckte den Kloß in meinem Hals hinunter und nickte. »Er sagte: Ich werde dich zerdrücken wie einen Käfer.«

»Richtig. Und dies ist sein erster Versuch.« David griff nach dem Hörer und wählte 911, die Nummer der Polizei. »Geh mit den Kindern in den Keller. Dort seid ihr sicher.«

Mein Kopf fühlte sich plötzlich ganz leicht an, und für einen Moment dachte ich, ich würde ohnmächtig vor Angst. Es sieht in den Filmen immer sehr aufregend aus, wenn auf die Helden geschossen wird. Aber in Wirklichkeit fühlt es sich überhaupt nicht aufregend an. Nur schrecklich.

Wie oft war ich am Schießstand gewesen! Ich wusste genau, was solche Kugeln anrichten würden, wenn sie eines der Kinder trafen. Die Kinder! Was waren das für Menschen, die mit Absicht auf unschuldige Kinder schossen? Dieser Gedanke ließ eine unglaubliche Wut in mir aufsteigen. Wie gern hätte ich mein Gewehr genommen und diesen Typen gezeigt, wie es sich anfühlt, wenn auf einen geschossen wird. Solche Schweinehunde, solche Feiglinge! Da saßen sie irgendwo, mehrere hundert Meter entfernt, und schossen mit automatischen Gewehren auf eine unbewaffnete Familie. Wie krank war das?

Von oben hörte ich, wie David mit der Polizei sprach.

»Sie glauben mir nicht?«, rief er gerade. »Warten Sie einen Moment.«

Ich hörte, wie David das Fenster zur Terrasse öffnete.

»Hören Sie selbst!« Er hielt den Hörer zum Fenster hinaus. Die Schüsse und das Aufprallen der Kugeln waren deutlich vernehmbar.

Einen Augenblick später wandte David sich wieder an die

Polizei: »… Das habe ich doch gesagt … Natürlich bleibe ich am Apparat … Der Streifenwagen ist losgefahren? Gut, wir warten.«

Unruhig blickte ich auf meine Armbanduhr. Die Polizeiwache befand sich in Hope, gute zehn Kilometer auf dem Highway von uns entfernt. Aber neun Kilometer davon waren nur wenig befahren. Es dürfte kaum länger als zehn Minuten dauern, bis die Beamten hier sein würden.

Die Zeit verstrich. Zehn Minuten, fünfzehn Minuten, zwanzig Minuten. Immer noch kein Streifenwagen in Sicht. Die Schüsse waren weiterhin deutlich zu hören.

»Wann kommen die endlich?«, rief ich nach oben.

»Keine Ahnung, die müssten längst hier sein, es sei denn, sie kommen zu Fuß«, erwiderte David trocken. »Bleib, wo du bist!«

Weitere zwanzig Minuten verstrichen. Dann meldete David endlich: »Ich sehe einen Polizisten die Einfahrt heraufkommen!«

Ein einziger Polizist. Was für ein Witz!

Draußen verstummten die Schüsse.

»Ich werde mal mit dem Beamten sprechen«, meinte David. »Ich glaube, ihr könnt jetzt wieder raufkommen. Aber bleibt im Haus.«

Oben angekommen, spähte ich aus dem Fenster. Draußen schien alles wieder ruhig und friedlich zu sein. Der Polizist war jetzt so nahe, dass ich sein Gesicht erkennen konnte. Vor Überraschung hielt ich den Atem an. Es handelte sich um denselben Polizisten, der David bei Haleys Geburt die Handschellen angelegt hatte und dann im Krankenwagen mitgefahren war!

Auch David hatte den Mann erkannt. Ich hörte, wie er ihn leise fragte: »Kennen wir uns nicht?«

»Nein, sir«, erwiderte der Polizist überaus höflich.

»Doch, ich bin mir sicher«, meinte David. »Wir haben uns vor ungefähr zwei Jahren schon mal getroffen. In einem Haus in Laidlaw.«

»Sie müssen sich irren, sir«, meinte der Polizist. »Ich habe Sie nie zuvor gesehen.«

Da ging mir ein Licht auf. Damals war David nur der »Indianer« gewesen. Nun jedoch war er der Eigentümer eines der angesehensten Häuser in der Gegend. Der Polizist hielt uns für wohlhabend, und dementsprechend höflich verhielt er sich. Was für ein Schleimer! Und da erzählte man uns immer, dass alle Menschen in einer Demokratie gleich behandelt werden.

Der Polizist schritt das gesamte Grundstück ab, konnte aber nichts Verdächtiges finden. Er erklärte, dass seine Kollegen bergaufwärts, von wo die Schüsse gekommen waren, nach Tatverdächtigen suchten, und verabschiedete sich.

Ein paar Tage später erfuhren wir von einem anderen Polizisten, der den Tatbestand aufgenommen hatte, dass die Beamten weiter oben am Berg zwei Männer abgefangen hatten. Im Kofferraum ihres Wagens fand man automatische Gewehre sowie große Kisten mit Munition. Die Männer erklärten, sie hätten im Wald Schießübungen gemacht. Einen Waffenschein besaß keiner von ihnen – und obendrein sind automatische Schusswaffen in Kanada verboten.

Allein der Besitz solcher Waffen hätte ausreichen sollen, die beiden festzunehmen. Ganz zu schweigen davon, dass sie auf uns geschossen hatten, was anhand der leeren Patronenhülsen sehr leicht zu beweisen gewesen wäre. Aber die Polizei ließ die beiden laufen. In Kanada kann man als Privatperson nicht selbst Anzeige gegen jemanden erstatten, das kann nur der *Crown Counsellor*. Dieser macht seine Entscheidung von der vorläufigen Beweislage und dem Bericht der Polizei abhängig. Der nette Polizist versicherte uns, dass er am Morgen, nachdem auf uns geschossen worden war, einen fünfzigseitigen Bericht beim Crown Counsellor abgeliefert habe. Doch der Crown Counsellor habe den Bericht beiseitegeschoben und ihm gesagt, dass der Fall erledigt sei. Der Polizist wollte nachhaken, aber es wurde ihm unverblümt zu verstehen gegeben, dass es das Beste für ihn und seine Karriere sei, wenn er den Vorfall nicht wieder erwähnen würde. Er riet uns vertraulich, dasselbe zu tun.

Wie es zu all dem gekommen war? Mit der Geschichte allein könnte man ein ganzes Buch füllen. Die Baufirma, für die David gearbeitet hatte, besaß vor allem in Hope erheblichen Einfluss, da sie der größte Arbeitgeber in der Gegend war. Die Firma hatte für ihr Jubiläum ein lebensgroßes Relief aus Granit bei David in Auftrag gegeben. Es sollte drei Arbeiter um die Jahrhundertwende beim Verlegen der Eisenbahnschienen zeigen, denn dort waren die Anfänge der Firma. Nach Fertigstellung sollte die Skulptur vor der Hauptniederlassung der Firma aufgestellt werden.

Zunächst war alles gut verlaufen. David hatte mit seinen Handwerkzeugen über viele Monate die groben Formen der Männer aus dem Granit geschlagen und machte sich gerade daran, an den Feinheiten zu arbeiten. Dabei ging er von oben nach unten vor, er begann also mit den Köpfen. Die Details des ersten Kopfes fanden große Begeisterung bei den Firmenbesitzern. Doch als David mit den anderen beiden Gesichtern fertig war, wurde ihm gesagt, dass diese nicht »europäisch genug« aussähen. Über die Abstammung der darzustellenden Männer war nie gesprochen worden. Aber da die meisten Arbeiter, die um die Jahrhundertwende für die Eisenbahn schufteten, chinesischer Herkunft waren und ebenso viele Indianer am Bau mitgewirkt hatten, fand David es nur gerecht, auch deren Opfer und Beitrag zum Aufbau dieses Landes mit der Skulptur zu ehren. Er hatte also die beiden anderen Männer mit chinesischen und indianischen Gesichtszügen dargestellt. Der Besitzer der Firma bestand darauf, dass David dies abänderte und alle drei Männer als Weiße zeigte. Als David auf seiner künstlerischen Freiheit bestand, kam es zum Streit, und die Arbeiten an der Skulptur ruhten für längere Zeit. David bemühte sich währenddessen um eine Aussprache mit dem Firmenbesitzer, in der Hoffnung, die Skulptur könne doch noch zur Zufriedenheit aller fertiggestellt werden. Doch dieser verlangte weiterhin, dass David tat, was er forderte. Als David sich weigerte, ließ der Chef die unfertige Skulptur abholen und sagte, dass dann eben ein anderer Künstler die Arbeit beenden würde. David erklärte ihm daraufhin, dass das Kunstwerk unter seinem Copyright stünde und kein Käufer das Recht habe, Änderungen daran vorzunehmen. Daraufhin fiel die schon erwähnte Bemerkung des Firmenbesitzers, dass er David »wie einen Käfer zerdrücken« werde.

Natürlich hatte mein Mann recht. Niemand darf an einer künstlerischen Arbeit, die nicht sein geistiges Eigentum ist, Änderungen vornehmen – das verstößt gegen das Gesetz. Aber wie sollten wir das durchsetzen? Wir würden vor Gericht gehen müssen, denn Copyright-Verletzungen werden in Kanada (anders als in Europa) nicht von der Regierung verfolgt. Das muss man selbst tun, und wenn man kein Geld dafür hat, dann hat man eben Pech gehabt. Also musste David machtlos zuschauen, wie die Baufirma die unfertige Skulptur bei uns abholte und auf ihr Firmengelände verfrachtete.

Sie wurde wohl letztendlich wie geplant aufgestellt, doch bis heute haben wir es nicht übers Herz gebracht, dort vorbeizufahren und sie uns anzusehen. Es ist eines dieser Dinge im Leben, an die man sich nicht gern erinnert. Doch dass diese ganze Sache einen Kugelhagel nach sich zog, bei dem wir sehr leicht hätten verletzt werden können, wird sich wohl nie ganz aus unserer Erinnerung vertreiben lassen.

In diesem Augenblick begann Baby Isaac zu quengeln und holte mich damit in die Gegenwart zurück. Ich sprach ihm leise zu und machte mich dann wieder an die Arbeit. Es gab noch viel zu tun: Alles, was wir mitnehmen wollten, musste auf den Pick-up verladen werden, denn am nächsten Tag würden wir in aller Frühe nach Nova Scotia aufbrechen.

Einmal quer durch Kanada

Die Sonne kam gerade über den Bergspitzen zum Vorschein, als wir am nächsten Morgen den Highway erreichten. Es würde abermals ein warmer, sonniger Tag werden.

Unsere Route schien einfach genug, eine Straßenkarte brauchten wir nicht – wir wollten auf dem Highway bleiben und immer in Richtung Osten fahren, bis wir den Atlantik erreicht hatten. Ich hatte mir am Abend zuvor geschworen, die Reise zu genießen – trotz der gemischten Gefühle, mit denen ich dieser Fahrt entgegensah. Wie oft kam man schon in den Genuss, so viel von einem Land zu sehen?

Als wir dann unterwegs waren, hätten wir verschiedene Gegenden gern länger und genauer erkundet, aber dafür fehlten uns Zeit und Geld. Auf der einen Seite war es schade, dass uns all die Touristenziele entgingen, weil diese nicht unbedingt direkt am Highway lagen und es für uns viele Umwege bedeutet hätte, dort anzuhalten. Aber es war auch so genug zu bestaunen, und im Nachhinein muss ich sagen, dass ich in einer Woche kaum mehr Eindrücke in mich hätte aufnehmen können.

Wie großartig und facettenreich Kanadas Geographie ist! Und jede Gegend hat ihre eigene Schönheit, ihre eigene Kraft und vor allem ihre eigene Geschichte.

Seit ich British Columbia das erste Mal besucht und durchquert habe, bin ich davon überzeugt, dass es keine schönere Provinz in Kanada gibt. Was konnte schon die wilde, mystische Schönheit der Nordpazifikküste übertreffen oder mit den schroffen, schneebedeckten Gipfeln der Rocky Mountains mithalten? Erst als wir die Prärie erreichten, konnte ich nachvollziehen, was unsere Freunde vom Stamm der *Blackfoot* an ihrer Heimat so liebten. Die Enge der Berge zu verlassen und plötzlich diese unendliche Weite vor sich zu sehen ist ein unglaubliches Erlebnis. Wie oft hatte ich Laura Ingalls Wilders »Laura in der Prärie« gelesen und versucht mir vorzustellen, wie es dort wohl sein mochte? Wie oft hatte ich den Erzählungen unserer Freunde gelauscht, die in den vierziger Jahren, ganz ähnlich wie Laura Ingalls Wilder, in einer armen Farmersfamilie in der weiten Grasebene von Saskatchewan aufgewachsen waren? Und noch viel öfter hatte ich die alten Geschichten unserer Blackfoot-Freunde gehört, die von Zeiten erzählten, als es dort nur langes, sattgrünes Gras gab, das sich in weichen Wellen sanft im Wind wiegte.

Heute ist die Prärie fast nur noch Farmland, aber als wir anhielten und ausstiegen, überkam mich trotzdem ein Schauder. Alles, was sich hier einmal abgespielt hatte, im Guten wie im Schlechten, war noch immer da, jagte wie ein riesiger rastloser Schatten übers Land. Unser Freund Buster Yellow Kidney hatte mir von dem steten Wind erzählt, der nie verstummte, einem wie am Meer ständig ins Gesicht wehte und tiefe Furchen in die Haut gerbte. Dieser Wind blies auch jetzt und erweckte jedes Wort, das ich jemals über die Prärie gelesen oder gehört hatte, zum Leben. Wie unendlich weit man hier sehen konnte! Wie grenzenlos der Himmel erschien, so weit und gleichzeitig so nah. Was für ein Paradies das Land gewesen sein musste, bevor die weißen Siedler kamen, es pflügten und mit ihren Unkrautvernichtungs- und Düngemitteln verpesteten, so dass dort heute nicht einmal ein Hund mehr frei herumlaufen kann, ohne sich Störungen des Nervensystems zuzuziehen.

Wir brauchten eineinhalb Tage, um die Prärie zu durchqueren. Östlich von Winnipeg erreichten wir dann die riesigen Nordwälder. Der Highway tauchte in sie ein und schien in ihnen zu verschwinden. Die Straße war nun nur noch wenig befahren, denn wir näherten uns den großen Seen – eine Strecke, die die meisten Leute eher mieden, da sie recht eintönig ist: dichte Wälder, die auf beiden Seiten bis an den Highway heranreichen, hier und da ein paar Felsen. Sonst nichts.

Wir waren an diesem Abend spät dran, doch zwischen uns und der nächsten Stadt gab es keine Übernachtungsmöglichkeit. Da fing es mit einem Mal an zu schneien. Ein paar Minuten später fiel der Schnee bereits so stark, dass David Probleme hatte, die Straße zu erkennen. Doch wir konnten weder anhalten noch umkehren. Winnipeg lag zu weit hinter uns, und bis Kenora waren es noch gute sechzig Kilometer.

Als wir einige Stunden später unversehrt in unseren Motelbetten lagen, war ich unendlich erleichtert. Ich hatte mit allem gerechnet, aber nicht damit, dass wir Ende September in einen Schneesturm geraten würden! Am nächsten Morgen erfuhren wir, dass der überraschende Schneefall viele Unfälle verursacht und dazu geführt hatte, dass der Highway bis zum Morgen gesperrt worden war.

Aufgrund des Wetters fuhren wir am darauffolgenden Tag nur eine kurze Strecke und übernachteten in Thunder Bay. Dort war es so kalt – vor allem im Vergleich zu dem sommerlichen Wetter in British Columbia –, dass wir den Kindern Mützen und Pullover kaufen mussten, weil unsere Winterkleidung in Koffern irgendwo auf der Ladefläche des Pickups verstaut war.

Zum Glück schneite es nicht wieder, aber nun lag der lange, lange Weg um das nördliche Ufer des Lake Superior vor uns. Wir fuhren so weit wir konnten, kamen aber nicht wirklich voran, jedenfalls schien es mir so. Der einzige Lichtblick war, dass die Bäume sich an einigen wenigen Stellen lichteten und wir teilweise freie Sicht auf den See hatten. Es ist wirklich ein überwältigender Anblick, solche Wassermassen mitten auf einem Kontinent zu sehen. Hätte ich es nicht besser gewusst, hätte ich gedacht, wir wären bereits am Atlantik angelangt. Die Wellen schlugen mit rhythmischer Gleichmäßigkeit ans Ufer, und die Möwen kreisten kreischend über unseren Köpfen genau wie am Meer. Nur der Geruch von Salzwasser und Seetang fehlte.

Wir verbrachten nur eine kurze Zeit am Ufer des Lake Superior, aber noch heute kann ich ihn in allen Einzelheiten vor meinem inneren Auge sehen. Es war einer der wenigen Eindrücke, die mir so unter die Haut gegangen sind, dass sie für immer ein Teil von mir sein werden.

So viel schon hatte ich von den verschiedenen Landschaften Kanadas und deren Geschichte gelesen und von David gehört, dass es mir auf dieser Reise immer wieder schien, als fügte sich das alles nun zu einem sinnvollen Ganzen zusammen. Ich hatte das Gefühl, die geschichtlichen Ereignisse, die sich hier vor langer, langer Zeit zugetragen hatten, mit eigenen Augen sehen zu können – eine Art lebende Erinnerung an etwas, das ich selbst nie erlebt hatte.

Wir übernachteten in Sault-Sainte-Marie, fuhren am nächsten Tag um das nördliche Ufer des Lake Huron nach Sudbury und von dort aus weiter nach Pembroke, eine kleine Stadt westlich von Ottawa. Es war für uns alle ein langer Tag im Auto, aber wir waren froh, die Einöde der Großen Seen endlich hinter uns lassen zu können.

Mit den Großen Seen endeten auch die dünne Besiedelung und das geringe Verkehrsaufkommen. Hier war die Wildnis schon vor langer Zeit zivilisiert worden. Ottawa, Montreal, Quebec City – überall standen Häuser oder kleine Ansiedlungen entlang des Highways, und Autos drängten sich dicht an dicht. Auf diesem Teil der Strecke fiel uns besonders auf, dass es trotz der vielgerühmten Zweisprachigkeit in Kanada in der Provinz Quebec kein einziges englisches Straßenschild gab. Und selbst an den Tankstellen in den Großstädten behaupteten die Angestellten, kein Englisch zu verstehen. Ich hatte in der Schule Latein gelernt und sprach kein Wort Französisch. Aber mir wurde später versichert, dass es mir auch kaum etwas gebracht hätte, denn Quebecer Französisch sei sehr schwer zu verstehen und weit entfernt von dem Französisch, das an den deutschen Schulen gelehrt wird. David hatte als junger Mann während seiner Reisen einige Worte Französisch aufgegriffen und hatte glücklicherweise auch keine Hemmungen, seinen Wortschatz anzuwenden. Trotzdem erschwerte die fremde Sprache die Verständigung so sehr, dass wir am Abend, als wir Rivière-du-Loup erreichten und in einem Schnellrestaurant fünf Hühnerkeulen mit Pommes bestellen wollten, schließlich mit fünf großen Kartons ins Motelzimmer zurückkamen, in denen nicht etwa fünf Keulen, sondern fünf ganze gebratene Hühnchen lagen. Es erübrigt sich zu erwähnen, was die nächsten Tage bei uns auf dem Speiseplan stand.

Froh darüber, nun wieder englischsprachiges Gebiet vor uns zu haben, durchquerten wir am darauffolgenden Tag New Brunswick. Der Highway führte dort zunächst entlang des St. John Rivers, vorbei an malerischen Tälern mit hübschen Städten bis nach Fredericton. Viel Zeit, die Gegend zu bestaunen, hatten wir allerdings nicht, denn der Verkehr war hier sehr dicht, und wir mussten uns ganz aufs Fahren konzentrieren.

Ich hatte mich schon sehr auf den Anblick des *Indian Summer,* des Altweibersommers, mit seiner goldenen und roten

Farbenpracht gefreut, doch als wir nun New Brunswick durchquerten, fehlten jegliche Anzeichen dieses spätsommerlichen Schauspiels, für das die Ostküste so berühmt ist. Auf unsere Nachfrage hin erklärte man uns, dass ein paar Tage zuvor ein Hurrikan die atlantischen Provinzen heimgesucht und alle Blätter von den Bäumen gerissen hatte. Weder in Nova Scotia noch in New Brunswick würde es in diesem Jahr einen Indian Summer geben! Ich war ein wenig enttäuscht, denn wer wusste schon, wann sich mir wieder einmal die Gelegenheit bieten würde, die Ostküste im Herbst zu besuchen? Aber wir waren Halifax nun endlich recht nahe, und nichts konnte uns die Laune verderben.

Wir waren jetzt schon sieben Tage unterwegs, und keiner von uns hatte Lust, auch nur eine Minute länger als nötig im Auto zu verbringen. Haley war gerade erst fünf geworden und Sam drei, und beide waren langes Autofahren nicht gewöhnt. Am schlimmsten war es wohl aber für Isaac, der damals erst sechs Monate alt war. Täglich so lange im Babysitz auszuharren kann für ihn wahrlich kein Vergnügen gewesen sein. Auch David war kaputt vom langen Fahren und ich vom ewigen Unterhalter-Spielen. Keines der Kinder war alt genug, um einfach nur aus dem Fenster zu schauen und die Landschaft in sich aufzunehmen. Sie wollten vorgelesen bekommen, Spiele spielen und ununterbrochen beschäftigt werden – alles vom Beifahrersitz aus.

Mit Spannung erreichten wir Amherst in Nova Scotia. Ich hegte damals die vage Vorstellung, Nova Scotia sähe landschaftlich genauso aus wie Prince Edward Island, der Ort, an dem Lucy Maud Montgomerys »Anne auf Green Gables«-Bücher spielen, die ich als junges Mädchen gern gelesen und auch als Verfilmung oft im Fernsehen gesehen hatte: weitläufige Felder, hübsche Wäldchen, versteckte Wege, rauhe

Steilküste, wildes Meer. Doch damit lag ich völlig daneben. Links und rechts des Highways befanden sich nun wieder dichte, dunkle Wälder, und von landwirtschaftlicher Nutzung war keine Spur zu sehen. Auch das Meer ließ sich nicht blicken, denn der Highway führte durchs Landesinnere. Erst als wir Halifax erreichten und in Richtung unseres Zielortes Bridgewater weiterfuhren, erhaschten wir hier und da einen Blick auf den Atlantik.

Tief beeindruckt hielten wir an und stiegen für einen kurzen Augenblick aus. Das Meer war der Beweis: Wir hatten Kanada tatsächlich einmal komplett durchquert! Es erschien uns irgendwie unwirklich, dass wir uns nach guten fünfeinhalbtausend Kilometern nur auf der anderen Seite des Kontinents befanden und trotzdem immer noch in Kanada waren. Welch ein riesiges Land! Pazifik, Rocky Mountains, Prärie, die hügeligen Nordwälder am Kanadischen Schild, die Großen Seen, der Saint-Lawrence-Strom und schließlich der Atlantik – alles in ein und demselben Land. Es war zu viel, um es in so kurzer Zeit in sich aufnehmen und verarbeiten zu können.

Viel Zeit blieb uns auch nicht, schließlich waren wir nicht zum Urlaub hier, und ein Urlaubsbudget hatten wir erst recht nicht. Außerdem musste David sich in ein paar Tagen beim College melden, damit er die Zuschüsse beantragen und mit dem Studium beginnen konnte. Keinesfalls wollten wir unser weniges Geld für einen langen Aufenthalt in einem teuren Motel ausgeben, also hieß es nun, schleunigst eine Unterkunft zu finden.

Da die Mieten für ein vernünftiges Haus oder eine Wohnung in Bridgewater, wo sich das College befand, im Vergleich zu den Immobilienkosten recht hoch waren, hatten wir noch in British Columbia beschlossen, für die Zeit unseres Aufenthaltes in Nova Scotia ein Haus zu kaufen. Mit dem

Erlös des Hausverkaufs in Greenwood hatten wir einige Schulden sowie die lange Fahrt bezahlen müssen, so dass uns nun nur eine sehr begrenzte Summe an Bargeld zur Verfügung stand. Eine hohe Hypothek würden wir uns auch nicht leisten können, denn das Geld, das David zum Studieren bekommen würde, beinhaltete nur eine sehr geringe Summe für alltägliche Dinge wie Lebensmittel und Miete. Wir mussten uns also nach einem billigen Haus umsehen.

Bridgewater ist eine nette kleine Stadt an der Mündung des LaHave Rivers. Es gibt dort einige sehr gut erhaltene, jahrhundertealte Häuser, die an die frühe Besiedelung dieses Landstriches erinnern. Wir entdeckten auch einen parkähnlich angelegten Friedhof mit europäischem Flair und bestaunten dort die alten, verwitterten Grabsteine. Ein Friedhof ist für mich nie etwas Unangenehmes gewesen, sondern vielmehr ein Ort, der Geschichten über Menschen erzählt, die lange vor uns gelebt haben. Solche Friedhöfe mit ihren stehenden Grabsteinen sind typisch für den nordamerikanischen Osten. Im Westen hingegen gibt es sie kaum, vor allem nicht in den Großstädten. Umso schöner war es, wieder einmal über einen so besonderen Ort zu gehen.

Dort, wo der LaHave River ins Meer mündete, standen einige schöne alte Häuser zum Verkauf, aber obwohl sie kaum zweihunderttausend Dollar kosteten, waren sie für uns damals unerschwinglich. Im Vergleich zu den Immobilienpreisen im übrigen Kanada erweisen sich die atlantischen Provinzen jedoch als sehr günstig, denn Arbeitsplätze sind rar, und viele Menschen ziehen von dort fort. In Ontario zum Beispiel hätte man für ein vergleichbares Haus das Vier- oder Fünffache bezahlen müssen.

Ein Höhepunkt unseres Aufenthaltes in Nova Scotia war bestimmt der Besuch von Lunenburg. Die Kleinstadt liegt direkt am Meer und steht komplett unter Denkmalschutz. Überall gibt es kleine interessante Geschäfte und Cafés, enge Gassen und alte Gärten. Wenn man die buntgestrichenen Häuser betrachtet, fühlt man sich unwillkürlich wie auf einer Zeitreise in die Vergangenheit. Die alten Bäume am Marktplatz scheinen gleichzeitig Wächter der Stadt und stumme Zeugen längst vergangener Ereignisse zu sein. Unten am Kai liegt die *Bluenose,* eines der ältesten Segelschiffe Kanadas. Bisher hatte ich das Schiff nur auf den Zehn-Cent-Münzen gesehen und war beeindruckt, es nun in seiner wahren Pracht bewundern zu können. Lunenburg hat ein besonderes Flair, das ich gern um mich gehabt hätte, doch die Immobilienpreise lagen hier weitaus höher als in Bridgewater. Und natürlich wäre es auch für David unpraktisch gewesen, jeden Tag so weit zum College fahren zu müssen – von den Benzinkosten ganz zu schweigen.

Bei der Haussuche konzentrierten wir uns also auf die Gegend um Bridgewater. Es erstaunte mich, dass die Immobilienfirma überhaupt Häuser in unserer Preisklasse im Angebot hatte. Aber man gab uns tatsächlich eine Liste mit fünf Häusern, die allesamt unter dreißigtausend Dollar kosten sollten, und wir machten uns auf den Weg, sie zu besichtigen.

Schnell wurde uns klar, dass solche Grundstücke nicht nahe am Meer lagen, sondern weiter im Inneren des Landes. Drei der Grundstücke schieden von vornherein aus, weil sie einfach zu weit vom College entfernt waren. Immerhin würde David jeden Tag dorthin fahren müssen, und der Pick-up verbraucht recht viel Benzin. Das vierte Haus lag am Ende einer dicht bewaldeten Straße auf einem sehr dunklen Grundstück. Aber am dunkelsten war die Frau, die uns vom Haus gegenüber (dem einzigen Nachbarhaus) aus ansprach. Es waren nicht nur ihre hagere, gebückte Gestalt und ihre krächzende

Stimme; etwas so Unheimliches ging von der Frau aus, dass die Kinder sich nicht aus dem Wagen trauten. Ich fand die Aussicht, neben so einer Nachbarin den ganzen Tag über allein zu Hause zu sein, nicht sonderlich beruhigend, und so schied auch Haus Nummer vier aus.

Das letzte Grundstück sah auf dem Ausdruck des Immobilienmaklers für mich allein deshalb schon nicht sehr ansprechend aus, weil der bisherige Besitzer mit Vornamen Adolf hieß und das Grundstück gleich außerhalb eines kleinen Ortes mit dem Namen New Germany lag. Das war irgendwie zu viel des Guten. Außerdem stellte sich heraus, dass wir die einzige Familie in der Straße wären, die nicht Daniels mit Nachnamen hieß. Das Haus stand leer, war recht schäbig und hatte einige Renovierungsarbeiten nötig. Aber wie sagte mir der Makler so nett: »Was verlangen Sie von einem Haus, das weniger kostet als ein neuer Pick-up?« Damit hatte er natürlich recht. In Nordamerika nennt man das »einen Champagner-Geschmack haben, wenn man nur ein Bier-Budget zur Verfügung hat«. Also übersah ich das zertretene Linoleum, die uralten, abgenutzten Sperrholzschränke in der Küche, die eingefallene Veranda vor dem Seiteneingang und die Plastikverkleidung an den Zimmerwänden und beschränkte mich darauf, dankbar dafür zu sein, dass das Dach neu gedeckt war, es nicht reinregnete und es Strom und fließend Warmwasser gab. Es war eine Unterkunft, und mehr hatten wir nicht gewollt.

Das Grundstück selbst war fast zwanzigtausend Quadratmeter groß und verfügte über eine Rasenfläche, einen schmalen Bach, der direkt durch das kleine Wäldchen hinter dem Haus floss, eine dichte hohe Hecke entlang der Straße und einige schöne alte Obstbäume. Selbst eine Koppel und einen Gemüsegarten hatte es hier einmal gegeben, die mit der Zeit jedoch vollkommen überwuchert und verwildert waren. In British Columbia hätten wir ein solches Grundstück nie für einen so niedrigen Preis bekommen, selbst wenn das Haus derart renovierungsbedürftig war. Ehrlich gesagt scheiterte es nur an unserem Geldmangel, andernfalls hätte man das Haus sehr nett herrichten können. Und da wir es uns nicht leisten konnten, wählerisch zu sein, entschieden wir uns für das Haus.

Eine Woche später waren wir eingezogen. Wir kauften einen Tisch und vier Stühle, die restliche Einrichtung (Betten, Sofa, Regal) bauten wir nach und nach selbst, weil es einfach billiger war. Die restliche Zeit, bis Davids Collegebesuch genehmigt würde, nutzten wir dazu, uns die Gegend ein wenig näher anzusehen und Davids Bruder Jon zu besuchen.

Es war rührend, das Wiedersehen der beiden zu beobachten. Sie hatten sich jahrelang nicht gesehen und einander viel zu erzählen. Die Kinder und ich wurden von Jon sehr herzlich in die Familie aufgenommen, was mir sehr wichtig war. Wir haben Jon noch einige Male getroffen, während wir in Nova Scotia lebten. Leider wohnte er zu weit entfernt, um regelmäßige Besuche möglich zu machen, aber ich bin froh, dass David diese Gelegenheiten gehabt hat.

Am besten gefiel es mir am Meer. Es ist schon seltsam, wie sehr man etwas vermissen kann, ohne es wirklich zu merken. Als wir durch ein kleines dunkles Wäldchen gingen und dann an einen versteckten Strand mit reinem weißem Sand kamen, sahen wir draußen auf dem Meer Wale, die in hohen Fontänen Wasser ausbliesen. In diesem Moment wusste ich, wie sehr ich als geborene Hamburgerin das Meer vermisst hatte. Die Kinder wateten noch Anfang November in den Atlantik, denn das Wasser war vom Sommer stark erwärmt, und es kühlte viel langsamer ab als die Luft.

Während wir in Nova Scotia lebten, lernten wir einige sehr nette Menschen kennen, aber ich muss zugeben, dass viele Leute dort recht skurrile Ansichten hatten, über die ich mich nur wundern konnte. Zum Beispiel wollte man uns im Baumarkt weismachen, dass man für Schrauben nur dann einen Schraubenzieher benutze, wenn man sie herausdrehen wolle. Ansonsten verwende man einen Hammer und behandele die Schrauben wie Nägel. Falsche Holzverkleidungen, wie sie in Deutschland irgendwann in den Siebzigern mal in Mode gewesen waren, erfreuten sich hier immer noch größter Beliebtheit, ebenso wie das Füttern von Babys mit einer Mischung aus Kondensmilch, Wasser und Zucker. Beim Kellerbau wurde nicht etwa Kies aufgeschüttet, damit sich Regen- und Schmelzwasser gar nicht erst ansammeln konnten, sondern es wurden Rillen in den Fußboden gezogen, damit das unweigerlich in den Keller sickernde Wasser nach draußen ablaufen konnte. Wir erfuhren auch von Nova Scotias besonderen vier Jahreszeiten. Hier gab es nicht etwa Frühling, Sommer, Herbst und Winter, sondern – wie uns die Einwohner stolz erklärten – Juli, August, September und Winter. Um bei den langen Wintern dennoch in den Genuss zu kommen, Sommerkleidung anziehen zu können, war unser Nachbar dazu übergegangen, seine kurzen Hosen pünktlich vom 15. März bis zum 15. Oktober zu tragen – egal, was das Wetter dazu sagte. Und obwohl unser neuer Heimatort New Germany hieß und man hier am allerliebsten eingelegten Hering aß, gab niemand freiwillig zu, deutscher Abstammung zu sein.

Unsere direkten Nachbarn Bernice und Roger Daniels waren herzensgute Menschen. Sie waren damals bereits an die achtzig Jahre alt und kümmerten sich noch immer selbst um ihren fast fünfzigjährigen Sohn, der körperlich und geistig schwerbehindert war. Um sich ein wenig Geld zu ihrer kleinen Rente hinzuzuverdienen, verkaufte Roger Feuerholz, das er selbst schlug und auslieferte, und Bernice nähte Patchworkdecken. Genau genommen brachten Damen selbstgenähte Decken zu ihr, damit Bernice die feinen Ziernähte von Hand hinzufügte, die Vorderseite, Futter und Rückseite der Decken zusammenhielten und ihnen ihren besonderen Charakter gaben. Selbst in ihrem hohen Alter waren Bernices Stiche so regelmäßig und fein, dass sie aussahen, als wären sie mit der Maschine gemacht worden. Bernice jedoch saß jeden Tag an dem großen Nähtisch in ihrem Wohnzimmer und fertigte alles in Handarbeit.

Eines Tages erzählte sie mir Geschichten aus ihrem Leben, und ich fragte sie, wie sie denn mit Mädchennamen geheißen habe. »Daniels«, erwiderte sie. Ich wiederholte meine Frage, denn ich befürchtete, dass sie mich missverstanden hatte. Die Menschen in Nova Scotian haben einen sehr starken, schwer verständlichen Akzent, so dass ich jedes Mal in Panik geriet, wenn Roger bei uns klingelte, um die Post abzugeben – denn ich verstand nur jedes dritte Wort. Sam mit seinen drei Jahren schien dagegen keinerlei Probleme mit Rogers Akzent zu haben und ahmte ihn sofort nach. Aber mit Bernice gab es an diesem Tag offenbar kein Verständigungsproblem, denn sie sagte erneut: »Daniels«. Ich muss wohl ziemlich blöd dreingeschaut haben, denn sie lachte und erklärte, dass Roger und sie Cousin und Cousine seien und sie deshalb auch als verheiratete Frau noch immer Daniels heiße. Ich murmelte etwas davon, dass es ja heutzutage recht ungewöhnlich sei, dass man seinen Cousin heirate, und sie meine Verwirrung entschuldigen möge. Daraufhin erwiderte sie nur, dass eine solche Heirat in Nova Scotia gang und gäbe sei und sie viele Leute kenne, die einen Verwandten geheiratet hätten. Da stand mir doch für einen Moment der Mund offen.

Noch mehr wunderte ich mich allerdings, als mir eine andere Nachbarin ein paar Tage später freudestrahlend erzählte, ihr Arzt habe ihr mitgeteilt, dass sie an Krebs erkrankt sei.

»Das tut mir aber leid«, sagte ich und war verwirrt, als die Dame mich beleidigt ansah.

»Das muss Ihnen nicht leidtun«, erklärte sie entrüstet. »Endlich kann ich mitreden, wenn die anderen von ihrer Krankheit erzählen!«

Einige Nachforschungen später war ich darüber im Bilde, dass die Krebsrate in Nova Scotia viel höher ist als in den anderen kanadischen Provinzen und Territorien. Als ein Grund dafür wurde aufgeführt, dass der Atomstaub der nuklearen Testgebiete in Nevada und New Mexico durch die vorherrschenden Winde direkt über den Kontinent getrieben wurde und in Nova Scotia landete. Das Lieblingsthema vieler Menschen war hier nicht etwa das Wetter, die Wirtschaft oder die Politik, sondern vielmehr ihre bösartige Erkrankung. Schnell erfuhr ich auch, dass es noch etwas Besseres gab, als an Krebs zu erkranken: möglichst jung eine Schwerbehinderung bescheinigt zu bekommen, weil man zum Beispiel einen Arm oder ein Bein verloren hatte, und deshalb lebenslang Rente zu beziehen. Dadurch, so versicherte man mir, würde man fast über Nacht als Mann eine Frau zum Heiraten finden. Immerhin waren gute Jobs rar, und selbst eine Ganztagsstelle in einem der Fast-Food-Restaurants brachte nicht genügend Geld ein, um wenigstens die Hälfte des Familieneinkommens zu bestreiten. Dies war eines der verrücktesten Dinge, die ich je gehört hatte.

David wartete eines Tages mit Isaac im Wagen auf uns, während Haley, Sam und ich im kleinen Supermarkt in New Germany einkauften. Als die Kinder und ich gerade bezahlten, spähte er von draußen durchs Fenster, um zu sehen, wie lange wir noch brauchen würden. Die Kassiererin wusste nicht, dass David mein Mann war, und warnte mich vor der »dunklen Gestalt«, die vor dem Supermarkt herumlungere. Bestimmt wolle dieser Mann den Laden überfallen, meinte sie. Vielleicht würde er sogar Geiseln nehmen. Diesen Gedanken schien sie als regelrecht aufregend zu empfinden. Als ich ihr erklärte, dass es sich nicht um einen Dieb, sondern um meinen Mann handelte, schien sie geradezu enttäuscht. Dann erzählte sie mir, dass ein Laden in der Nähe vor kurzem überfallen und eine der Kassiererinnen als Geisel genommen worden war. Das sei eine tolle Abwechslung zum normalen Alltagstrott gewesen. Ich murmelte vor mich hin, wie interessant ich ihre Geschichte fände, und verließ den Laden recht verdutzt.

Dieser Vorfall zeigt einmal mehr, wie Vorurteile funktionieren. Nur weil David »dunkler« war als die Weißen, wirkte er auf diese Leute bedrohlich und verdächtig. Dazu muss man sagen, dass die ursprünglich in diesem Gebiet ansässigen Mi'kmaw-Indianer bereits vor langer Zeit besiegt worden waren und nun in kleinen, abgelegenen Reservaten lebten. Die meisten Bewohner von Nova Scotia wussten kaum, dass sie existierten, geschweige denn etwas Genaueres über sie und ihre Kultur. Der Vorfall zeigt aber auch, wie überzogen Menschen, in deren Umgebung es nichts Schlimmeres gibt als einen Diebstahl am Cola-Automaten, auf ungewöhnliche Ereignisse reagieren. Sind wir Menschen am Ende nicht fähig, in einer friedlichen, toleranten Welt zusammenzuleben?

Sehr betroffen machte mich ein Gespräch mit einem Nachbarn, in dem ich erwähnte, dass es eine große Anzahl Afroamerikaner in Halifax gäbe – ein Umstand, den ich als sehr positiv empfand, vor allem im Gegensatz zu Greenwood. Mein Gegenüber jedoch runzelte die Stirn und meinte, dass er einen Schwarzen nur in sein Haus ließe, solange der eine Kochschürze trüge. Die Ignoranz machte mich sprachlos. Ebenso entsetzt war ich bei meinem ersten Aufenthalt in British Columbia gewesen, als man mich fragte: »Aus Deutschland kommst du? Wie lange bist du dann mit dem Auto hierhergefahren?« Dass dies nur die Spitze des Eisbergs war, damit rechnete ich damals nicht.

Eine merkwürdige Entdeckung machte ich, als ich eines Tages im Garten arbeitete. Ich wollte vor dem Winter ein wenig aufräumen und einiges auf Vordermann bringen. Haley und Sam spielten am Bach. Plötzlich riefen sie mich aufgeregt zu sich.

»Der Boden macht komische Geräusche«, meinte Haley.

Und tatsächlich: Ein breiter Streifen entlang des Baches knirschte metallisch, wenn man darauf trat. Und nicht nur das, er federte auch seltsam – gerade so, als ginge man über ein Trampolin. Wir harkten das Laub zur Seite und stießen auf das Geheimnis: Jemand hatte hier unzählige leere Konservendosen aufgestapelt – und das augenscheinlich vor sehr langer Zeit. Die Schicht war so breit und tief, dass der Gedanke, alle aufzuräumen und fortzuschaffen, geradezu lächerlich wirkte. Wir harkten das Laub also wieder über die Dosen und ließen alles, wie es war.

Bei unseren Streifzügen trafen wir später auf ganze Anlagen, die zunächst wie überwucherte Mauern aussahen und entlang der Felder verliefen. Aber bei genauerem Hinsehen stellten wir fest, dass auch diese komplett aus leeren Dosen erbaut worden waren. Laub und Erde hatten mit der Zeit lediglich eine dicke Schicht darüber gebildet.

Lachen musste ich schließlich, als ich den Kindern Jahre später, als wir schon wieder in British Columbia lebten, Lucy Maud Montgomerys Buch »Jane of Lantern Hill« aus dem

Jahre 1937 vorlas. Dort wurde von einer wohlhabenden Frau in Toronto erzählt, die eine Pension führte. Sie bekam regelmäßig Besuche von ihren Verwandten, die in Nova Scotia auf dem Land lebten und die sie bei der Gelegenheit um all ihre leeren Blechdosen baten. Montgomery schrieb, dass die Frau nie herausfand, was um alles in der Welt ihre Verwandten mit all den Dosen anstellten. Ich hingegen glaubte, nun eine recht gute Vorstellung davon zu haben, auch wenn ich mir den Grund dafür noch immer nicht erklären kann.

Ein außergewöhnlicher Winter

Es war ein kalter Abend im Januar. Haley und Sam spielten auf dem Fußboden, Isaac begutachtete das kleine Dreirad, das er zu Weihnachten bekommen hatte, und David lag auf unserem selbstgezimmerten Sofa und las. Ich saß bei den Kindern, stand aber zwischendurch immer wieder auf und blickte besorgt aus dem Fenster. Draußen schneite es. Und zwar sehr heftig. Genau genommen hatte ich so viel Schnee noch nie auf einmal vom Himmel fallen sehen.

»Wenn es weiter so schneit, reicht der Schnee morgen früh bis zum Fenster«, sagte ich gedankenversunken.

»Toll, dann können wir endlich Schlittenfahren!«, freute Haley sich.

Ich warf einen flüchtigen Blick auf das Thermometer, das draußen am Fenster hing. Minus fünfunddreißig Grad. Bei solchen Temperaturen würde ich die Kinder ganz bestimmt nicht zum Schlittenfahren nach draußen lassen; zumal die gefühlte Temperatur bei dem Wind, der hier meist vom Meer her wehte, noch viel niedriger liegen würde. Für Haley und Sam waren solche Wetterverhältnisse schon kritisch. Isaac, der gerade erst ein Jahr alt geworden war, würde sich in der Kälte garantiert Erfrierungen zuziehen. So warm konnte man die Kleinen einfach nicht anziehen.

»Mal sehen, wie es morgen aussieht«, erwiderte ich vage und setzte mich wieder zu den Kindern.

Dieser Winter – unser erster in Nova Scotia – verblüffte mich von Tag zu Tag mehr. Zunächst hatte es gar nicht geschneit. Oktober und November waren gekommen und vergangen, ohne dass sich auch nur eine einzige Schneeflocke hatte blicken lassen. Im Gegenteil. Das Wetter war wunderschön warm und sonnig gewesen, und die Kinder waren noch im November barfuß am Atlantikstrand im Wasser herumgeplantscht. Der Dezember hatte Regen gebracht und heftige Stürme, die für einige Stunden die Strom- und Wasserversorgung unterbrochen hatten. Aber darauf waren wir vorbereitet gewesen. Unsere nette alte Nachbarin Bernice Daniels kam jedes Mal, wenn es im Radio eine Sturmwarnung gegeben hatte, zu uns und sagte uns Bescheid. Sie war es auch gewesen, die mir angeraten hatte, für die auf dem Land häufig auftretenden Stromausfälle immer eine größere Menge Wasser in Flaschen bereitzuhalten – ein Tipp, der es uns ermöglichte, die Stromausfälle stressfrei zu überstehen. Immerhin hatten wir einen Holzofen und konnten damit unser Haus unabhängig von der Stromversorgung heizen. Auch Essen konnten wir auf dem Ofen aufwärmen. Zusammen mit dem Wasservorrat brauchten wir uns also keine Gedanken zu machen.

Auf jeden Fall lag am Heiligen Abend noch immer kein Schnee. Die Kinder waren etwas enttäuscht, ich hingegen erleichtert darüber, dass Weihnachten für uns in dem Jahr überhaupt stattfand. Davids Collegezuschüsse waren nämlich noch immer nicht eingetroffen, und wir zehrten von unserem letzten Geld. Doch Adventskalender, Geschenke und ein geschmückter Tannenbaum sollten auch an diesem Weihnachtsfest nicht fehlen. Also hatte ich vor der alles andere als einfachen Aufgabe gestanden, quasi aus dem Nichts ein schönes Weihnachtsfest für uns alle zu zaubern.

Weihnachten gehört ebenso zu unserer Familie wie die Blessing Ceremony, und die Kinder sagen mir immer wieder, wie froh sie darüber sind, dass wir Festtage aus beiden Kulturen in unser Familienleben eingebunden haben. So hätten sie viel mehr besondere Tage im Jahr als andere Kinder. Und ich muss zugeben, dass mir unsere Lösung auch gut gefällt. Wer sagt, dass es nur das eine oder das andere geben kann? Dass man keine »heidnischen« Feste feiern darf, wenn man zugleich die kirchlichen anerkennt? Etwaige Bedenken darüber hatte mir Rosaleen durch ihr gutes Vorbild gleich zu Anfang genommen, so dass wir in unserer Familie die Feste nun fröhlich miteinander mischen.

Die Kinder freuten sich also auch in diesem Jahr sehr auf die Weihnachtszeit. Sie erwarteten keine großen Geschenke, das ist bei uns nicht üblich. Aber selbst Kleinigkeiten schienen für uns in dem Moment sehr teuer.

Nach langer Suche erstand ich schließlich eine Schachtel mit Baumschmuck für zehn Dollar, fand günstige Legosteine für Sam und ein gebrauchtes Dreirad für Isaac. Die restlichen Geschenke stellte ich einfach selbst her. Für Haley nähte ich eine Puppe mit Puppenkleidern, und für David strickte ich eine Mütze. Für die Adventskalender bastelte ich kleine Papiertüten, die ich mit Wäscheklammern an buntem Geschenkband befestigte. Die Kalender füllte ich mit selbstgebackenen Keksen, Gutscheinen für Spielnachmittage und ein bisschen Schokolade. Den Weihnachtsbaum schlugen wir auf unserem eigenen Grundstück. Er war keine Schönheit, nahm seine Aufgabe jedoch würdevoll wahr und sah mit dem Schmuck gleich viel besser aus. Die Augen der Kinder leuchteten. Weihnachten war gerettet. Finanziell ist es bei uns oft knapp, aber es war noch nie so schlimm gewesen wie an diesem Weihnachten in Nova Scotia.

»In den nächsten Tagen müsste das Geld auf unserem Konto sein«, sagte David und legte sein Buch zur Seite. »Dann hole ich euch nach dem College ab, und wir fahren gemeinsam zum Einkaufen nach Bridgewater.«

Die Kinder jubelten. Seit David das College regelmäßig besuchte und aufgrund des weiten Wegs mit dem Pick-up fuhr, boten sich den Kindern und mir nicht viele Gelegenheiten für Ausflüge.

»Ich hoffe, dass nichts dazwischenkommt«, sagte ich. »Mit dem Geld, meine ich.«

»Sie haben es mir zugesichert«, erwiderte David. »Es wird schon klappen.«

Davids Zuschüsse waren zwar nach Weihnachten genehmigt worden, aber dann erfuhren wir, dass sie nur alle zwei Wochen und natürlich nicht vorab gezahlt wurden. Für uns bedeutete das, zwei weitere Wochen ohne Einkommen durchzuhalten. Leichter gesagt als getan. Unsere Vorratskammer war in den vergangenen Monaten nie besonders voll gewesen, daher hatte es nun nicht lange gedauert, bis sie leer gegessen war. Wir mussten unbedingt zum Einkaufen fahren. Aber alles, was wir an Geld übrig hatten, waren fünf Dollar.

Für David waren solche Situationen nichts Neues. Er war zum großen Teil auf der Straße und bei Pflegeeltern aufgewachsen und hatte auch als junger Mann auf seinen Reisen von der Hand in den Mund gelebt. Für mich hingegen war es ein riesiger Schock. Fünf mickrige Dollar und drei hungrige Kinder. David und ich hatten unsere Mahlzeiten schon seit Wochen eingeschränkt und dabei gut abgenommen (eine Nebenwirkung, über die ich mich damals noch freute). Aber nun musste etwas zu essen her – und zwar schnell.

In Kanada gibt es eine Einrichtung für Leute in finanzieller Not, von der ich bis dahin nichts gehört hatte, und zwar die sogenannte *food bank*. Eine Food Bank findet man in fast jedem Ort. Sie wird zum Teil von der Regierung, größtenteils aber von den jeweiligen Gemeinden finanziert. In vielen Supermärkten, Arztpraxen und Kirchen gibt es für diesen Zweck Sammelcontainer für haltbare Lebensmittel aller Art.

Diese werden dann, zusammen mit solchen, die durch Spenden finanziert werden, von freiwilligen Helfern an bedürftige Menschen verteilt. Es ist von Provinz zu Provinz unterschiedlich, aber in Nova Scotia durfte zu der Zeit jeder dort ansässige Kanadier die Food Bank ein Mal pro Vierteljahr in Anspruch nehmen. Dazu musste man lediglich seine Sozialversicherungskarte vorlegen und bekam dann je nach Familiengröße und Alter der Familienangehörigen ein Sortiment an Lebensmitteln ausgehändigt.

Ich hätte mir niemals träumen lassen, dass ich in meinem Leben einmal eine solche Einrichtung würde in Anspruch nehmen müssen. Aber in unserer damaligen Situation empfand ich es als regelrechten Segen, als David mit zwei großen Kartons voll Lebensmitteln von der Food Bank nach Hause kam. Es war vollkommen egal, ob wir diese Produkte normalerweise auch gekauft hätten oder ob sie unserem persönlichen Geschmack entsprachen. Es war etwas Essbares. Und dass Menschen sich die Zeit und das Geld nahmen (vor allem in Nova Scotia, wo das Durchschnittseinkommen zu den niedrigsten in Kanada gehört), um den finanziell schlechter gestellten Menschen in ihrer Gemeinde ein wenig unter die Arme zu greifen, bewegte mich zutiefst. Noch heute spende ich, sooft wir es uns leisten können, Lebensmittel für die hiesige Food Bank. Es ist beileibe keine glanzvolle Erfahrung, wenn man sich in die Warteschlange vor der Essensausgabestelle einreihen muss. Aber unser einmaliger Besuch dort hat mir gezeigt, wie manchmal schon eine kleine Geste einen Menschen wirklich aus größter Not retten kann. Uns half es damals auf jeden Fall enorm und überbrückte die Zeit, bis Davids Zuschüsse auf unserem Konto eintrafen. Und wer denkt, dass er niemals in so eine Situation geraten könne, der sei gewarnt: Das Sprichwort »Hochmut kommt vor dem

Fall« ist heutzutage immer noch – oder vielleicht besser wieder – ganz aktuell.

Für uns war es damals wieder einmal eine Zeit, in der sich zeigte, wer unsere wahren Freunde waren. Viele Bekannte wussten von unserer finanziellen Not, aber nur unsere Freundin Erika, der das Schicksal kurz zuvor durch den Tod ihres Mannes selbst arg mitgespielt hatte, schickte uns ein kleines, aber in ihrer Lage sehr teures Paket mit Lebensmitteln. Eine Geste, die mich heute noch zu Tränen rührt.

»Mama, schau dir nur den vielen Schnee an!«, rief Sam am nächsten Morgen begeistert. Und wahrlich, der Schnee lag fast eineinhalb Meter hoch!

»Heute werde ich wohl nicht zum College fahren«, scherzte David – und wie hätte er das auch anstellen sollen? Die Straße war gar nicht mehr zu erkennen, und die hohe Tannenhecke vor unserem Haus schien um mehr als die Hälfte geschrumpft zu sein.

Die Regierung ordnete dann auch bald über das Radio an, dass alle Anwohner zu Hause zu bleiben hatten, damit die Räum- und Rettungsfahrzeuge besser durchkommen konnten. Im Umkreis von einhundert Kilometern war das öffentliche Leben komplett zum Stillstand gekommen!

Als David etwas später versuchte, sich einen Weg zur Straße zu bahnen, um sich bei unserem Nachbarn einen Schneeschieber auszuleihen, versank er bis zu den Achseln im Schnee. Es blieb uns nichts anderes übrig als abzuwarten, bis der Schneepflug den Highway und die Hauptstraßen geräumt hatte und Zeit fand, sich unserer kleinen Nebenstraße zuzuwenden. Erst dann machte es Sinn, sich durch den tiefen Schnee in der Einfahrt zu arbeiten, um den Schneeschieber bei den Nachbarn abzuholen.

Am meisten profitierte ein anderer Nachbar von dem Rekord-Schneefall, denn er war der Einzige in der Straße, der einen Bulldozer besaß. Für dreihundert Dollar pro Haus schaufelte er fröhlich Einfahrt um Einfahrt frei. Er muss sich in den paar Tagen eine goldene Nase verdient haben. Bei uns hatte er jedoch kein Glück. Wir konnten uns seine Gebühr nicht leisten und räumten unsere Einfahrt daher selbst – was wahrlich kein Zuckerschlecken war.

Uns störte die Verordnung, zu Hause zu bleiben, wenig. Abgesehen davon, dass es nicht einmal unser Pick-up durch diese Schneemassen geschafft hätte, hatten wir etwas zu essen und einen Holzofen im Haus. Aber mit Schaudern dachte ich an die Menschen, die gerade in diesem Augenblick vielleicht einen Notfall hatten, und an die Babys, die gerade jetzt geboren werden wollten. Und mit einem Mal erschien mir das Leben sehr kostbar. Ich drückte meine Kinder an mich und dankte leise all den guten Geistern, die uns zur Seite standen und über uns wachten.

Überhaupt habe ich in Nova Scotia viel über Dankbarkeit gelernt, selbst für die kleinsten Dinge. So viele Menschen dort leben unter der Armutsgrenze. Wir erfuhren zum Beispiel von einer Familie, in der beide Elternteile einen Vollzeitjob hatten, deren Gehälter aber trotzdem nicht ausreichten, um die vierköpfige Familie zu ernähren. Warum? Weil die Fischindustrie, von der so viele Menschen in den atlantischen Provinzen gelebt hatten, zerstört war und sich Tausende von Arbeitern nun um Jobs in anderen Branchen bemühen mussten. Da sie über keine andere Ausbildung verfügten, nahmen sie Stellen in Fast-Food-Restaurants und Supermärkten an. Dort jedoch lag der gesetzliche Stundenlohn bei kaum sechs Dollar.

Auch stellte ich damals fest, dass Sonderangebote eigentlich nur gutverdienenden Menschen von Nutzen waren. Während

David das College besuchte, standen uns pro Woche lediglich sechzig Dollar für Lebensmittel zur Verfügung. Da konnte man nicht einfach fünfzehn Dollar für Hackfleisch ausgeben, auch dann nicht, wenn es im supergünstigen Sparpack angeboten wurde. Lebensmittel zum günstigen Angebotspreis zu kaufen und in der Tiefkühltruhe zu horten, bis man sie tatsächlich verwendet, kommt bei einem so niedrigen Budget nicht in Frage. Warum man überhaupt frische Lebensmittel einkaufen sollte, wo doch besonders die Grundnahrungsmittel im Vergleich zu Deutschland so teuer waren, leuchtete vielen in Nova Scotia nicht ein. Die Menschen gingen lieber ins Fast-Food-Restaurant und aßen sich für weniger Geld an Burgern und Pommes satt.

Für mich war es eine sehr einschneidende Erfahrung, mit so geringen finanziellen Mitteln auszukommen – vor allem, weil es keine Aussicht auf Besserung gab. Gleichzeitig war es eine große Herausforderung, und ich stellte damals meine Koch- und Essgewohnheiten komplett um. Überflüssiges wie Cola und Kartoffelchips kauften wir sowieso nicht. Aber alltägliche Produkte wie Brot, Kekse, Aufschnitt oder Käse sind in Kanada unheimlich teuer. Also ging ich dazu über, Brot und Kekse ausschließlich eigenhändig zu backen und alle Gerichte von Grund auf selbst zu kochen. Teure Zutaten konnten wir uns nicht leisten, doch es ist erstaunlich, wie viele Varianten von Mahlzeiten man mit Hackfleisch, Kartoffeln und Zwiebeln auf den Tisch zaubern kann. Ein paar Monate später konnte ich zwar kein Hackfleisch mehr sehen, aber immerhin sind wir nicht verhungert, und den Kindern scheint es nichts ausgemacht zu haben. Diese kleinen Geschöpfe sind anpassungsfähiger und robuster, als man oft annimmt.

Tatsache ist, dass der Aufenthalt in Nova Scotia mit all seinen Belastungen für uns eine Zeit war, in der wir als Familie noch enger zusammenwuchsen. Uns allen wurde damals noch deutlicher bewusst, wie wenig man braucht, um wirklich glücklich zu sein. Und das waren wir – trotz des schäbigen Hauses, des Geldmangels. Es ist eine Erfahrung, die ich auf keinen Fall missen möchte. Demut zu erfahren und das Leben aus einer ganz anderen Sichtweise zu erleben als die, in die man hineingeboren wurde – das kann man mit Geld nicht kaufen.

Der Winter kam zwar viel später als erwartet, aber dafür dauerte er auch umso länger. Februar und März verstrichen, ohne dass sich irgendwelche Anzeichen des Frühlings blicken ließen. Ich hatte das Glück, mich während dieser langen Monate bei einer renommierten kanadischen Fernschule für einen einjährigen Studienkurs eintragen zu können und mich zum *chartered herbalist,* einer Fachfrau für Kräuterheilkunde, ausbilden zu lassen. Abends, wenn David an seinen Hausaufgaben fürs College saß, büffelte ich nun Körperfunktionen, die Namen der unterschiedlichen Knochen, Krankheitssymptome, lateinische Heilkräuternamen, die Eigenschaften der verschiedenen Kräuter und wie man Tees, Umschläge, Pillen, Kräuterpackungen und vieles mehr zubereitet. Das Lernen war eine willkommene Abwechslung für mich und verkürzte mir die langen Winterabende. Ich hatte mich schon immer für Heilkräuter interessiert und Latein an der Schule gelernt, also brachte ich ein gewisses Grundwissen mit, das mir das Studium erleichterte. Und da ich in meinem eigenen Tempo arbeiten konnte, war es nicht so schlimm, wenn ich einen Abend mal nicht zum Lernen kam. Es war für mich sehr bereichernd, ganztägig für die Kinder da sein und gleichzeitig noch eine Fortbildung machen zu können. Natürlich war es mit viel zusätzlicher Arbeit verbunden, aber der Aufwand hat sich gelohnt: Ich bewies mir nicht nur, dass mein Englisch inzwischen gut genug zum Studieren war, sondern eignete mir gleichzeitig noch Wissen an, das mir im Familienalltag seither sehr zugutekommt.

Trotzdem begannen wir alle, uns nach dem Frühling zu sehnen. Und nach British Columbia. Besonders wenn wir mit Bekannten telefonierten und diese uns berichteten, wie weit der Frühling dort schon vorangeschritten war, wuchs unsere Sehnsucht so stark, dass es uns körperlich schmerzte. Wie oft träumte ich in diesen Wochen von unserer Ranch und dem Wind, der leise durch die anmutigen Ponderosa-Kiefern strich und sie sachte zum Rauschen brachte? Ich träumte von hoch am Himmel kreisenden Adlern, tänzelnden Kojoten und molligen Bären. Und von den Wildblumen, die nun auf unserem Berg zu blühen begannen.

David erging es nicht anders, und obwohl der Atlantik seinen eigenen Reiz hatte, waren wir uns darüber einig, dass wir wieder nach British Columbia zurückwollten, zurückmussten. Unsere Herzen gehörten einfach in die wilden Berge. Der Osten war uns zu zivilisiert. Nur darüber, wie wir das anstellen sollten, waren wir uns nicht im Klaren.

Ende April lagen noch immer Schneereste im Garten, aber dann schlug das Wetter jäh um. Neunundzwanzig Grad und Sonnenschein ließen den letzten Schnee im Nu schmelzen. Der Frühling war über Nacht eingekehrt! Und mit ihm Horden von *black flies,* winzige Mücken, die über einen herfielen, sobald man das Haus verließ. Ich hatte von den Black Flies gehört, da es im Norden Kanadas im Sommer nur so von ihnen wimmelt, aber ich hatte die Erzählungen immer für ein wenig übertrieben gehalten. Weit gefehlt: Diese Viecher sind die Hölle. Sie schwirren einem in Schwärmen um den Kopf und beißen zu, sobald man stillsteht. Und das ständige Surren macht einen nahezu verrückt. Nach draußen konnte man in diesen Wochen nur, wenn man zügig ging, joggte oder aber das Glück hatte, am Meer zu wohnen, wo ein steter Wind weht. Selbst abends war man vor den Black Flies nicht sicher. Wenn es draußen dunkel wurde und im Haus das Licht anging, hingen sie wie ein dicker, raschelnder Vorhang vor den Fenstern und verursachten einem eine Gänsehaut nach der anderen.

Die Menschen in Nova Scotia waren bestens auf den Insekteneinfall vorbereitet. Die Drogerien verkauften Insektenschutzanzüge inklusive Handschuhe, und in den Gärten umschlossen große Zelte mit Fliegennetzen die Sitzgruppen. Besonders Mutige, wie unser alter Nachbar Roger, wagten sich ohne Schutzanzug nach draußen und gingen ihrer Arbeit ganz normal nach. Die Fliegen bissen ihn so sehr, dass ihm Blut die Arme hinunterlief, aber er schien die Viecher gar nicht zu bemerken. Als wir ihn darauf ansprachen, meinte er nur, dass er daran gewöhnt sei.

Trotz der Insektenplage wagten wir uns in den Garten und entzündeten ein Lagerfeuer. Wir wollten wie jedes Jahr auf unsere Art den Frühling begrüßen. Diesmal aber kam noch etwas anderes Wichtiges hinzu. Wir wollten mit dem Feuer die Geister bitten, uns bei der Rückkehr nach Hause zu helfen – zurück auf unsere Ranch in British Columbia.

Kurze Zeit später erhielt David überraschend das Angebot, den Sommer über eine zwei Meter große Sonnenmaske aus Zedernholz im Innenhof des Museums für Völkerkunde in Hamburg zu schnitzen. Das Museum erhoffte sich dadurch höhere Besucherzahlen während des Sommerlochs, und wir hätten im Herbst eine Skulptur, die wir verkaufen und mit deren Erlös wir auf unsere Ranch ziehen könnten. Es war fast zu schön, um wahr zu sein. Unsere Gebete waren erhört worden!

Zwar bedeutete es einen nicht zu unterschätzenden Aufwand, mit der ganzen Familie für drei Monate nach Deutschland umzuziehen, aber die Verlockung war einfach zu groß. Also packten wir Anfang Juni unsere Koffer, und Davids Bruder Jon brachte uns nach Halifax zum Flughafen. Ich kann mich noch heute an den kalten Schauer erinnern, der mir damals über den Rücken lief. Ich spürte, dass sich ein neuer Abschnitt für uns anbahnte, ein Abschnitt, der uns unserem Traum vom Leben in der Wildnis ein ganzes Stück näherbringen würde.

Die Kraft der Sonnenmaske

Die Sonne stand tief und verzauberte das Land mit ihrem Schauspiel aus sanftem, goldenem Licht und mysteriösen Schatten. Der erste vage Hauch von Herbst lag in der Luft, aber nur, wenn man danach suchte. Wir waren müde und wollten nur noch heraus aus dem Pick-up. In den vergangenen Tagen hatten wir abermals die lange Strecke von Nova Scotia nach British Columbia zurückgelegt, aber niemand hätte es uns an diesem Abend ausreden können, noch die paar Kilometer weiter zu fahren und unsere Ranch zu besuchen. Zu lange waren wir fort gewesen, zu lange hatten wir diesen Tag herbeigesehnt.

»Mama, da ist die Abzweigung!«, rief Haley. »Gleich sind wir da!«

David legte seine Hand auf meine und drückte sie fest. Ich wusste, dass ich anfangen würde zu heulen, wenn ich jetzt nicht schnell irgendetwas sagte.

»Ob wohl alles noch so ist, wie wir es vor einem Jahr zurückgelassen haben?«, fragte ich stockend.

Niemand antwortete mir. David und die Kinder waren tief in den Anblick der Berge und Wälder versunken.

Der Pick-up holperte über die mit Schlaglöchern übersäte Zufahrt zur Ranch. Noch zwei Kilometer, noch ein Kilometer. Dann endlich kam das Tor mit dem Namensschild in Sicht.

»Was steht denn da?«, wollte Sam wissen.

»Shaheylah«, verkündete Haley stolz.

»Du kannst doch gar nicht lesen«, stellte Sam zweifelnd fest.

»Aber ich weiß, dass auf dem Schild der Name unserer

Ranch steht. Und unsere Ranch heißt Shaheylah«, erklärte Haley unbeirrt.

David fuhr weiter, bis wir das kleine Plateau erreichten, auf dem wir unser Haus bauen wollten. Haley und Sam sprangen sofort aus dem Wagen.

»Unsere Ranch ist verzaubert!«, rief Haley und blickte sich entzückt um. »Die Blumen hier wachsen bis zum Himmel!«

Und tatsächlich hatte ein ganzer Wald von Königskerzen unser Fleckchen Land erobert. Die Pflanzen standen dicht an dicht und überragten mich! Nun kamen mir doch die Tränen. Der Abschied damals hatte mein Herz so schwer werden lassen. Ein ganzes Jahr lang waren wir fort gewesen, hatten nicht einmal gewusst, ob wir jemals hierher zurückkehren würden. Zweimal waren wir mit einem vollbeladenen Pick-up und drei kleinen Kindern quer durch Kanada gefahren, hatten einen langen Winter in der Fremde verbracht und einen Sommer in Deutschland. Ich fühlte mich durch diese Erlebnisse bereichert und war froh, dass ich so viel von Kanada hatte sehen dürfen. Aber es gibt keinen schöneren Ort als das eigene Zuhause, und wir hatten es nichts geringerem als einem Wunder zu verdanken, dass wir Shaheylah nun endlich als solches bezeichnen durften.

Während die Kinder durch den Wald aus Königskerzen liefen, dachte ich in großer Dankbarkeit an die Sonnenmaske und an die zweite Chance, die sie uns ermöglicht hatte.

Der Aufenthalt in Hamburg im Sommer 2004 war nicht ganz unproblematisch gewesen. Es war das erste Mal seit meiner Schwangerschaft mit Haley, dass ich wieder in Deutschland gewesen war, und das erste Mal seit drei Jahren, dass ich meine Eltern und meine Freunde wiedergesehen hatte. Aber das war nicht alles.

Einige Jahre zuvor hatte ich meinen Vornamen offiziell von

»Sandra« in »Sanna« geändert. Und gerade diese Tatsache konnten viele meiner Freunde und engeren Verwandten nicht nachvollziehen. Für sie stand ich unter dem negativen Einfluss von David, der mich ihrer Ansicht nach zu allen möglichen Dingen überredete, die ich sonst nie getan hätte – wie zum Beispiel nach Kanada auszuwandern. Es fällt ihnen nicht leicht, mir zuzugestehen, dass ich meine eigene Persönlichkeit habe, die genauso starrköpfig sein kann wie Davids, und die ihm nicht aus Schwäche folgt, sondern aus Liebe. Und natürlich weil ich erkannt habe, was für eine Chance mir die Geister gegeben hatten, indem sie mir David schickten. Er war es, der mich über die Jahre hinweg beschützte und mir gleichzeitig den Freiraum gab, mein Potenzial voll auszuschöpfen. Das ist oft gar nicht so leicht, besonders wenn man von Familie und Freunden umgeben ist, die einen seit der frühesten Kindheit kennen und schon lange in eine Schublade gesteckt haben. Mir hingegen wurde es ermöglicht, mich den meisten Einflüssen von außen zu entziehen und zu mir selbst zu finden. Ein langer und nicht immer einfacher Prozess, der wohl auch nie abgeschlossen sein wird. Ein Weg, der viel Mut, Durchhaltevermögen und eine unglaubliche Stärke verlangt. Diese Stärke hat David mir gegeben.

Und zu dieser Stärke trug auch mein neuer Vorname bei, denn wie bereits erwähnt, wird Namen in der indianischen Kultur eine große Kraft zugeschrieben. Um die volle Kraft eines Namens ausschöpfen zu können, ist es ratsam, den Namen offiziell anzunehmen. Denn sonst wandelt man zwischen zwei verschiedenen Persönlichkeiten umher und verwirrt nicht nur die Geistwesen und seine Mitmenschen, sondern letzten Endes auch sich selbst. Nur wenn man eine klare Entscheidung trifft und den neuen Namen komplett annimmt, kann man wirklich von seiner Stärke profitieren. Dies kann ich mittlerweile nur bestätigen. Die »Sandra« von damals und die »Sanna« von heute – David hat mich übrigens von Anfang an immer »Sanna« genannt – sind zwei grundverschiedene Persönlichkeiten, die sich nur noch im Kern gleichen.

Einige meiner Verwandten und Freunde empfanden den Namenswechsel und auch die Tatsache, dass ich bei der Eheschließung Davids Nachnamen angenommen hatte, jedoch als Schritte, mit denen ich mich absichtlich von meinen Wurzeln und meiner bisherigen Familie zu trennen versuchte. Ich konnte ihnen nicht vermitteln, dass ich mit meiner Namensänderung niemandem weh tun, sondern nur mich selbst vor einem unglücklichen und unerfüllten Leben retten wollte. Doch ich bekam zu hören, ich sei schwach und leicht beeinflussbar, und man prophezeite mir ein schlimmes Ende. Leider ist das nichts Außergewöhnliches: Versucht jemand, sich aus der Abhängigkeit der Gesellschaft zu befreien, ziehen viele Mitmenschen mit aller Kraft an ihm, um ihn nicht entkommen zu lassen. Warum? Weil sie es nicht aushalten, dass jemand frei ist, während sie selbst in Ketten liegen.

Auch meinen Eltern fiel es anfangs natürlich unheimlich schwer, sich an den Namen Sanna zu gewöhnen und mich auch so zu nennen. Aber das klappt inzwischen sehr gut. Trotzdem stand ich damals dem Wiedersehen, nicht nur mit meinen Eltern, sondern den vielen anderen Leuten, die ich noch von früher kannte und mit denen es aufgrund der Namensänderung viel zu diskutieren geben würde, mit sehr gemischten Gefühlen gegenüber.

Alles verlief dann jedoch besser als vermutet, und es wurde doch noch schön, meine Familie und meine Freunde während unseres Aufenthalts in Hamburg wiederzusehen. Haley, Sam und Isaac waren damals noch zu klein, um sich später wirklich an diesen Sommer in Deutschland zu erinnern. Aber das

Resultat von Davids harter Arbeit an der Sonnenmaske sehen sie jeden Tag mit eigenen Augen: unser Haus auf der Shaheylah-Ranch.

Beinahe wäre nichts daraus geworden. Denn als David die Sonnenmaske nach Fertigstellung am Ende des Sommers vor versammelter Menge im Museum für Völkerkunde versteigern wollte, sah es zunächst nicht so aus, als würde sich für den Preis, den er sich erhoffte, ein Käufer finden. Der Auktionator sagte David auf den Kopf zu, dass er den Mindestpreis als viel zu hoch empfand und nicht daran glaubte, dass jemand so viel Geld für eine indianische Schnitzerei ausgeben würde – selbst wenn sie einen Durchmesser von zwei Metern hatte. Dementsprechend negativ war dann auch seine Einstellung zu Beginn der Versteigerung, denn David bestand auf diese Mindestsumme. Immerhin steckten drei Monate Arbeit in der Sonnenmaske, eigentlich noch mehr, denn David hatte jeden Tag mehr als vierzehn Stunden daran gearbeitet. Aber es waren nicht nur die Arbeitsstunden, auf die es ihm ankam. David hatte mit der Sonnenmaske (wie mit all seinen Skulpturen) ein kraftvolles Symbol geschaffen, das für Gesundheit, Harmonie und Glück stand. Der neue Besitzer würde also nicht nur einen Gegenstand erwerben, sondern seine Familie und sein Haus mit der besonderen Kraft der Maske bereichern.

Ich erinnere mich noch genau an den Augenblick, als der Auktionator die Versteigerung eröffnete und den Mindestpreis bekanntgab. Ich saß mit meiner Mutter auf der breiten Marmortreppe, die zum ersten Stockwerk des Museums hinaufführte, und beschäftigte Isaac, dem die ganze Sache viel zu langweilig war. Ich konnte mein Zittern kaum unterdrücken. Für uns hing alles vom Ausgang dieser Auktion ab: ob wir nach Shaheylah zurückkehren und endlich ein bleibendes Zuhause haben würden. Für uns bedeutete es die Welt.

Im Saal herrschte langes Schweigen. Mein Herz setzte einen Moment lang aus. Dann endlich meldete sich eine Frauenstimme und bot den Mindestpreis. Ich hörte den Auktionator sagen: »Zum ersten ... zum Zweiten ... und zum Dritten.« Dann brach lautes Stimmgewirr aus. Für einen Moment war ich zu verwirrt, um zu begreifen, was geschehen war. Überglücklich drückte ich Isaac an mich und jauchzte: »Wir fahren nach Hause!«

Und nun waren wir tatsächlich zu Hause. Zu Hause auf Shaheylah.

»Und was machen wir jetzt?«, fragte Haley und kam außer Atem durch das Gewirr von Königskerzen auf uns zugerannt.

»Jetzt bauen wir unser Haus!«, sagte David bestimmt.

Und das taten wir dann auch. Das Geld, das wir für die Sonnenmaske erhalten hatten, musste nicht nur für das Baumaterial reichen, sondern auch für die laufenden Kosten, die anfielen, während wir Vollzeit mit dem Bau beschäftigt waren. Es verstand sich von selbst, dass unser Haus unter diesen Voraussetzungen nicht sehr groß ausfallen konnte und wir alle Arbeiten selbst ausführen mussten, um unseren Traum zu realisieren. Aber auch das kleinste Haus erschien uns wie ein Palast, denn es würde uns ermöglichen, endlich richtig auf der Ranch zu wohnen. Den Rest würden wir nach und nach schon irgendwie schaffen. Ehrlich gesagt hätte ich damals auch zugestimmt, in einem Zelt zu wohnen, wenn es der einzige Weg gewesen wäre, auf unserem Land zu bleiben. Aber das wäre zumindest im Winter nicht sehr gemütlich für die Kinder gewesen.

Bekannte überließen uns für eine geringe Miete ihren alten Trailer, ähnlich dem, den wir auf der Ranch aufgestellt hatten und der während unser Abwesenheit unser Hab und Gut beherbergte, nur dass dieser Trailer komplett bewohnbar war und, da er auf dem Grundstück unserer Bekannten direkt am Highway stand, über Strom- und Wasseranschluss verfügte. Wir hatten ein Dach über dem Kopf und eine Möglichkeit zum Wäschewaschen. Das Grundstück unserer Bekannten lag zudem am Fuße des Berges, also hatten wir nur eine kurze Anfahrt bis zur Ranch.

Besucher aus Deutschland fragten uns später einmal mit gerümpfter Nase, wie wir nur fünf Monate lang in so einer armseligen Behausung wie dem Trailer leben konnten. Ich muss zugeben, dass ein Trailer auch nicht meine Traumvorstellung einer Wohnung ist, aber Millionen von Menschen in Nordamerika leben auf diese Art, meist, weil sie sich nichts anders leisten können. Wie gesagt, wer nicht viel Geld hat, der kann es sich nicht erlauben, wählerisch zu sein. Außerdem habe ich die Erfahrung gemacht, dass man sehr aufpassen muss, wenn man in dieser Weise auf jemanden herabschaut. Oft findet man sich nämlich eines Tages in genau derselben Situation wieder und würde die eigenen altklugen Worte dann gern zurücknehmen. Das Leben zeigt einem irgendwann meist sehr deutlich, warum Menschen dies oder jenes tun, selbst wenn man ihre Taten in dem Moment nicht nachvollziehen kann. Ich bin über die Jahre sehr vorsichtig damit geworden zu sagen »Das würde ich nie tun!« oder »Wie kann man bloß so etwas machen?«, weil solche Aussagen einen früher oder später immer einholen.

Der Trailer erfüllte damals für uns auf jeden Fall seinen Zweck, und wir machten es uns während der Bauzeit dort so gemütlich wie möglich. Die Bekannte, die uns den Trailer vermietet hatte, kam einmal vorbei, um zu sehen, wie wir uns eingerichtet hatten, und sagte dann zu mir: »Du hast die Gabe, aus jeder Behausung ein Zuhause zu machen. Das kann nicht jeder.

Das ist wahrer Pioniergeist.« Für mich war das ein schönes Kompliment.

Der Pioniergeist, aus dem Nichts etwas Brauchbares zu machen, ist uns über die Jahre hinweg zur zweiten Natur geworden. Wenn man nicht viel Geld hat und auf einer Ranch in der Wildnis lebt, geht es auch gar nicht anders. Das fing beim Hausbau an, für den wir sprichwörtlich jedes Stück Material verwendet haben, das uns in die Hände fiel. Noch heute nenne ich unser Haus aus diesem Grund liebevoll »mein Patchwork-Haus«. Den Namen verdient es schon allein deshalb, weil wir immer noch ständig mit Anbauen, Umbauen und Fertigstellen beschäftigt sind.

Als wir im September 2004 mit dem Bau begannen, wussten wir, dass wir das Haus unmöglich noch vor Wintereinbruch bezugsfertig bekommen würden. Wir konzentrierten uns daher darauf, den Rohbau fertigzustellen, damit wir bei kälteren Temperaturen drinnen weitermachen konnten. Außerdem mussten wir einen Wasseranschluss ins Haus legen – eine Arbeit, die wir unmöglich durchführen konnten, wenn der Boden draußen gefroren war. Unser Wasser kommt nämlich aus einer Quelle weit oben am Berg, und die Wasserleitung musste nicht nur zum Haus hinunter verlegt, sondern auch gute zwei Meter tief eingegraben werden, damit sie im Winter nicht einfrieren würde. Das war keine leichte Arbeit, denn die Leitung ist insgesamt fast einen Kilometer lang. Aber David schreckt vor so etwas nicht zurück. Er lieh sich den Bulldozer unseres Bekannten, lernte, mit dem Ding umzugehen, und schlug eine breite Schneise durch den Wald von der Bergspitze bis hinunter zu unserem Haus. Dafür galt es, dreihundert Höhenmeter zu überwinden. Zugleich legte David gewundene, befahrbare Wege an, die uns Zugang zu allen Teilen des Grundstücks verschafften, sogar zu denen weit oben auf dem

Berg. Anschließend kam unser Bekannter mit einem Bagger, und so gruben sie gemeinsam die Leitung ein und brachten fließend kaltes Quellwasser bis vor unsere Haustür. Es war eine waghalsige Aktion – ich konnte kaum zuschauen, wie die beiden mit den großen Baumaschinen fast senkrecht den steilen Berghang hinunterfuhren.

Nachdem die Wasserleitung verlegt war, ging es an den eigentlichen Hausbau. Zum Glück war das Wetter noch sehr warm und trocken, so dass die Kinder im Freien spielen konnten, während David und ich bauten. Haley passte auf Isaac auf und beschäftigte ihn den Großteil des Tages, ohne sich zu beschweren. Es war eine enorme Leistung für ein Kind von gerade mal sechs Jahren, und wir waren sehr stolz auf sie.

Wir bauten unser Haus aus dicken Pfosten und Balken, etwa so, wie man früher Scheunen gebaut hat. Die Balkengerüste für die Wände zimmerten wir auf dem fertiggestellten Fußboden des neuen Hauses zusammen. Das war sehr praktisch, weil man nicht mit den schweren Balken auf wackeligen Leitern herumklettern musste. Aber als es dann daran ging, die Wände aufzurichten, kam ich einige Male ans Ende meiner Kräfte. Die Balken waren aus Lärchenholz, das eine sehr dichte Maserung hat und ungemein schwer ist. Unsere Wände maßen teilweise fünf mal vier Meter, und eine so große Balkenkonstruktion hochzuheben ist kein Kinderspiel. Eine Wand war so schwer, dass ich dachte, David hätte sie aus Spaß an den Boden genagelt. Das Ding schien aus Beton zu sein und ließ sich kein Stück weit bewegen. Doch wir hatten keine Helfer, und die Wand musste aufgerichtet werden. Ich weiß nicht, wie wir das unfallfrei geschafft haben – David an einem Ende und ich an dem anderen. Selbst als die Wand schließlich stand, musste sie aufrecht gehalten werden, bis David sie mit dem Fußboden verschraubt hatte. Heute bin ich stolz auf das, was wir gemeinsam erreicht haben. Aber noch einmal möchte ich diesen Kraftakt nicht gern durchmachen. Davon abgesehen schwinden bei einem solchen Unterfangen jegliche Ansätze einer Hollywood-Figur. Dünne Arme und Beine können nun einmal keine schweren Balken heben.

Der Herbst setzte in dem Jahr ganz jäh ein. Morgens war es plötzlich so kalt, dass man lange Unterwäsche anziehen musste, aber tagsüber wurde es so warm, dass man mit all den Klamotten ins Schwitzen kam. Wir schleppten also ständig einen riesigen Haufen Kleidung hin und her. Natürlich musste auch täglich mindestens eine Mahlzeit auf dem Berg zubereitet werden. Meist grillten wir Speck oder Würstchen über einem kleinen offenen Feuer oder wärmten eine Suppe auf, die ich am Abend zuvor gekocht hatte. Isaac stillte ich zum Glück noch, so dass wir uns um ihn keine Gedanken machen mussten. Den kalten Wind und den Regen hielten wir mit Hilfe einer Plane ab, die David als eine Art Mini-Unterstand neben der Feuerstelle aufgespannt hatte. Es war schön, während der Arbeitspausen unter die Plane zu kriechen und für eine Weile vor dem Wind geschützt zu sein. Aber es war schon ein seltsames Gefühl, dem Wetter nur mit einer dünnen Plane zu trotzen. Und langfristig war es auch recht ungemütlich.

Irgendwann wurde es dann zu kalt, um die Kinder den ganzen Tag draußen spielen zu lassen, und da der Rohbau noch nicht beheizbar war, blieb ich schweren Herzens mit den Kindern im Trailer am Fuße des Berges, während David allein weiterarbeitete. Es war mir nicht geheuer, ihn den ganzen Tag allein auf der Baustelle zu wissen. Sollte ihm etwas passieren, so wäre niemand da, um ihm zu helfen. Und auch wir würden erst am Abend argwöhnisch werden, wenn er nicht nach Hause käme. Doch dann könnte es unter Umständen schon zu spät sein.

Aber alles ging gut, und Mitte Februar war es dann endlich so weit: Wir zogen in unser neues Haus. Es war ein herrliches Gefühl! Zugegeben, es war nicht komplett fertig. Draußen fehlte die Holzverkleidung, und auch die Innenwände waren nicht verkleidet. Das Badezimmer verfügte zwar über eine funktionierende Toilette und eine Badewanne mit kaltem Wasser, aber ansonsten war auch dort nichts fertig. Strom und Telefon gab es ebenfalls nicht. Aber wir konnten heizen, und Öllampen verbreiteten abends warmes, goldenes Licht. Wasser heizten wir auf dem Holzofen auf, und ich badete die Kinder in einem großen Bottich, weil man dafür weniger warmes Wasser braucht. Einen Kühlschrank hatten wir damals nicht. Stattdessen bewahrten wir die Lebensmittel in einer Box in der Badewanne auf, die mit kaltem Wasser gefüllt war. Ich kochte und backte auf einem altmodischen Küchenofen, und wenn wir telefonieren wollten, mussten wir mit dem Handy zum Berghang laufen, um Empfang zu haben. Alles in allem war es fast ein Gefühl, als wären wir in die Zeit von »Unsere kleine Farm« zurückgekehrt.

Ich hatte zu Beginn Zweifel, ob und wie ich mit einem solchen Leben in der Abgeschiedenheit zurechtkommen würde. Aber als wir an unserem ersten Abend im neuen Haus endlich im Bett lagen, die Kinder friedlich neben uns schliefen und draußen in absoluter Stille Millionen von Sternen von einem eiskalten Winterhimmel auf unsere kleine Welt herabschauten, wurde mir bewusst, dass wir etwas richtig gemacht hatten. Die Sonnenmaske hatte uns nach Hause gebracht.

Zu Hause auf Shaheylah

Endlich Sommer. Die warme Junisonne schien vom blauen Himmel herab, und eine leichte Brise streifte durch die große Kiefer am Gartentor und das Espenwäldchen am Berghang. *Chickadees* – amerikanische Meisen – und die großen kanadischen Rotkehlchen mit dem freundlichen Namen Robin fielen in das Lied ein, das der Wind in den Bäumen angestimmt hatte. Und aus der Richtung des kleinen Spiel-Forts, das David vor kurzem gebaut hatte, ertönte das Lachen der Kinder.

Ich stand draußen an einem großen Bottich mit warmem Wasser und wusch Wäsche. Kritisch hielt ich das T-Shirt hoch, an dem ich gerade arbeitete, und begutachtete es. Nein, das musste noch einmal zurück ins Wasser. Ich gab mehr Seife auf den Kakaofleck und rubbelte das Shirt auf dem hubbeligen Glas des Waschbretts sauber. Eine gute Bekannte hatte das Brett auf einem Flohmarkt in Vancouver entdeckt und mir zum Einzug geschenkt. Es war ein echt antikes Stück aus Zedernholz und Glas, und es war ihm anzusehen, dass es sehr häufig benutzt worden war. Es hört sich vielleicht seltsam an, aber jedes Mal, wenn ich das Waschbrett in die Hand nahm, hatte ich das Gefühl, an einem Stück Geschichte teilzuhaben.

Es ist wirklich viel Arbeit, die Wäsche auf diese Art zu waschen, aber es hat auch etwas sehr Entspannendes an sich. Wäsche zu waschen gehörte schon immer zu meinen liebsten Haushaltsaufgaben, aber dabei draußen in der warmen Junisonne zu stehen, auf die umliegenden Wälder und Berge zu schauen und dem Wind und den Vögeln zuzuhören – das ist schon beinahe meditativ. Und später, wenn die von Wind und

Sonne getrocknete Wäsche wieder im Schrank liegt, duftet alles noch herrlich nach Wald und Bergen, wie eine Erinnerung an den Sommer.

Natürlich möchte heutzutage wohl niemand mehr für eine ganze Kompanie die Wäsche auf dem Waschbrett sauber machen, aber für unsere kleine Familie ging das damals sehr gut. Und die intensive Arbeit, die plötzlich mit sauberer Wäsche einherging, brachte uns dazu, jedes Mal sehr kritisch zu überdenken, ob ein Kleidungsstück wirklich gewaschen werden musste. Mal eben die Maschine anstellen und anschließend alles in den Trockner werfen, das ging bei uns nicht, denn wir hatten weder Strom noch fließend warmes Wasser – die nordamerikanischen Waschmaschinen heizen nämlich nicht selbst das Wasser auf, sondern müssen das warme Wasser von außen zugeführt bekommen.

Für einen Augenblick hielt ich mit meiner Arbeit inne und blickte zu den Kindern hinüber, die nun ganz in der Nähe lachend im Gras herumtollten. Für sie war die Ranch ein Paradies. Hier konnten sie den ganzen Tag über draußen sein, herumrennen und Lärm machen, ohne dass sich jemand darüber beschwerte. Sie hatten nicht nur das Spiel-Fort, sondern auch jede Menge Bäume zum Klettern und Büsche, hinter denen man sich verstecken konnte. Und Haley, die nun in die erste Klasse ging, fand den Unterricht zu Hause überaus interessant, weil er draußen stattfand, wann immer das Wetter es zuließ.

In Deutschland ist das nicht erlaubt, aber in Nordamerika unterrichten Millionen von Eltern ihre Kinder zu Hause selbst. Für uns bot sich diese Lösung allein aus dem Grund an, weil wir so weit von der nächsten Schule entfernt leben. Es würde länger dauern, Haley zur Schule zu fahren und wieder abzuholen, als sie einfach zu Hause zu unterrichten – vor

allem im Winter. Zu uns auf den Berg fährt der Schulbus nämlich nicht. Dazu kämen noch die Benzinkosten und die Tatsache, dass auch die anderen Kinder jeden Tag die lange Fahrt
im Auto auf sich nehmen müssten, denn ich konnte sie
schließlich nicht allein zu Hause lassen. Und da es in British
Columbia mit nur wenigen Formalitäten verbunden ist, Kinder als sogenannte *homeschoolers* anzumelden, entschlossen
wir uns für diese Art des Schulunterrichts.

Der Heimunterricht ermöglicht es gleichzeitig, mit dem
Kind in seinem eigenen Tempo entspannt zu lernen und seine
individuellen Stärken und Schwächen zu fördern. Für Eltern
gibt es zweierlei Möglichkeiten, den Heimunterricht abzuwi-
ckeln: Entweder man meldet sein Kind an einer staatlichen
Fernschule an und bekommt kostenlos das Unterrichtsmate-
rial zugeschickt, oder man stellt den Lehrplan selbst zusammen – und beschafft und bezahlt die benötigten Materialien in
Eigenregie.

Hält man den Unterricht ab, ohne an der Fernschule angemeldet zu sein, entfallen alle Klassenarbeiten und Hausaufgaben. Erst in der zehnten Klasse muss man sich entscheiden,
ob das Kind einen offiziell anerkannten Highschool-Abschluss machen soll. Dafür muss es die Klassenstufen zehn, elf
und zwölf und die dazugehörigen Examen entweder in einer
Highschool oder aber per Fernschule absolvieren.

Um eine Universität oder ein College zu besuchen, ist ein of-
fizieller Highschool-Abschluss jedoch nicht unbedingt nötig.
Schüler, die die gesamten zwölf Schuljahre zu Hause unterrichtet worden sind, können eine Aufnahmeprüfung ablegen
und auf diese Art zeigen, dass sie den Wissensstand der Hoch-
schulreife besitzen. Viele Universitäten in Nordamerika be-
vorzugen inzwischen junge Leute, die zu Hause unterrichtet
wurden, weil sie sehr diszipliniert sind, selbständig lernen

und ihr Wissensstand meist höher ist als bei anderen High-school-Absolventen.

Ich habe mich damals dazu entschlossen, mir eigene Lehrpläne für die Kinder zusammenzustellen, weil mir die hiesigen Lehrpläne teilweise lückenhaft erschienen. Ich nahm also all die Komponenten aus dem Lehrplan in Deutschland und dem in British Columbia, die mir gefielen, packte noch einiges dazu, das ich für wichtig hielt, und baute mir auf diese Weise einen eigenen Lehrplan zusammen.

Haley und mir machte das Lernen viel Spaß, und wir brauchten nicht mehr als zwei Stunden pro Tag, um mit dem Stoff durchzukommen. Das war nicht nur für Haley schön, sondern auch für mich, denn schließlich musste ich mich ja noch um Sam und Isaac, den Haushalt und all die anderen Dinge kümmern, die tagtäglich auf der Ranch anfielen.

Damals bekam ich oft zu hören, dass Kinder in eine richtige Schule gehen müssten, um soziale Fähigkeiten entwickeln zu können. Über diesen Einwand machte ich mir jedoch keine Gedanken, denn immerhin war Haley kein Einzelkind, und wir hatten auch sonst genügend Kontakt zu anderen Familien mit Kindern. Außerdem nahmen wir die Kinder überallhin mit, sei es zu Terminen bei der Bank oder der Abgabe von Steuererklärungen. So lernten sie schon früh nicht nur den Umgang mit Gleichaltrigen, wie es in Schulklassen üblich ist, sondern auch den Umgang mit Erwachsenen.

Als Haley noch ein Baby war, wurde ich gefragt, welches Buch ich zum Thema Kindererziehung gelesen hätte, da mein Kind so wohlerzogen sei. Die Frage traf mich damals vollkommen unvorbereitet. Ich habe noch nie ein Buch über Kindererziehung gelesen, es nicht einmal in Erwägung gezogen. Ich bin der Meinung, gesunder Menschenverstand reicht in den meisten Fällen vollkommen aus, um ein Kind zu leiten.

An diesen Grundsatz hielt ich mich dann auch beim Schulunterricht.

In unserer Familie steht und stand schon immer gegenseitiger Respekt an oberster Stelle. Verantwortungsbewusstsein, Mitgefühl, Toleranz, Hilfsbereitschaft, Eigenständigkeit und ein gewisses Maß an Disziplin sind für uns Werte, die sich automatisch daraus ergeben. Für mich war es immer wichtig, sie den Kindern vorzuleben. Kinder lernen eine ganze Menge allein durch Nachahmung. Es ist die leichteste und zugleich schwerste Art, ihnen etwas beizubringen. Leicht, weil man sich nicht extra Zeit nehmen muss, um ihnen etwas Bestimmtes näherzubringen. Schwer, weil man sich selbst immer wieder kritisch im Spiegel betrachten sollte, um sich seiner eigenen Schwächen bewusst zu werden. Letztendlich ist es vielleicht auch gerade diese Selbstreflexion, die Kindern den Mut und die Kraft gibt, mit eigenen Schwächen besser umzugehen.

Auf jeden Fall kann niemand im Voraus sagen, wie sich ein Kind entwickeln wird. Und so kann man auch beim Heimunterricht erst am Ende der schulischen Laufbahn wissen, ob diese Methode für das Kind hilfreich war. Jeder Weg und jede Lebensweise haben ihre Vor- und Nachteile und müssen flexibel genug sein, um sich im Zweifelsfall auch veränderten Umständen anzupassen. Flexibilität steht bei uns ganz weit oben. Was heute gut funktioniert, ist wirklich nur für heute gedacht. Morgen muss man die Dinge schon wieder neu abwägen. Mit diesem Leitspruch sind wir bisher sehr gut zurechtgekommen und wenden ihn deshalb auch auf den Heimunterricht an. Solange es gut läuft und alle zufrieden sind, machen wir so weiter wie bisher. Beginnt uns etwas zu stören, ändern wir unsere Methoden, damit wieder alle glücklich sind.

»Mama, die Hühner sind in deinem Gemüsegarten!«, rief Sam, inzwischen fast fünf Jahre alt, und riss mich jäh aus meinen Gedanken.

»Ich bin gleich da!«, erwiderte ich und trocknete schnell meine Hände. Dann lief ich in den Garten.

»Hühner mögen Salat«, stellte Sam erstaunt fest.

»Das denke ich auch«, sagte ich und scheuchte unsere vier Hennen zurück in den Auslauf. »Wer hat denn das Gatter nicht richtig zugemacht?«

»Wir waren es nicht«, versicherte Sam.

»Hier ist ein großes Loch im Zaun«, rief die mittlerweile knapp siebenjährige Haley vom anderen Ende des Hühnerauslaufs.

»Oje«, sagte ich. »Das müssen wir so schnell es geht reparieren. Ich bin fast mit der Wäsche fertig. So lange passt ihr auf, dass die Hühner nicht in den Wald laufen, in Ordnung?«

Haley und Sam, mit dem zweieinhalbjährigen Isaac im Schlepptau, nickten eifrig und postierten sich am Auslauf. Ich kehrte zu meinem Waschbottich zurück und schüttelte wieder einmal verblüfft den Kopf. Als wir das Haus bauten, sagte ich mir immer: Wenn das Haus erst mal fertig ist, werden wir wieder mehr Zeit für uns haben. Damals war mir nicht klar gewesen, dass das Haus lediglich der Anfang eines langen Arbeitsprozesses war. In diesem Frühjahr – unserem ersten auf Shaheylah – hatten wir bereits den Gemüsegarten angelegt und mannshoch eingezäunt, Obstbäume und Beerenbüsche gepflanzt, ein Hunde- und ein Hühnerhaus mit Auslauf sowie das Fort für die Kinder gebaut und weitere zweieinhalb Hektar Land für Pferde eingezäunt. Vor uns lag trotzdem noch eine lange Liste von weiteren Projekten, die wir möglichst schnell verwirklichen wollten: ein Studio, in dem David arbeiten konnte, ein Lagerplatz für unser Feuerholz, ein

Werkzeugschuppen, ein Schuppen für all die Dinge, die nicht in unser kleines Haus passten, ein Gästehaus für die Studenten der Kunstakademie, die David auf der Ranch aufbauen wollte, ein Pferdestall und vieles mehr.

Inzwischen gehören nun auch vier Hühner, zwei Katzen und ein Welpe zu unserer wachsenden Familie. Ohne Katzen kommt man in der Wildnis einfach nicht aus, sonst überrennen einem die Mäuse das Haus. Und ein Hund ist auch unerlässlich, denn er warnt – zumindest, wenn er ausgewachsen ist – vor ungebetenen Gästen, wie etwa Bären, die die Mülltonnen durchwühlen, Wildkatzen und Pumas, die sich ins Hühnerhaus schleichen, und Dieben, die sich auf abgelegenen Ranches wie der unseren leichte Beute versprechen.

Zuerst hatte ich versucht, mir auszurechnen, wann wir mit all den Projekten fertig sein könnten oder sollten, doch schon bald merkte ich, dass unser Alltag auf der Ranch nie geregelt genug ablaufen würde, um langfristige Pläne machen zu können. Jeder Tag brachte Unerwartetes mit sich, Dinge, die dringend erledigt werden wollten und für die man anderes nach hinten verschieben musste. Aber gerade diesen Aspekt fand ich so verlockend: Jeder Tag war ein Abenteuer.

Der Alltag auf der Ranch läuft sehr unterschiedlich ab. In den Sommermonaten entfällt zwar der Schulunterricht, mehr Zeit habe ich dadurch aber trotzdem nicht. Arbeiten, die während des Schuljahres liegen geblieben sind, sowie der Gemüsegarten nehmen die freie Zeit komplett ein. Die Winter sind hier sehr lang. Oft liegt von Mitte Oktober bis Ende März oder Mitte April Schnee. In dieser Zeit kann draußen nichts gebaut werden, denn der Boden ist durchgefroren. Alle Bauvorhaben und Ausbesserungsarbeiten verlagern sich daher auf die schneefreien Monate, und dieser Zeitraum ist für uns dann so arbeitsintensiv, dass einem die Tage nur so durch die Finger gleiten. Ehe man es sich versieht, steht der nächste Winter wieder vor der Tür.

Zu den wichtigsten Arbeiten im Sommer gehört das Beschaffen von Feuerholz, ohne das man die kalten Monate nicht übersteht kann. In den Wald zu gehen und Feuerholz zu schlagen, um dann im Winter vor dem Ofen sitzen und den tanzenden Flammen zuschauen zu können – das hört sich zugegebenermaßen recht romantisch an. Aber gleich in unserem ersten Sommer auf Shaheylah erfuhr ich, wie anstrengend diese Arbeit wirklich war. Die ersten Tage war auch ich noch voller Elan, entfernte Äste und Zweige von den von David gefällten Bäumen, schleppte Dutzende Stämme Berghänge rauf und runter und lud unser zukünftiges Feuerholz auf den Pick-up. Aber als ich dann sah, wie klein der Holzhaufen auch nach tagelanger Arbeit noch war, überkam mich das sichere Gefühl, dass wir es nie schaffen würden, vor dem Einbruch des Winters genügend Feuerholz zusammenzutragen.

Nach jahrelanger Erfahrung weiß ich heute, dass die meisten Menschen, die in unserer Umgebung ihre Häuser noch ausschließlich mit Holz heizen, die gesamte schneefreie Zeit damit beschäftigt sind, ihren Holzschuppen mit Brennmaterial für den nächsten Winter aufzufüllen. Unser Sammelplatz für das Feuerholz misst ungefähr fünf mal vier Meter und überragt mich am Ende des Sommers meist um das Doppelte. Wir müssen mindestens neun Monate pro Jahr voll durchheizen, so dass der Holzofen während dieser Zeit nie ausgeht. Selbst in den Sommermonaten Juni, Juli und August müssen wir an dem einen oder anderen Abend Feuer im Ofen machen, weil die Nachttemperaturen hier in den Bergen selbst dann oft noch auf den Gefrierpunkt runtergehen.

Es ist wohl der schlimmste Alptraum eines jeden Menschen,

der in der Wildnis lebt, dass ihm mitten im Winter das Feuerholz ausgeht, alle Wasserleitungen einfrieren und er sein Haus bis zum ersten Tauwetter im nächsten Frühjahr verlassen muss. Daher sind wir immer sehr darauf bedacht, genügend Reserven im Schuppen zu haben. Aber so viel Holz kann man einfach nicht auf einmal schlagen, sonst wäre man körperlich total kaputt. Und so kommt es, dass wir über den Sommer hinweg immer mal wieder ein paar Tage des Feuerholzschlagens einschieben, bis wir dann im Herbst gute zwanzig Pick-up-Ladungen Holz zusammengetragen haben. Und dann muss das Holz ja auch noch mit der Axt gespalten und anschließend aufgestapelt werden, damit es trocknet und im Winter gut verwendbar ist.

In den ersten Jahren war es für mich schwierig, David bei dieser Arbeit sinnvoll zur Hand zu gehen. Die Kinder waren noch so klein – für sie bedeutete Feuerholz schlagen langes Warten, denn sie mussten außerhalb der Reichweite der Bäume bleiben, aber trotzdem noch nahe genug, dass wir sie im Auge behalten konnten. Oftmals quengelten sie zwischendurch und wollten beschäftigt werden. Oder aber eines der Kinder war noch so klein, dass es zwischendurch gestillt werden musste. In diesen Augenblicken musste ich mich natürlich um die Kleinen kümmern, und so blieb damals ein Großteil der Arbeit allein an David hängen. Heute sieht das ganz anders aus. Feuerholz zu beschaffen ist eine Familiensache, bei der alle gerne mithelfen. Sam kann seit er zwölf ist mit einer Kettensäge umgehen, und er und Haley heben und schleppen inzwischen genauso große Baumstämme wie ich, Sam sogar oft schwerere. Und natürlich können alle Kinder inzwischen sehr gut Holz spalten. Außerdem höre ich nun immer öfter den Satz: »Lass mal, Mutti, das ist zu schwer für dich, ich mach das schon.« Heute haben wir also statt eineinhalb gleich vier Leute, die voll bei der Feuerholzbeschaffung mithelfen. Das macht einen großen Unterschied und bedeutet eine große Erleichterung für uns.

Trotz all der Arbeit haben die Kinder noch genügend Zeit zum Spielen und um ihren eigenen Interessen nachzugehen. Unseren Kindern ist es zwar nicht möglich, in ihrer Freizeit eine Tanz- oder Sportschule zu besuchen oder Musikunterricht zu nehmen – dafür wohnen wir einfach zu abgeschieden, vor allem im Winter. Aber jeder Ort hat seine Vor- und Nachteile, und unsere Kinder lernen dafür eben andere Dinge, wie zum Beispiel Fährtenlesen, Schießen, Schnitzen, Traktorfahren, Reiten, wie man Häuser und Hütten baut und sich wilden Tieren gegenüber verhält. Da wir als Familie eigentlich immer zusammen sind, lernen die Kinder spielerisch alles, was David und ich wissen und ihnen tagtäglich vorleben.

Im Sommer sind wir, wie gesagt, meist den ganzen Tag über draußen. Sogar geduscht wird im Freien. Dafür hat David extra eine Solardusche gebaut. Er brachte einen dicken schwarzen Schlauch auf dem Dach über der Dusche an, der sich mit Hilfe des Wasserdrucks aus dem Gartenschlauch selbst wieder auffüllt, sobald man Wasser verbraucht. Wenn es draußen heiß ist, heizt sich das Wasser in der Solardusche so schnell auf, dass man vor zehn Uhr morgens oder nach 18 Uhr abends duschen muss, weil man sich sonst leicht verbrennt. An kühleren Tagen warten wir bis mittags und duschen dann, sobald das Wasser warm genug ist. Man muss bei den Duschzeiten, wie bei so vielen Dingen hier, flexibel sein und sich an das Wetter und die Gegebenheiten anpassen. Das ist bestimmt nicht für jeden annehmbar, aber wir haben uns schnell dran gewöhnt.

Im Winter, wenn die Tage kurz und eisig kalt sind, kümmern wir uns um die Arbeiten, die im Haus anfallen. Dort gibt es immer etwas, das fertiggestellt, renoviert oder repariert werden muss. Für uns ist der Winter auch eine Zeit, in der wir uns intensiv mit dem Schulunterricht befassen und unseren Hobbys nachgehen. David zeigt den Kindern dann zum Beispiel, wie man Messer herstellt und mit Leder arbeitet, während ich ihnen beibringe, wie man strickt, stickt und näht. Die Abende verbringen wir mit Gesellschaftsspielen oder mit Büchern.

Solange die Temperaturen nicht zu niedrig sind, fahren wir einmal in der Woche alle gemeinsam zum Einkaufen in den nächstgrößeren Ort. Dort treffen wir dann auch Freunde. Meist sind wir aber bei Einbruch der Dunkelheit wieder zu Hause, da die Tiere versorgt werden müssen. Sobald es jedoch zu kalt wird, bleibe ich meist zu Hause, um den Holzofen in Gang zu halten. Denn ist das Haus erst mal abgekühlt, dauert es oft einen ganzen Tag, es wieder richtig aufzuheizen, und dass ist bei minus zwanzig oder minus dreißig Grad nun wahrlich keine Freude. Mir macht es nichts aus, einige Wochen nicht mit zum Einkaufen zu fahren. Dann habe ich ein paar Stunden für mich, kann in Ruhe an meinen Büchern arbeiten oder andere Dinge erledigen.

Ab Nachttemperaturen von minus zehn Grad muss der Holzofen ohne Unterbrechung auf Hochtouren laufen, sonst kühlt das Haus zu sehr aus. Für uns bedeutet das, dass auch über Nacht mindestens zwei Mal Holz nachgelegt werden muss. Das eine Mal übernehme meist ich, weil ich sowieso lange wach bleibe und an meinen Büchern schreibe. David geht lieber früh schlafen und steht dafür am nächsten Morgen gegen vier oder fünf auf, um den Ofen in Gang zu halten. Es ist eine regelrechte Kunst, das Haus über den Winter warm zu halten und das Feuerholz gerade im richtigen Augenblick nachzulegen – eine Kunst, die uns mittlerweile in Fleisch und Blut übergegangen ist.

Die gleiche Kunst musste ich einsetzen, als ich zu Beginn unseres Lebens auf der Ranch nur den alten Küchenofen zum Kochen und Backen hatte. Legt man dort zu schnell Holz nach, verbrennt das Backwerk, legt man zu wenig nach, sackt alles zusammen. Hat man den Dreh aber erst einmal raus, produziert so ein altmodischer Küchenofen die schönsten Brote und Kuchen und die leckersten Braten.

Bei uns muss man sich nie Gedanken darüber machen, ob es weiße Weihnachten gibt, doch im November und Dezember sind die Schneeberge noch recht überschaubar. Im Januar kommt der Schnee dafür in Massen. Dann schneit es oft eine oder zwei ganze Wochen ununterbrochen, so dass David fast ausschließlich mit dem Räumen der Zufahrt beschäftigt ist. Der Weg von unserem Haus bis zur nächsten Straße, die vom Ministerium für Straßen und Highways instand gehalten und somit auch im Winter geräumt wird, ist über zwei Kilometer lang. Um diese zwei Kilometer müssen wir uns also selbst kümmern. Heute haben wir dafür einen kleinen Traktor, der ein von David selbstentworfenes und aus Holz gebautes Gerät hinter sich herzieht, das den Schnee zur Seite schiebt und zu beiden Seiten der Straße zu hohen Wänden aufwirft. Am Ende des Winters sind diese Wände meist gut eineinhalb Meter hoch, und die Zufahrt sieht mehr wie ein Tunnel als wie ein befahrbarer Weg aus. Eigentlich bräuchten wir für diese Arbeiten einen Traktor mit viel mehr PS – oder aber ein richtiges Räumfahrzeug. Für beides fehlt uns jedoch das Geld, so dass David während der Wintermonate, eingepackt in viele dicke Lagen Kleidung, unzählige Stunden auf dem kleinen Traktor verbringt.

Bevor wir den Traktor hatten, fuhr David bei jedem Schneefall mehrmals mit dem Pick-up die Zufahrt entlang und schuf auf diese Weise Spuren, die es uns ermöglichten, überhaupt ins

Dorf zu kommen. Es handelte sich allerdings um ein sehr wag-
halsiges Unterfangen, da die Zufahrt an einigen Stellen sehr
steil abfällt. David ist über die Jahre einige Male mit dem Pick-
up von der Straße abgekommen und auf den Abhängen im
Schnee stecken geblieben. Zum Glück ist nie etwas Ernsthaftes
passiert, aber mir war jedes Mal ganz unwohl, wenn sich David
mit dem Pick-up durch die Schneemassen kämpfen musste.

Einige Leute gaben uns den Ratschlag, uns über den Winter
einfach einschneien zu lassen und uns nicht um die Straße zu
kümmern, bis der Schnee im Frühjahr wieder anfinge zu
schmelzen. Doch das ist uns zu riskant: Abgesehen davon, dass
wir dann fünf Monate lang oder länger keine anderen Menschen zu Gesicht bekommen würden – was sich nicht unbedingt günstig auf das Gemüt auswirken würde – im Notfall
hätten wir auch keine Möglichkeit, zu einem Arzt zu kommen.

Aber die Probleme mit der Zufahrt enden nicht etwa, wenn
der Schnee wieder schmilzt. Meist friert es dann noch über
Nacht, und für einige Wochen ist die gesamte Zufahrt eine
einzige Eisbahn. Glücklicherweise bekommt der abschüssigs-
te Teil der Straße am meisten Sonnenlicht und schmilzt zuerst, so dass man wenigstens keine Angst mehr haben muss,
mit dem Pick-up den Berghang hinunterzurutschen. Wenn es
dann so warm ist, dass das Glatteis verschwunden ist, setzt
die richtige Schneeschmelze ein. Dabei verwandeln ungeheure Wassermassen die Berg- und Nebenstraßen jedes Jahr wochenlang in ein Schlammbad. Dann bleiben die Schotterstraßen für schwere Lastwagen und Transporter gesperrt. Während dieser Zeit wird also auch das Holzfällen eingestellt, weil
die Firmen keine Möglichkeit haben, die gefällten Stämme aus
dem Wald zu transportieren. Erst Ende April oder Mitte Mai,
wenn die Straßen komplett getrocknet sind, kann die Arbeit
der Waldarbeiter wieder aufgenommen werden.

Die Schneeschmelze macht es auch uns nicht leicht. Unsere Zufahrt steht teilweise vierzig Zentimeter oder mehr unter Wasser, und ohne den Pick-up wäre es uns nicht möglich durchzukommen. Da das Befahren des aufgeweichten Bodens tiefe Rillen in der Straße verursacht, versuchen wir, die Zufahrt während dieser Wochen so wenig wie möglich zu nutzen.

Für andere Menschen ist der Winter die Zeit, um Besuche zu machen und Freunde zu treffen. Für uns hingegen ist es die Zeit, um zu Hause zu bleiben und Energie für den kommenden Sommer zu sammeln. Zeit für die Familie.

In Davids indianischer Kultur war es schon immer so, dass der Winter dazu genutzt wurde, Geschichten zu erzählen, Werkzeuge zu reparieren und bei der Familie zu sein. Vor allem war dies die Zeit für Zeremonien. Die Sommermonate waren zu geschäftig, denn dann musste Nahrung für den nächsten Winter herangeschafft werden. Diesen natürlichen Rhythmus, den die Jahreszeiten vorgeben, hält auch unsere Familie ein, und irgendwie hat es etwas sehr Beruhigendes an sich, sein Leben nach dem Kreislauf der Natur zu richten. Ich empfinde es immer wie eine Verbindung zu den Urkräften. Wenn man offen dafür ist, spürt man nach einer Weile die große Energie der Sonne und des Mondes und wie sie alles, auch uns Menschen, beeinflusst.

Besonders bewusst wurde mir dies auch während meiner vierten Schwangerschaft. Es war unser erster richtiger Winter auf der Ranch, und eigentlich hätte ich ab Dezember regelmäßig zu den Vorsorgeuntersuchungen gehen sollen. Aber während der Wintermonate feste Termine in der Stadt zu haben bedeutet für uns viel Stress. Auch wenn die Zufahrt geräumt ist, kann am Tag des Termins jederzeit ein Blizzard toben. Dann braucht man zwei oder drei Stunden, um in die nächste Kleinstadt zu kommen.

Normalerweise richten wir uns im Winter nach dem Wetter. Müssen wir einkaufen oder wollen wir jemanden besuchen, wählen wir einen sonnigen und klaren Tag. Ist es zu kalt, bleibt einer von uns zu Hause, um den Ofen in Gang zu halten. Schneit es heftig, machen wir es uns drinnen gemütlich. Termine zu haben widerspricht einfach dem natürlichen Rhythmus der Wildnis, der uns seit unserem Einzug auf der Ranch gepackt hat. Warum sollen wir uns Stress machen, wenn es nicht unbedingt notwendig ist? Der Winter ist dazu da, sich auszuruhen und neue Kräfte zu sammeln. Und während der Schwangerschaft war ich mir dessen noch stärker bewusst als sonst.

Mein Arzt war daher sehr überrascht, dass ich ihn erst in der 27. Schwangerschaftswoche aufsuchte. Für mich hingegen schien es goldrichtig, vor allem weil ich keinerlei Beschwerden hatte. Dafür hatte ich in den vergangenen Wochen genügend Zeit gehabt, in mich zu gehen, auf die Signale meines Körpers zu hören und eine Verbindung zu meinem ungeborenen Baby aufzunehmen. Das war damals eine sehr berührende, tiefgehende und wertvolle Erfahrung für mich, die es mir nicht nur erlaubte, mein neues Baby – meine jüngste Tochter Mara – kennenzulernen, noch bevor ich es das erste Mal in den Armen hielt, sondern auch mich selbst besser zu verstehen und einzuschätzen. Noch heute überkommt mich eine tiefe Zufriedenheit, wenn ich an diese ruhigen, in mich gekehrten Wochen zurückdenke. Damals habe ich erfahren, was es wirklich bedeutet, auf mein Herz und die Stimmen der Ahnen zu hören.

Zehn Jahre Wildnis, zehn Jahre Glück

Als wir vor mehr als zehn Jahren den großen Schritt wagten und in die Wildnis zogen, gab es viele warnende Stimmen. Man sagte uns, dass unsere Kinder sich nie in der Gesellschaft zurechtfinden würden, wenn sie so abgelegen auf der Ranch aufwachsen und dann auch noch zu Hause unterrichtet würden. Uns wurde prophezeit, wir liefen einer Scheinwelt nach, die es so nicht mehr gebe; uns würde das Geld ausgehen; die Decke auf den Kopf fallen und wir würden uns gegenseitig so sehr auf die Nerven gehen, dass unsere Familie daran zerbrechen würde.

Mittlerweile haben sich diese warnenden und zweifelnden Äußerungen zum größten Teil in Stimmen der Bewunderung gewandelt. Wer uns auf der Ranch besucht, staunt darüber, was wir mit unseren geringen finanziellen Mitteln in einer relativ kurzen Zeitspanne mitten in der Wildnis geschaffen haben. Uns werden Komplimente darüber gemacht, wie wohlerzogen und höflich unsere Kinder sind, was für eine tolle Familie wir haben und in welch wunderschöner Landschaft wir wohnen.

Natürlich freuen wir uns, wenn wir so etwas hören, aber tatsächlich hat kaum jemand eine realistische Vorstellung davon, mit wie viel Arbeit, Disziplin und Durchhaltevermögen unsere Errungenschaften verbunden sind. Wenn es etwas gibt, das ich in den letzten zehn Jahren gelernt habe, dann ist es das Wissen, dass man für alles, was man im Leben erreichen will, hart arbeiten muss. Und das gilt nicht nur für materielle

Dinge. Oft ist es am schwierigsten, neben der harten und physisch fordernden Alltagsarbeit noch die Arbeit der Liebe zu leisten und den Partner und die Kinder nicht zu kurz kommen zu lassen. Es ist so leicht, sich in einem Haufen Arbeit zu verlieren, die man für unabdingbar hält – und darüber diejenigen zu vergessen, für die man die ganze Schufterei eigentlich auf sich nimmt. Daher schätzen wir uns glücklich, dass wir auf der Ranch im vergangenen Jahrzehnt nicht nur physisch viel geleistet haben, sondern vor allem unseren Kindern eine Kindheit in und mit der Natur in einem Umfeld frei von Konsumzwang und Druck von außen ermöglichen konnten. Heute sind sie verantwortungsvolle, umsichtige und selbstbewusste junge Menschen, die der Welt kritisch begegnen und sich ihre eigene Meinung bilden.

Diese Unabhängigkeit ist nicht nur den Kindern gut bekommen. Auch ich habe immer wieder die Möglichkeit, frei zu wählen, was ich tun oder verändern möchte und was ich für richtig halte. David und ich sind unseren eigenen Weg gegangen und beginnen langsam, die Früchte unserer Arbeit zu ernten. Heute darf ich auf viele Jahre Erfahrung zurückschauen und stehe fest zu meinen Entscheidungen und Meinungen, denn ich erkenne nun, was für ein wunderbares Geschenk diese Freiheit für uns war und ist. Wenn die Gesellschaft Probleme damit hat, dass ich in der Wildnis lebe und mich hauptsächlich meiner Familie widme, statt einer beruflichen Karriere in der Großstadt nachzugehen, dann stört mich das nicht. Das Herrliche an unserem Leben ist, dass ich mich niemandem anpassen muss – außer mir selbst. Ich mache, was ich für richtig halte, und es ist mir vollkommen egal, was andere dazu sagen. Das ist etwas, was für mich als Teenager und junge Frau unvorstellbar gewesen wäre. Dazu fehlte mir damals einfach das Selbstbewusstsein.

Das Leben in der Wildnis verlangt einem viel Selbstvertrauen ab, denn hier draußen ist man ganz auf sich allein gestellt – nicht nur durch die landschaftlichen Gegebenheiten, sondern auch, weil wir nicht ans Stromnetz angeschlossen sind. Ob wir Telefonanschluss haben, ob das Licht abends brennt, ob der Kühlschrank läuft, ob es im Winter warm im Haus ist – all diese Dinge hängen allein von uns ab. Davon, ob wir die Sachen richtig installiert haben, im Notfall reparieren können und gut warten. Aber es schwingt auch eine große Zufriedenheit mit, wenn alles reibungslos funktioniert und man von den häufigen Stromausfällen in keiner Weise betroffen ist, eben weil man autark lebt.

Zum Glück braucht man in Kanada nicht für alles Papiere vorzulegen, die beweisen, dass man in dem einen oder anderen Gebiet eine Prüfung abgelegt hat. Hier kommt es, besonders in abgelegenen Gegenden, vielmehr auf das Geschick einer Person an, auf ihre Vorstellungskraft, Anpassungsfähigkeit und ihren Einfallsreichtum.

Die Autowerkstatt im Nachbarort stellte zum Beispiel einmal einen Kfz-Mechaniker aus Deutschland ein, der eine hervorragende formale Ausbildung nachweisen konnte. Allerdings war der Mann an eine deutsche Werkstatt gewöhnt, die stets sauber und aufgeräumt und mit den neuesten Werkzeugen und Prüfgeräten ausgestattet ist. Er konnte nicht improvisieren und sich den Gegebenheiten anpassen. Der Besitzer der Werkstatt entließ ihn zwei Tage später wieder, weil der Mann selbst die einfachsten Reparaturen unter den hiesigen Bedingungen nicht ausführen konnte. Besonders auf dem Land, wo finanzielle Mittel knapp sind, nimmt man eben die Mittel, die einem zur Verfügung stehen. Diese Einstellung, verbunden mit einer großen Portion Vertrauen in sich selbst und in die Kräfte der Schöpfung, hat bereits den Indianern und Pionieren beim Überleben in der Wildnis geholfen, und sie ist auch heute noch unabdingbar.

Mich hat es von Anfang an fasziniert, wie manche Menschen aus dem Nichts etwas Wunderbares zaubern können, und ich bin froh, dass auch ich mir über die Jahre hinweg etwas von dieser Fähigkeit aneignen konnte. Unter diesen Voraussetzungen geht man ganz anders an Dinge heran, schiebt vieles nicht gleich als unmöglich oder zu teuer ab, sondern benutzt sein vom Schöpfer gegebenes Geschick, um ein Problem zu lösen.

Trotzdem hat mir das am Anfang ein bisschen Angst gemacht, denn ich war nicht daran gewöhnt, ganz auf mich allein gestellt zu sein. Man muss seine eigenen Stärken und Schwächen sehr genau kennen, um einschätzen zu können, wo die persönlichen Grenzen liegen. Andernfalls können so manche Situationen und Begegnungen hier in der Wildnis böse enden. Und man muss offen für das Flüstern der Geistwesen sein, für ihre Warnungen und ihre Lenkung, sonst läuft man etwaigen Gefahren unvorbereitet in die Arme. Ich empfinde dieses neue Bewusstsein und Selbstvertrauen als sehr bereichernd und möchte es gegen nichts in der Welt eintauschen.

Trotz allem wollten David und ich den Kindern das Stadtleben nicht vorenthalten. Daher nahm David in den Wintern 2008/2009 und 2009/2010 das Angebot des Museums für Völkerkunde in Hamburg an, als Berater an der Planung und dem Aufbau der beiden neuen Ausstellungen über die Indianer Nordamerikas und die Maya mitzuwirken. Für uns bedeutete das damals, unsere Ranch für jeweils fünf bis sechs Monate zu verlassen und die gesamte Familie nach Hamburg umzusiedeln. Keine einfache Entscheidung: Die Tiere mussten in Pflege gegeben und die Wasserleitungen im Haus abgestellt und entleert werden (weil wir keine elektrische Heizung haben, die die Temperatur im Haus über dem Gefrierpunkt gehalten hätte); alle Wertgegenstände mussten aus dem Haus entfernt und die übrigen Dinge vor Mäusen geschützt werden. Doch der Aufwand lohnte sich. Die beiden Aufenthalte in Deutschland waren für die Kinder interessant und lehrreich. Und sie halfen mir – wie ich später noch berichten werde – auch sehr bei meiner schriftstellerischen Arbeit. Haley, Sam, Isaac und Mara konnten ihre Deutschkenntnisse ausbauen und sowohl die Annehmlichkeiten als auch die Nachteile einer Großstadt erleben.

Wir wohnten damals direkt im Völkerkundemuseum, also mitten in der Hamburger Innenstadt. Doch obwohl die Kinder noch nie so einen Verkehr erlebt hatten und noch nie derart vielen Menschen auf einmal begegnet waren, fanden sie sich nach kurzer Zeit erstaunlich gut zurecht. Lichtschalter waren in den ersten Wochen sehr gefragt und wurden ständig an- und ausgeknipst, weil es so etwas bei uns auf der Ranch nun einmal nicht gibt. Genauso erstaunt und gleichzeitig auch erschrocken waren zumindest Sam, Isaac und Mara darüber, dass aus dem Wasserhahn auch heißes Wasser kam. Daran erinnerte sich nur noch Haley. Und das Überqueren von Straßen mussten wir natürlich üben. Bestaunt wurden auch die vielen alten Steingebäude und Alleen. Die meisten Häuser in Kanada sind aus Holz gebaut und nicht wirklich darauf angelegt, länger als die nächsten fünfundzwanzig Jahre zu überdauern – das ist der Zeitraum, für den eine Hypothek gewährt wird. David hatte durch das Schnitzen des Totempfahls einige Jahre zuvor einen gewissen Bekanntheitsgrad erreicht – ein Indianer in der Stadt fällt in Hamburg eben auf; und so wollten einige Besucher, die ihn noch aus dieser Zeit kannten, natürlich unbedingt seine Kinder kennenlernen. Auch daran

störten sich die Kleinen nicht. Und tagsüber im Museum um-
herzustreunen und dort auch hinter die Kulissen schauen zu
dürfen war für sie alle ein Riesenspaß. Aber Haley, Sam, Isaac
und Mara stellten auch sofort fest, dass die Luft in der Stadt
stank und dass es kaum einen Ort gab, wo Kinder sich so
richtig austoben konnten. Ein kleiner Spielplatz mitten in der
Stadt ist zwar nett, aber nicht wirklich ausreichend für eine
Horde Kinder, die an die freie Natur gewöhnt sind. Dass man
dafür extra irgendwohin fahren und dann dafür bezahlen sollte, erstaunte sie sehr.

Da meine Eltern auch immer noch in Hamburg lebten, besuchten wir sie natürlich oft, und es war sehr schön zu sehen,
wie die Beziehung der Kinder zu ihren Großeltern von Mal
zu Mal inniger wurde. Für mich war es auf der einen Seite
natürlich toll, meine Familie und auch einige Freunde wiederzusehen. Aber ich musste auch feststellen, dass all die Dinge,
nach denen ich mich während meiner Jahre in Kanada gesehnt
hatte, wie etwa eine bestimmte Kuchensorte oder Brötchen,
gar nicht mehr so gut schmeckten wie in meiner Erinnerung.
So nahm ich während dieser Aufenthalte von vielem Abschied, das ich zu vermissen geglaubt hatte, und reise am
Ende mit deutlich größerem emotionalem Abstand zu meiner alten Heimat und größerer Zufriedenheit nach Kanada
zurück.

Doch die Verlockung, einmal wieder für längere Zeit nach
Deutschland umzusiedeln, war für eine Weile schon recht
groß. Zumindest für David und mich. Zentralheizung, Waschmaschine, Geschirrspüler und Telefon im Haus sparen einem
eine Menge Arbeit. Aber vor allem die Nähe zu meinen Eltern, meiner Oma, meinem Bruder mit seiner Familie, die ich
aufgrund der begrenzten Telefonverbindung auf der Ranch
sonst nur sehr kurz sprechen konnte, war ein riesiges Plus.

Vor allem aber bemerkte ich, dass wir in der Großstadt kaum mit Rassismus konfrontiert wurden und niemand auf uns herabsah, weil wir eine halbindianische Familie waren. Außerdem mussten wir in Hamburg nicht jeden Tag und jede Minute daran denken, auf der Hut zu sein, wie wir es aus Kanada vom Ranchleben gewohnt waren. In der Großstadt lauerten keine wilden Tiere und keine betrunkenen Nachbarn, die am Gartentor standen und grölten, dass ihnen unsere achtjährige Tochter sehr gefalle und sie sie sich demnächst »vornehmen« würden – immerhin sei sie nur ein Indianermädchen.

In der Großstadt gab es auch viel mehr Interesse an Davids Kunst als bei uns zu Hause auf dem Land. Uns dort einen Lebensunterhalt zu verdienen wäre vergleichsweise einfach gewesen. Doch die Kinder drängten auf eine Rückkehr nach Kanada. Für sie waren die Aufenthalte in Deutschland eine aufregende Erfahrung, doch ihr Herz gehörte der Wildnis.

Als wir schließlich wieder zurück auf Shaheylah waren und dort nichts hörten außer dem Rauschen des Windes in den Kiefern und nichts sahen außer den waldbedeckten Bergen und den Habichten, Falken und Adlern, die über unseren Köpfen ihre lautlosen Kreise zogen, fielen mir ganz unerwartet die Worte ein, die ich von deutschen Freunden und Bekannten so oft gehört hatte: Du musst auf so vieles verzichten, Sanna.

Da musste ich unwillkürlich breit grinsen. Diese Leute hatten keine Ahnung. Natürlich besaß ich weder all jene materiellen Dinge, die in der modernen Gesellschaft als unverzichtbar dargestellt werden, noch genug Geld, um weite Reisen zu unternehmen oder einen riesigen Fernseher zu kaufen, mit dem ich meine Nachbarn hätte beeindrucken können. Die Wahrheit ist, dass ich viel mehr als das habe – Dinge, die von wirklichem Wert sind und die man nicht mit Geld kaufen kann. Aber wie kann man einem reichen Menschen erklären, dass er in Wirklichkeit ganz arm ist? So etwas kann nur jemand nachvollziehen, der die Erfahrung am eigenen Leib gemacht hat. Materiell gesehen mögen wir arm sein, da wir mit unserem Einkommen unter der hiesigen Armutsgrenze leben. Aber spirituell und mental sind wir reicher als der reichste Mensch auf Erden, denn Zufriedenheit, Gesundheit, Liebe und Erleuchtung kann man nicht kaufen. Ich weiß, dass dies allgemein bekannt ist. Aber wie viele Menschen geben den materiellen Aspekt wirklich auf, um von den anderen Dingen zu kosten?

Unsere Kinder sind mit dem Motto »Tue, was richtig ist, dann wird für dich gesorgt« aufgewachsen, und materielle Dinge standen für sie nie im Vordergrund. Sie machen sich keine Gedanken darum, was andere Menschen von uns halten, wenn wir mit unserem alten Pick-up in die Stadt fahren oder unsere Kleidung zwar zweckmäßig für unser Leben auf der Ranch ist, aber nicht unbedingt auf dem neuesten Stand der Mode. Viel wichtiger als solche Nebensächlichkeiten ist es David und mir, den Kindern Halt zu geben. Darum haben wir bestimmte Rituale und Aspekte in unseren Familienalltag eingebaut, auf die die Kinder auch im späteren Leben immer wieder zurückgreifen können, wenn sie Rat brauchen, nicht wissen, welchen Weg sie einschlagen sollen oder eine wichtige Entscheidung treffen müssen.

Beten steht dabei ganz oben auf der Liste. An wen man sich beim Beten wendet, ist dabei unserer Ansicht nach nicht so ausschlaggebend wie das Beten an sich. Denn mit dem Beten erkennt man an, dass es eine höhere Macht gibt, die weiser, weitsichtiger und gnädiger ist als alle Menschen auf Erden. Eine Macht, die jeden von uns leitet und die all unsere Sorgen, Ängste und Träume kennt. Am Morgen begrüßen wir mit einem kurzen Gebet den neuen Tag und bitten um gutes Gelingen all unserer Vorhaben. Am Abend vor dem Schlafengehen bedanken wir uns für alles, was uns der Tag gebracht hat, und denken an all jene, die nicht bei uns sein können.

Auch die Schwitzhüttenzeremonie wird bei uns oft abgehalten. Dazu haben wir gemeinsam eine traditionelle Schwitzhütte auf der Ranch gebaut. Das Gerüst dafür wird aus Weidenzweigen gefertigt und mit Stoff- oder Lederbändern zusammengehalten. Dann wird das Gerüst mit Planen abgedeckt, so dass kein Licht mehr in das Innere der Hütte fällt. Man muss sich das Ganze wie eine Art umgedrehte Schüssel vorstellen, in die man durch eine kleine rundliche Öffnung hineinkriechen kann. In der Mitte der Schwitzhütte gibt es eine kleine Mulde im Boden. In diese werden während der Zeremonie heiße Lavasteine gelegt, die dann mehrmals mit Wasser übergossen und mit speziellen Kräutern besprenkelt werden. Der würzige Wasserdampf, der dadurch entsteht, ähnelt im Prinzip dem bei einem Aufguss in der Sauna. Doch wird die Schwitzhütte nicht wie die Sauna nur zur körperlichen Reinigung benutzt, sondern vor allem zur spirituellen. Die Kräuter, die auf die heißen Lavasteine gelegt werden, stellen eine Verbindung zur Welt der Ahnen her und eröffnen so einen Dialog mit den Geistwesen.

Viele indianische Zeremonien verlangen nach dieser besonderen Art der Reinigung, entweder zu Beginn oder als Abschluss des Rituals. Oftmals wird die Schwitzhütte aber auch dann aufgesucht, wenn eine schwierige Entscheidung ansteht, für die man die Geistwesen um Hilfe bitten möchte. Wenn man sich innerlich aus dem Gleichgewicht geworfen fühlt und sein Herz und seine Gedanken wieder in Balance bringen möchte – oder wenn man um Kraft, Beistand und Erfolg für eine bevorstehende Aufgabe bittet. Auch wir nutzen die

Schwitzhütte auf diese Weise, aber natürlich auch im Rahmen von Ritualen wie etwa der *passage of rites*-Zeremonie, die wir für Haley durchführten, als sie die Pubertät erreichte.

Der Lebensabschnitt, der den Übergang von der Kindheit zum Erwachsensein umfasst, ist bei den meisten Naturvölkern eine sehr wichtige Zeit im Leben eines Menschen, so auch bei den Indianern. Deshalb nahmen wir uns damals auch die Zeit, Haley auf traditionelle Weise auf die Veränderungen und die neue Verantwortung, die sie als junge Erwachsene erwarteten, vorzubereiten.

Zunächst wird von der Familie ein Ältester oder eine Älteste ausgesucht und in aller Förmlichkeit gebeten, die Leitung der Zeremonie zu übernehmen. Zu Beginn teilt die Familie des jungen Menschen dann zunächst eine traditionell zubereitete warme Mahlzeit mit Verwandten und engen Freunden. Anschließend begeben sich – je nachdem, ob es sich um einen jungen Mann oder eine junge Frau handelt – entweder die Männer oder die Frauen gemeinsam in die Schwitzhütte. Nach der körperlichen und mentalen Reinigung wird der junge Mensch offiziell in den Kreis der Erwachsenen aufgenommen. Der oder die Älteste erklärt dem Jugendlichen die Verantwortung, die seine neue Stellung mit sich bringt, und was von ihm als Erwachsener erwartet wird. Anschließend überreichen die Erwachsenen dem jungen Menschen dann jeweils ein kleines Geschenk, und damit ist die Zeremonie offiziell beendet.

Eine Sache wird hierbei immer sehr deutlich hervorgehoben, und zwar geht es um die Opferdarbringung. Kaum jemand ist sich heute noch der Kraft bewusst, die einem aus freien Stücken gegebenen Opfer innewohnt. Bei den indianischen Völkern ist es wie bereits erwähnt selbstverständlich, dass ein ständiger Austausch von Nehmen und Geben stattfinden muss. Bei den Coast-Salish-Indianern, zu denen auch David gehört, erlangt zudem derjenige das höchste Ansehen im Stamm und wird als Reichster eingestuft, der am meisten an andere Stammesmitglieder verschenkt. Dafür gibt es spezielle Schenkungszeremonien, die *potlatch* genannt werden.

Als die Europäer Fuß an der Nordwestküste Kanadas fassten, dachten sie, die Indianer seien verrückt und schadeten sich selbst, weil sie ihre Besitztümer verschenkten. Und für einen Europäer ist dieses Verhalten auch schwer nachvollziehbar, schließlich basiert die moderne westliche Gesellschaft auf purem Materialismus. Die Indianer hingegen verstehen die Potlatch-Zeremonie nicht nur als Mittel, sich Ansehen zu verschaffen, sie sind sich auch darüber im Klaren, dass diese Zeremonie eine große Kraft in sich birgt, die nicht zu unterschätzen ist. Natürlich sollte man Dinge nicht nur deshalb tun, weil man sich einen Vorteil davon verspricht. Doch Fakt ist: Wenn man etwas Selbstloses tut oder ein Opfer erbringt, das anderen hilft, dann wird einem im Gegenzug auch geholfen. Vielleicht nicht gleich in der nächsten Minute, aber im großen Kontenbuch des Universums werden solche Taten gutgeschrieben und nicht vergessen. Daher ist es bei den Indianern auch nicht unüblich, während des Betens eine kleine Opfergabe zu bringen, um der Bitte mehr Kraft zu verleihen. Diese und andere Tatsachen werden dem jungen Erwachsenen in der Passage-of-Rites-Zeremonie nochmals erklärt und ans Herz gelegt. Es geht um das Wohlergehen der Gruppe, nicht nur um das des Einzelnen. Auf einem Erwachsenen lastet eine andere Verantwortung als auf einem Kind.

Uns ist es sehr wichtig, dass die Kinder sich nicht nur in der indianischen und christlichen Religion auskennen, sondern auch in den anderen Glaubensrichtungen. Nur wenn man weiß, worum es bei einem bestimmten Sachverhalt geht und was auf der Welt geschehen ist, kann man sich eine eigene Meinung bilden, Menschen mit anderer Weltanschauung respektieren und die eigenen Wurzeln verstehen.

Für mich waren meine Kinder immer Wesen, die in meine Obhut gegeben wurden, sodass ich sie mit Liebe leiten und ihnen helfen durfte, ihr größtmögliches Potenzial zu entfalten, damit sie der Welt und allen Wesen, die auf ihr wohnen, nützlich sein können. Kinder zu dominieren und sie zu früh mit der harten Wirklichkeit des Lebens zu konfrontieren finde ich absurd. Kinder, besonders diejenigen im Vorschulalter, sind meist noch sehr offen und unvoreingenommen, und ich habe festgestellt, dass sie in der Lage sind, Dinge zu sehen, die uns Erwachsenen verborgen bleiben.

Meine Kinder sind alle recht feinfühlig, was das Übersinnliche anbelangt, aber mein jüngster Sohn Isaac war derjenige, der als kleines Kind oft *little people* (Geistwesen, die den Pflanzen, Tieren und Menschen zur Seite stehen) vor sich sah. Viele andere Elternpaare wären vielleicht alarmiert gewesen, wenn ihr Kind durch den Garten gestreift und laute Gespräche mit diesen Wesen geführt hätte, wenn es kleine Feuergeister in den Flammen des Holzofens oder winzige Männchen mit roten Stiefeln in den Rosenbüschen gesehen hätte. Manche wären mit ihrem Kind vielleicht sogar zum Arzt gegangen, um es untersuchen zu lassen. In der indianischen Kultur hingegen stehen Menschen, die eine Verbindung zur Geisterwelt haben, in hohem Ansehen. Daher werden indianische Kinder ermutigt, ihre Feinfühligkeit für die Welt der Geister auszubauen. Wir lachten Isaac also nicht aus, wenn er uns von seinen kleinen Freunden erzählte, sondern erklärten ihm, dass diese Wesen immer in unserer Nähe sind und uns helfen wollen, dass aber die meisten Menschen vergessen haben, wie man mit ihnen kommuniziert. Aus diesem Grund brauchte

Isaac seine Little People auch nicht vor uns geheim zu halten, was einen guten Einfluss auf unsere Eltern-Kind-Beziehung hatte.

Ich halte auch nichts davon, dass ein Erwachsener immer auf alles eine Antwort haben muss. Oft stellen mir meine Kinder Fragen, die ich nicht aus dem Stegreif beantworten kann, und dann suchen wir gemeinsam nach der Lösung. Kinder sollten sehen, dass auch Erwachsene nicht perfekt sind, dass auch sie Probleme und Ängste haben und dass man im Idealfall sein ganzes Leben lang lernt. Außerdem sollten sie wissen, dass in jedem Erwachsenen irgendwo noch ein Kind steckt, das hin und wieder gerne zum Vorschein kommt und sich über die kleinen Dinge des Lebens freut, wie zum Beispiel einen Regenbogen oder eine schöne Blume – wenn er sich nur die Zeit dafür nimmt. Nun, da meine Kinder heranwachsen und zumindest ein Teil von ihnen mit großen Schritten auf das Erwachsensein zueilt, freue ich mich, dass ich in ihnen zugleich meine besten Freunde gefunden habe. Und wie es unter Freunden ist, tauscht man sich aus, vertraut sich Dinge an, träumt zusammen, weint zusammen, freut sich über Erfolge und hilft einander, jeden neuen Tag zu meistern.

In diesem Sinne arbeiten wir heute auch auf der Ranch. Die Kinder helfen, wo sie nur können: Unser Leben hier ist wirklich nur möglich, weil wir alle mit anfassen und gut miteinander auskommen. Unser Haus ist auch nach zehn Jahren immer noch nicht ganz fertig, wohl aber zum größten Teil. Einige werden sich jetzt fragen, wie man zehn Jahre lang in einem Haus leben kann, in dem das Badezimmer bislang nur provisorisch fertiggestellt ist. Natürlich geht auch mir das manchmal auf die Nerven, aber ich habe gelernt, Prioritäten zu setzen. Die Kinder waren uns eben wichtiger als vertäfelte Wände und Decken. Für sie da zu sein, Zeit mit ihnen zu verbringen und ihnen beim Lernen zu helfen steht bei uns an erster Stelle. So war es uns möglich, in den vergangenen Jahren nicht nur ein Haus zu bauen, sondern ein Zuhause zu schaffen.

Heute haben wir dank Solarstrom und moderner Technik einen Telefonanschluss direkt im Haus und ebenso einen Kühlschrank, der aber nur vier Stunden am Tag läuft. In der Küche gibt es nun einen Herd, der mit Propan betrieben wird, was besonders an heißen Sommertagen eine Wohltat ist, und eine Waschmaschine, allerdings nur mit Kaltwasser. Draußen haben wir mittlerweile einen Hühnerstall, Werkzeug- und Abstellschuppen, eine Unterkunft für Gäste, mehrere Unterstände und Paddocks für Pferde, einige große Weiden, einen Obstgarten und natürlich die Schwitzhütte. Ein großer Kräutergarten beherbergt alle Pflanzen, die ich für meine selbsthergestellten Salben, Cremes und Tees benötige. Dieser Garten ist einer meiner liebsten Aufenthaltsorte. Wann immer ich dort arbeite, weiß ich Rosaleen bei mir, die lächelnd an meiner Seite steht und mir Hinweise und Rat zuflüstert. Im riesigen Gemüsegarten wachsen Pflanzen, die ich aus eigenem Biosaatgut ziehe und die uns als gesunde Nahrung dienen. Zwei Quellen liefern uns Wasser für Haus, Garten und Tiere, während ein großzügig angelegtes Wegesystem uns Zugang zu den gesamten achtzig Hektar Land von Shaheylah ermöglicht. Inzwischen sind die Wege komplett mit Gras überwachsen, so dass es den Anschein macht, sie wären schon immer da gewesen.

Seitdem die Kinder groß genug sind, arbeiten wir an allen anstehenden Projekten als Familie zusammen, wodurch wir mit der Zeit alle ein Teil dieses Landes geworden sind. Über die Jahre haben wir uns nach und nach auch einen guten Ruf in der Gegend gemacht und einige Freunde gefunden, die uns so akzeptieren, wie wir sind. Das Problem mit dem Rassismus hat sich nicht komplett gelegt, aber man kennt uns in der Umgebung und hat einen guten Eindruck von unserer Familie. Wenn dann hinter unserem Rücken doch mal rassistische Bemerkungen fallen, erfahren wir häufig im Nachhinein, dass jemand etwas dagegen gesagt und uns verteidigt hat. Das ist ein schönes Gefühl. Aber ich denke, dass es vor allem Davids Statur und Auftreten und auch die mysteriösen Geschichten sind, die in der Gegend über seine Vergangenheit kursieren, die uns den meisten Ärger vom Leib halten. Etwaige Unruhestifter wissen, dass sie mit handfester Gegenwehr rechnen müssen, wenn sie auf unsere Ranch kommen. Außerdem verfügt David über die besondere Gabe, mit Menschen aller sozialen Schichten auszukommen, und so haben wir uns ein gutes Informationsnetz geschaffen. Wenn wir neue Menschen aus der Region kennenlernen, sagen sie oftmals: Von euch haben wir schon viel gehört!

Inzwischen ist auch Davids Kunstakademie angelaufen. Während der Sommermonate kommen jedes Jahr einige auserwählte Menschen zu uns, die das Schnitzen, Zeichnen oder Arbeiten mit Stein lernen möchten. Wir nehmen grundsätzlich nur ein oder zwei Studenten zur selben Zeit auf, so dass David besser auf jeden Einzelnen eingehen kann. Die Studenten leben in einem Gästezimmer etwas abseits von unserem Haus und versorgen sich dort selbst. Unterricht findet wochentags von neun bis 16 Uhr statt. Anschließend können die Studenten wandern, die Ranch erkunden oder eigene Ausflüge in die Umgebung organisieren. Bisher waren die Rückmeldungen der Teilnehmer stets sehr gut, und einige waren überrascht, wie viel sie in der kurzen Zeit lernen konnten.

Neben den Studenten waren auch schon mehrere Filmteams und Journalisten hier, die über unser Leben in der

Wildnis berichtet haben. Für die Kinder bedeutete das eine interessante Abwechslung und eine gute Gelegenheit, sich im Umgang mit Fremden zu üben. Haley, Sam, Isaac und Mara gingen von Anfang an sehr offen und neugierig auf die Besucher zu und durften den Filmteams auch bei einigen Arbeiten helfen, mal durch die Kamera schauen oder das Mikrofon halten und viele Fragen stellen. Das war eine lehrreiche und wichtige Erfahrung für die Kinder und hat zudem ihre Meinung darüber gefestigt, was sie später einmal beruflich machen oder nicht machen wollen.

Das Leben in der Wildnis hat jeden von uns unzählige Dinge gelehrt, aber das Wichtigste ist wohl das Wissen um die vielen unterschiedlichen Facetten der Verantwortung. Dazu gehört auch die Verantwortung im Umgang mit Schusswaffen. Jeder Rancher besitzt welche – und wir natürlich auch.

Für uns ist es wichtig, die Kinder und Tiere im Notfall beschützen zu können. Zu oft haben wir gehört, dass die Pferde eines Nachbarn von einem Rudel Kojoten oder einem Grizzly angegriffen wurden. So etwas darf man nicht auf die leichte Schulter nehmen. Wir haben den Kindern nie verboten, die Gewehre oder Munition anzufassen, solange ein Erwachsener dabei war. Kinder sind neugierig, und wenn etwas verboten ist, dann sind sie es natürlich erst recht. Wenn dann noch das Wissen um die richtige Handhabung fehlt, kommt es schnell zu Unfällen. Das wollten wir auf jeden Fall vermeiden. Daher durften die Kinder schon immer mit dabei sein, wenn David die Gewehre reinigt, und sich auch im Schießen üben. Die einzige strikte Regel ist, dass ein Erwachsener dabei sein muss. So lernten die Kinder nicht nur den sicheren Umgang mit Schusswaffen und demzufolge eine ausgezeichnete Treffsicherheit, sondern auch die Verantwortung, die der Besitz und die Handhabung der Waffen mit sich bringen. Heute sind sie für die Kinder ein Werkzeug wie jedes andere, das wir auf der Ranch benutzen. Nicht mehr und nicht weniger. Und wie jedes andere Werkzeug müssen die Gewehre in einem einwandfreien Zustand sein, sorgfältig gewartet und mit Bedacht benutzt werden, um Verletzungen zu vermeiden.

Besonders in Deutschland steht man Schusswaffen mit gemischten Gefühlen gegenüber. Aber auch hier lautet die Devise: Die Gewehre sind lediglich Gebrauchsgegenstände. Es sind die Menschen, die sie entweder zum Guten oder zum Bösen einsetzen.

Und wie jede Waffe in den falschen Händen den Tod bringen kann, so zeigt auch das Leben auf der Ranch den Kindern jeden Tag wieder den wundersamen Kreislauf des Lebens und des Universums. Geburt und Tod, Geben und Nehmen, Schatten und Licht.

Inspiration und Wirklichkeit

Oft werde ich gefragt, woher ich bei unserem vollen Tages-
ablauf überhaupt noch die Energie nehme, Bücher zu
schreiben. Ich muss zugeben, dass mir das manchmal auch ein
Rätsel ist, denn der Alltag auf der Ranch ist nun einmal sehr
fordernd. Abends um zehn noch zwei oder drei Stunden auf-
zubleiben, wenn ich eigentlich viel lieber ins Bett fallen würde, oder mich frühmorgens um vier aus dem Bett zu quälen,
wenn alle anderen noch tief schlafen – das erfordert nicht nur
eiserne Disziplin, sondern vor allem auch den richtigen inneren Antrieb. Für mich ist dieser Ansporn die feste Überzeugung, dass ich mit meinem Schreiben etwas tue, das anderen
hilft.

Ich erwähnte schon, dass das Teilen ein wichtiger Aspekt der
indianischen Kultur ist. Somit ist es für mich nur folgerichtig,
andere an unserem Leben in der Wildnis und meinen jahrzehn-
telangen Erfahrungen mit den indianischen Traditionen teilhaben zu lassen. Aber begonnen hat das Schreiben bei mir eigentlich damit, dass mich der starke Drang überkam, die vielen
neuen Eindrücke und Erlebnisse, die ich in Kanada habe sammeln dürfen, aufzuarbeiten. Gleichzeitig wollte ich etwas Bleibendes schaffen, das meinen Kindern und Enkelkindern nicht
nur einen Einblick in meine innersten Gedanken, Gefühle und
Überzeugungen ermöglicht, sondern ihnen auch die Kultur
ihres Volkes vermittelt und sie darauf stolz sein lässt.

Sich selbst zu finden ist eines der schwierigsten Unterfangen
im Leben eines Menschen. Vor allem Völker, die von einem anderen Volk erobert wurden, leiden in der Folge oft massiv unter Identitätsproblemen. So auch die Indianer. Besonders die

jungen Menschen stehen vor der Wahl, sich entweder der modernen Gesellschaft anzupassen oder die Verbindung zu den alten Traditionen aufrechtzuerhalten. Und was genau sind alte Traditionen? Reicht es aus, sich auf einem Powwow – einer Indianerversammlung – in traditionelle Kleidung zu hüllen, die alten Tänze zu tanzen und die alten Lieder zu singen, nur um anschließend wieder zu seinem Job im Büro oder dem Supermarkt zurückzukehren? Und wie steht es um die vielen Menschen heute, die wie meine Kinder ein gemischtes Erbgut besitzen? Zwei meiner Kinder sind blond. Sind sie deshalb weniger indianisch als die anderen beiden? Oder kommt es nicht vielmehr darauf an, was in unseren Herzen wohnt, für welche Überzeugungen wir stehen und inwieweit wir diesen in unserem täglichen Leben gerecht werden?

In der modernen, schnelllebigen Gesellschaft fehlt vielen Menschen heute eine moralische Stütze, und sie suchen nach einem Weg, um sich auf irgendeine Weise tiefere Wurzeln zu verschaffen. Gerade in Nordamerika stelle ich immer wieder fest, dass danach bevorzugt in fremden Ländern gesucht wird. Die einheimische indianische Kultur wird dabei leider meist ignoriert. Selbst mit dem Buddhismus kennen sich viele Jugendliche eher aus als mit dem Glauben der Indianer. Dabei zeigt deren Kultur den Menschen dieses Kontinents immer wieder, wie modern und zukunftsorientiert die Ureinwohner Amerikas eigentlich schon vor Urzeiten gewesen sind. Ihr Leben verläuft seit jeher in völligem Einklang von Mensch und Natur. Respekt für alles Lebende steht an oberster Stelle. Tiere werden getötet, um das Überleben des Stammes zu sichern, aber stets mit größtem Respekt und weiser Voraussicht für die kommenden Generationen. Nachhaltigkeit – dieser Begriff könnte aus der indianischen Kultur stammen, und wie modern ist er heute? Alles gehört zusammen und ist Teil eines großen Ganzen. So auch die Ahnen und Geistwesen, die uns weiterhin helfen und beschützen, wenn wir ihren leisen Stimmen Gehör schenken, oder die universelle Kraft, die uns alle erschaffen hat. Viele Glaubensrichtungen ignorieren den einen oder anderen Teil dieses magischen, vollkommenen Kreises – sie verachten entweder die Natur oder verneinen auf der Suche nach dem Paradies die Schönheit unserer Erde. Oft frage ich mich, warum nicht mehr auf die Stimmen der Indianer gehört wird. Sie haben unsere Erde – wie viele andere Naturvölker – seit Jahrtausenden bevölkert, und es gelang ihnen zu erhalten, was wir modernen Menschen in kürzester Zeit zu zerstören wussten. Und damit meine ich nicht nur die Natur, sondern auch die Verbindung zu den spirituellen Kräften, die vormals ganz natürlich in den Alltag integriert waren.

Genau diese Aspekte behandeln mein Mann und ich in unseren Büchern. Und so erwuchs aus meiner Schreibarbeit etwas viel Größeres und Wichtigeres als nur die reine Aufarbeitung von Erlebtem. Meine Romane und Kinderbücher heben ebenso wie die Bücher meines Mannes die Werte der indianischen Kultur hervor, vermitteln sie in einfachen Worten an all diejenigen, die offen dafür sind, und weisen auf die Existenz und Wichtigkeit der Geistwesen hin. Ich spreche außerdem politische Themen wie etwa den Ölsandabbau, illegalen Organhandel und Raubbau an der Natur an und betrachte diese vom indianischen Standpunkt. Und natürlich erzähle ich von der atemberaubenden Schönheit des Landes, in dessen Wildnis ich seit so vielen Jahren zu Hause sein darf.

In der indianischen Kultur geht man davon aus, dass jeder Mensch in seinem Leben eine bestimmte Aufgabe zu erfüllen hat. Diese kann man sich nicht aussuchen, sie wird einem geschenkt. Und dann muss man sie auch erfüllen. Das harmonische Ganze, in dem sich unsere Welt befinden sollte, hängt davon ab, dass jeder Mensch die ihm zugeteilte Aufgabe mit Hingabe erfüllt. Das Schreiben hat sich als meine »Aufgabe« entpuppt. Ich kann mich ihm nicht entziehen, kann nicht damit aufhören. Es ist meine Gabe, und diese muss ich zum Guten aller einsetzen. Das hört sich vielleicht nach Zwang an, aber das ist es nicht. Es ist vielmehr eine Art Selbsterhaltung. Geht man seiner vorbestimmten Aufgabe nach, dann öffnen sich einem Türen, Dinge entfalten sich, und alles im Leben fällt an seinen Platz. Sträubt man sich dagegen, wird man bald feststellen, dass Sachen schiefgehen, nicht zueinander passen und man unzufrieden wird. Ich bin der festen Meinung, dass wir nur solche Aufgaben zugeteilt bekommen, die wir auch erfüllen können – selbst wenn wir es uns zunächst nicht zutrauen, selbst wenn wir manchmal an einem Tiefpunkt ankommen. Vertrauen in die höhere Kraft ist hier unabdingbar.

Oft werde ich gefragt, wie viele und welche Dinge in meinen Romanen auf wahren Begebenheiten beruhen. Nun, es sind die meisten: von den Begegnungen mit Geistwesen und wilden Tieren über die alten Mythen, Legenden und Zeremonien bis hin zu den Landschaftsbeschreibungen und kleinen Details wie etwa den Pitbull-Wolfs-Mischlingen und dem schokoladenbraunen Puma – aber leider auch dem furchtbaren Rassismus, von dem ich berichtet habe. Seltsamerweise sind es vielfach gerade die wahren Begebenheiten, die den Lesern am unglaubwürdigsten erscheinen.

Als Schriftstellerin nehme ich vielleicht bewusster als andere die Situationen, Orte und Menschen, denen ich begegne, in mir auf. Und jede Begegnung – welcher Art auch immer – hinterlässt einen unverkennbaren Abdruck, eine Spur in meinem Innersten.

Seit meiner Ankunft in Kanada ist so vieles passiert: Wir haben den Kontinent zweimal durchquert, haben in einem prachtvollen und einigen heruntergekommenen Häusern, im Reservat, in einem Blockhaus und in der Wildnis gelebt. Kanada zeigte sich mir während dieser Zeit oftmals nicht so, wie man es aus den Medien kennt. Als ich im Jahr 1997 hierherzog, hatte man von Recycling keine Ahnung, und Umweltschutz spielte nur eine untergeordnete Rolle. Von Einkaufsbeuteln aus Stoff hatte noch niemand gehört, und der örtliche Bioladen bestritt seine Existenz hauptsächlich aus dem Verkauf von Vitaminpillen. Hochwertige Lebensmittel waren teuer und oft nur in den Großstädten zu haben.

Tatsache ist, dass die Eroberer das Land ausbeuten, seit sie erstmals einen Fuß auf diesen Kontinent gesetzt haben. Die Wälder wurden abgeholzt, und das Holz wurde in alle Welt verschifft, die Tiere wurden getötet, um ihre Felle zu verkaufen oder einfach nur, um den Indianern ihre Lebensgrundlage zu entreißen. Die Erde wurde aufgerissen und in eine tote Mondlandschaft verwandelt, nur um darin nach Edelmetallen und Erdöl zu wühlen – und die Flüsse wurden verseucht. Daran hat sich bis heute leider nicht viel geändert.

Doch ich möchte betonen, dass ich in Kanada natürlich in erster Linie viel Schönes erlebt und wunderbare Menschen kennengelernt habe, wie etwa Rosaleen und die Mutter von Davids Cousin Fred, die aus der Ukraine stammt, in den Vierzigern einen Indianer heiratete und später das erste von der Regierung anerkannte weibliche Stammesoberhaupt in Kanada wurde. Viele andere Menschen – zu viele, um sie hier einzeln aufzuführen – und vor allem die zahlreichen spirituellen Begegnungen mit Tieren und Geistwesen inspirierten mich dazu, höhere Werte anzustreben. Dies versuche ich in meinen Büchern weiterzugeben.

Das Schreiben ist ein wichtiger Teil meines Lebens geworden, und ich wünsche mir, dass ich mit meiner Arbeit niemanden enttäusche, der sein Vertrauen in mich gesetzt hat. Für mich bedeutet das in erster Linie, dass diejenigen, deren Kultur ich vertrete, mit meinen Werken zufrieden sind. Darum ist es mir sehr wichtig, dass jedes meiner Bücher die Zustimmung der Ältesten findet und von ihnen abgesegnet wird. Vom Ältestenrat hängt es auch ab, welche Zeremonien ich in meinen Büchern erwähne und in welchem Ausmaß ich von ihnen berichte. Zu oft wurde in den vergangenen Jahrhunderten das alte Wissen missbraucht, und daher wird von seriösen Medizinmännern und -frauen Detailwissen um die Zeremonien heute nur noch bedingt preisgegeben.

Mit dem Einverständnis der Ältesten habe ich für den deutschen Markt auch den Begriff »Indianer« gewählt. »Indian« ist in Nordamerika, ebenso wie »Squaw«, ein schlimmes Schimpfwort, sobald es von einem »Nicht-Indianer« benutzt wird. Der geläufige Ausdruck in Kanada ist heutzutage *First Nations* und in den USA *Native American.* Ich habe jedoch die Erfahrung gemacht, dass diese Begriffe in Deutschland weitgehend unbekannt sind und dadurch oft Verwirrung entsteht. Auch hat der deutsche Begriff »Indianer« durch die Werke von Karl May und anderen einen durchweg positiven Anklang, und so habe ich gemeinsam mit den Ältesten beschlossen, der Einfachheit halber in meinen deutschen Büchern bei dieser Bezeichnung zu bleiben.

Inzwischen fühle ich mich auch als Kämpferin für die spirituellen Seiten des Lebens. In einer Welt wie unserer heutigen, in der sich so vieles in großem Tempo und nicht unbedingt zum Besten verändert, müssen wir uns wieder auf das Wesentliche besinnen, wenn wir einen Ausweg aus dem Desaster finden wollen. Ich schreibe also, um das kleine bisschen an

Wesentlichem, das ich gefunden habe, mit anderen zu teilen. Spirituelle Wurzeln finden sich überall auf der Welt, in allen Kulturen, auch in den europäischen. Man muss nicht immer woanders nach dem Schlüssel zu seinen Problemen suchen, nur in seinem eigenen Herzen. Aber zu erkennen, dass es so nicht weitergeht, und dann tatsächlich etwas in seinem Leben zu verändern, das erfordert großen Mut. Und es ist auch dieser Mut, den ich in meinen Büchern vermitteln möchte und den man zwischen den Zeilen vielleicht herauslesen kann, wenn man mit dem Herzen liest.

Die Vorstellungskraft ist eine wunderbare Gabe, aber wie alles kann auch sie für gute und böse Taten genutzt werden. Die Verantwortung dafür liegt allein bei demjenigen, der seine Vorstellungskraft einsetzt. Solange man seine Phantasien für sich behält, ist das auch alles in Ordnung. Aber sobald man beginnt, die eigene Vorstellungskraft dazu zu nutzen, Geschichten aufzuschreiben und sie mit anderen zu teilen, wächst diese Verantwortung meiner Meinung nach um ein Vielfaches, denn man inspiriert mit seinen Worten diejenigen, die sie in sich aufnehmen, und wird so zur Leitfigur.

Doch wie ist es überhaupt dazu gekommen, dass meine Bücher veröffentlicht wurden, dass ich – wenn auch in kleinem Rahmen – zu einer dieser Leitfiguren werden durfte? Als ich mit dem Schreiben meines ersten Romans begann, hatte ich nicht die geringste Ahnung, dass er eines Tages veröffentlicht werden würde. Zu dem Zeitpunkt befand ich mich noch in der Phase, wo ich Erlebtes einfach aufarbeiten und einige Aspekte und Gedanken der indianischen Kultur für meine Kinder festhalten wollte. Haley war gerade ein halbes Jahr alt, als ich zum ersten Mal den Stift in die Hand nahm, um an einem Manuskript zu arbeiten, und wie die meisten jungen Mütter blieb mir nicht viel Zeit für meine Muse. In der Tat dauerte es fünf Jahre, bis zu dem Winter, den wir in Nova Scotia verbracht haben, bis ich die Arbeit an dem Roman beendete. Ich schickte das Manuskript an einige Verlage, bekam jedoch viele Absagen. Ein großer Verlag bot mir einen Vertrag an, wenn ich bereit wäre, das Buch umzuschreiben. Einige ringen vielleicht jetzt die Hände, dass ich mir so eine Gelegenheit durch die Finger habe gleiten lassen, aber ich habe das Angebot damals abgelehnt. Schließlich fand sich ein kleiner Verlag, aber es dauerte trotzdem noch fast drei Jahre, bis mein erstes Buch erschien. Es war ein unglaublicher Moment für mich, ich habe mich so darüber gefreut. Es war, als hielte ich ein neues Baby.

Mittlerweile hatte ich während der Schwangerschaft mit Mara ein zweites Manuskript fertig gestellt. Doch der erste Verlag hatte, da er sehr klein war, erhebliche Probleme mit dem Marketing, und ich beschloss, mich nach einem neuen Verlag umzusehen. Das ist von Kanada aus und ohne eine richtige Telefon- oder Internetverbindung keineswegs einfach. Daher freute ich mich riesig, als mir das Museum für Völkerkunde in Hamburg bei unserem Aufenthalt im Winter 2008/2009 anbot, mein neues Manuskript im Rahmen einer neuen hauseigenen Buchreihe herauszubringen, und schon bald hielt ich mein zweites Buch in den Händen.

Aber der Aufenthalt in Deutschland hat für meine und auch die Bücher meines Mannes noch andere Möglichkeiten mit sich gebracht, die sich sonst nie hätten ergeben können. Durch unsere Anwesenheit im Museum wurden einige Journalisten und Fernsehreporter auf unsere Geschichte aufmerksam. David war einige Male im regionalen Fernsehen eingeladen, und eine Reihe von Frauenzeitschriften brachte lange Artikel über unser Leben in der Wildnis. Ich hatte damals keinen Schimmer von der Buch- oder Fernsehindustrie, und so fragte ich eine der Journalistinnen geradeheraus, ob sie nicht jemanden kenne, der »aus Büchern Filme mache«. Die Journalistin sagte mir, dass sie sich mit so jemandem das Büro teile, und nahm sich Exemplare meiner Bücher mit. Monatelang hörte ich nichts. Wir waren lange wieder zurück in Kanada, und ich hatte die Sache schon fast vergessen, da erreichte mich eines Tages eine E-Mail von einer Medienagentur. Sie hätten meine Bücher von ihrer Schwestergesellschaft in Hamburg erhalten und würden sie gern größeren Verlagen anbieten. Ich war absolut sprachlos und musste die Mail einige Male lesen, um wirklich zu glauben, was da vor sich ging! Dieses Ereignis bestätigte mich wieder einmal in meinen Glauben, dass es keine Zufälle im Leben gibt.

Heute darf ich auf fünf veröffentlichte Romane und eine Kinderbuchserie zurückblicken und mein Mann auf eine Reihe eigener Bücher. Wir können keinesfalls vom Schreiben leben, aber darauf kommt es uns auch gar nicht an.

Der indianische Weg ist es, zu beobachten und abzuwarten. Diese Lebenseinstellung hat mich die letzten zwanzig Jahre beeinflusst und geformt und mich zu dem gemacht, was ich heute bin. Sie hat mich nie enttäuscht, und deshalb habe ich auch jetzt keine Bedenken, den Stimmen der Ahnen und Geistwesen zu folgen. Sie befürworten unsere Arbeit und sind sehr zufrieden mit ihr. Das ist für mich wertvoller als jede finanzielle Entlohnung.

Natürlich verspüre auch ich manchmal Wut. Niemand ist dagegen gefeit. Wut über all die Ungerechtigkeiten der Welt, Wut darüber, dass wir nach all der Arbeit noch immer jeden Cent umdrehen müssen. In solchen Momenten fühle ich mich einfach nur ausgelaugt. Warum schufte ich mich eigentlich so ab? Warum bleibe ich bis spät in die Nacht auf und schreibe an diesen Büchern? Ich kann die Welt ja doch nicht ändern.

Doch dann wurde mir ein Traum gesandt, der mich meinen inneren Frieden hat finden lassen. In dem Traum wurde ich von einer großen Versammlung von Ältesten und Häuptlingen aus alten Tagen empfangen, die alle erdenklichen Stämme vertraten. Auch Rosaleen war unter ihnen. Die Altehrwürdigen trugen ihre besten Kleider, geschmückt mit den Symbolen und Farben ihrer Stämme. Dies bedeutete, dass mir als Gast höchster Respekt entgegengebracht wurde. Erstaunt, gleichzeitig jedoch gespannt zu erfahren, was der Anlass der Einladung war, wartete ich darauf, dass die Versammelten zu sprechen begannen. Schließlich trat einer der Häuptlinge vor. Er war sehr alt und seine Augen blickten weise. In seinen Händen hielt er meine Bücher.

»Ich spreche für alle hier anwesenden Häuptlinge und Ältesten«, sagte er mit lauter, klangvoller Stimme. »Sanna Seven Deers, du folgst unseren Worten und Wünschen und arbeitest unermüdlich daran, sie an andere weiterzugeben. Du erledigst die Arbeit, die wir dir aufgetragen haben, ausgezeichnet. Du bist nun eine von uns, und wir sind stolz auf dich.«

Als ich kurz darauf aus dem Traum erwachte, war meine Wut verschwunden, und zum ersten Mal seit langer Zeit fühlte ich tiefste, vollkommenste Zufriedenheit. Niemand kann es mit der gesamten Welt aufnehmen. Wichtig ist nur, dass man sein Bestes tut, um die Aufgabe zu erfüllen, die das Leben für einen vorgesehen hat.

Eine unerwartete Biegung im Weg

Für viele Menschen wäre es eine wahre Sensation, wenn ihnen beim Wandern ein Grizzly begegnen würde, der auf einer Waldlichtung in der Sonne sitzt, oder wenn sie morgens beim Aufwachen einen Elch im Garten umherlaufen sähen. Für uns sind solche Dinge längst nichts Außergewöhnliches mehr. Trotzdem empfinden wir es noch immer als etwas ganz Besonderes, dass wir die Natur jeden Tag unmittelbar erleben dürfen.

So erging es mir auch an jenem Tag im letzten Sommer, wenige Wochen vor dem Erscheinen eines meiner Romane, als ich frühmorgens in meinen Gemüsegarten wanderte, um die Beete zu wässern, bevor es zu heiß wurde. Gedankenversunken schlenderte ich vom Haus zum Garten und dachte darüber nach, was für ein Glückspilz ich doch war. Ich hatte einen lieben Mann, vier wunderbare Kinder, und wir befanden uns alle bei bester Gesundheit. Zudem lebten wir in einem Paradies, wo wir sogar in den Genuss kamen, uns die Haare mit Quellwasser zu waschen.

Die ersten Strahlen der Morgensonne tauchten den Wald und die umliegenden Berge in ein fantastisches Wechselspiel aus goldenem Licht und blaugrauen Schatten. Irgendwo zwitscherte ein Rotkehlchen, und ein leichter Wind wehte durch die große Kiefer vor dem Haus. Sonst war alles still. Die Luft war erfüllt von dem Duft von Tannennadeln und taunassem Gras. In diesem Moment hätte mich keine noch so schreckliche oder unangenehme Erfahrung in Kanada dazu bewegen können, mich nach einem Leben in Deutschland zurückzusehnen. Nicht einmal nach einer Stadt, nicht einmal nach einer Kleinstadt. Ich gehörte genau hierher, in die Wildnis.

Das Leben in der Wildnis ist wie der Wind: mal sanft und ruhig – und gleich darauf wieder wild und stürmisch. Aber immer ungezähmt und frei. Der Rhythmus der Natur geht einem mit der Zeit unweigerlich in Fleisch und Blut über und verändert einen. Er macht gelassener, weiser, offener, schärft das Bewusstsein. Die Gesetze der Natur sind klar, unverblümt und hart – aber nie hinterhältig, nachtragend oder verräterisch. Die Natur ist fair, und so mag ich es.

Auf bestimmte Weise bin ich selbst so geworden wie die Natur, wir alle sind so geworden, unsere ganze Familie. Und diese Klarheit erwarten wir mittlerweile auch von anderen. Aber das klappt in der modernen Gesellschaft oftmals nicht ganz reibungslos.

Ein verwirrender Gedanke packte mich, und ich blieb stehen. Vielleicht konnte ich, die in der Großstadt aufgewachsen war, mittlerweile gar nicht mehr unter Menschen leben. Vielleicht waren wir alle zu Einsiedlern geworden.

Ich zuckte mit den Schultern und ging weiter. Und wenn schon, wir wollten unser Heim ja auch gar nicht verlassen. Wir waren glücklich, wo wir waren.

Oft sind es nur wenige Sekunden, die ein ganzes Leben auf den Kopf stellen. So erschien es mir jedenfalls an jenem Morgen, als ich zufrieden mit mir und meinem Leben im Gemüsegarten ankam. Ich nahm den Gartenschlauch auf und stellte das Wasser an.

Plötzlich nahm ich aus dem Augenwinkel eine schnelle Bewegung, einen Schatten wahr. Ein erster Impuls sagte mir, dass es sich um einen großen Vogel handelte, doch als ich genauer hinsah, war der Schatten verschwunden.

Vorsichtig ging ich zu der Stelle hinüber, an der ich die Bewegung gesehen hatte. Ein lautes Flattergeräusch ließ mich schließlich innehalten. Noch immer war nichts zu sehen.

Einen Moment lang zögerte ich. Die Stunden der Morgen- und Abenddämmerung gehören den Geistwesen, also stammt oft das, was einem zu diesen Tageszeiten begegnet, aus einer anderen Welt.

Doch nun wurde auch unsere Katze aufmerksam. Zielstrebig lief sie auf den Komposthaufen zu, der sich direkt am Zaun befand.

Erneut ertönte das seltsame Flattergeräusch. Dann war plötzlich für den Bruchteil einer Sekunde ein Vogel zwischen Zaun und Kompost zu sehen.

»Eine Eule«, schoss es mir durch den Kopf. Instinktiv griff ich nach der Katze. Eulen sind magische, kraftvolle Wesen. Die Katze durfte ihr kein Leid antun.

Die Eule flatterte erneut auf, und ich trat näher. Es stand nun für mich fest, dass das Tier sich verletzt haben musste. Und richtig: Als ich sie erreichte, sah ich, dass der eine Flügel der Eule schlaff an ihrer Seite hing. Das Tier brauchte Hilfe!

Vor Aufregung vergaß ich – wie es in der indianischen Kultur aus Respekt üblich gewesen wäre –, die Eule zu fragen: »Was kann ich für dich tun?« Stattdessen rief ich laut nach David, denn mit der Katze auf dem Arm hatte ich keine Chance, die Eule aufzugreifen.

David erschien kurz darauf im Garten, gefolgt von den Kindern. Gemeinsam gelang es uns, die Eule zu fangen.

Das Tier war noch jung und sichtlich erschöpft. Sobald David es gefasst hatte, ließ es sich ohne Gegenwehr auf Davids Arm setzen und sah uns von dort aus seinen großen gelben Augen an. Und was für Augen: In ihnen schien sich das gesamte Universum widerzuspiegeln, sie blickten tief in meine Seele. So viel Weisheit lag in ihnen, so viel Stärke, so viel Voraussicht. Der Blick in die Augen der Eule jagte mir Schauer über den Rücken, und heute noch verursacht mir der Gedanke daran eine Gänsehaut.

David untersuchte den Flügel des Tieres. Er schien nicht gebrochen, wohl aber verstaucht zu sein. Auch kam uns die Eule recht benommen vor. Wir setzten sie in einen großen Käfig, in dem wir normalerweise unseren Boxermischling transportieren, und rückten den Käfig in den Halbschatten. Wir hofften, dass die Eule sich so weit erholen würde, dass wir sie schon bald wieder in die Freiheit entlassen konnten.

Wir alle standen in einigem Abstand um den Käfig und blickten die Eule, die regungslos dasaß und unsere Blicke ohne zu blinzeln erwiderte, ehrfurchtsvoll an.

»Es ist ein Virginia-Uhu, nicht wahr?«, fragte ich leise. Ich betrachtete beeindruckt das braungraue Gefieder des Tieres und die üppigen Federbüschel an seinem Kopf, die den Anschein vermittelten, es handle sich um bauschige Ohren.

David nickte.

Wieder lief mir ein Schauer über den Rücken. Über gerade diese Art Eule berichte ich in meinem Roman »Auf den Schwingen der Sterneneule« und hatte mich daher eingehend mit ihr beschäftigt, nicht nur, was ihr äußeres Erscheinungsbild anbelangt, sondern insbesondere auch mit ihren spirituellen Fähigkeiten.

Bei vielen indianischen Stämmen wird die Eule als Todesbote gefürchtet. Bei anderen wiederum – und dazu gehören auch die Coast Salish – gilt sie als Verkünderin großer Veränderungen. Eulen wird ein sechster Sinn zugesprochen, eine paranormale Wahrnehmungsfähigkeit und sowohl die Gabe, in die Zukunft sehen zu können, als auch zur richtigen Zeit am richtigen Ort zu sein.

»Was bringst du uns?«, flüsterte ich ehrfürchtig. Aber ich kannte die Antwort, noch ehe ich das letzte Wort ausgesprochen hatte.

»Ich bringe euch Veränderung – eine große Veränderung«, vermittelte mir die Eule mit ihrem Blick, und mir stockte der Atem. Benommen trat ich einen Schritt zurück. Ich konnte sehen, dass es David und den Kindern ähnlich erging. Ein dicker Kloß setzte sich in meinem Hals fest. Schweigend kehrten wir ins Haus zurück.

Die junge Eule erholte sich glücklicherweise und konnte bereits am nächsten Tag in die Freiheit zurückkehren, wir aber sprachen noch lange über ihren unerwarteten Besuch und was er wohl zu bedeuten hätte. Die Begegnung brannte sich für immer in unsere Herzen ein und begleitet uns nun jeden Tag, genauso wie die angekündigte Veränderung seither wie eine ahnungsvolle Wolke über uns schwebt.

Das Auftauchen und die Botschaft der Eule verängstigten uns dennoch nicht. Veränderung ist gut, denn sie macht das Leben erst lebenswert – wenn man sie richtig annimmt. Stagnation hingegen bedeutet Tod.

Für mich war dieses Erlebnis ein erneuter Anstoß dafür, das zu verwirklichen, wovon ich in meinen Büchern schreibe: Folge stets deinem Herzen, und sei offen für die Stimmen und Zeichen der Geistwesen.

Manche Leser sind enttäuscht, dass ich in meinen Büchern nicht detailliert die »indianische Magie« beschreibe oder geheime Zeremonien preisgebe. In Wahrheit sind es die kleinen Dinge, wie zum Beispiel Gebete, in denen die wahre Kraft ruht. Und wie kann man als moderner Mensch nach einer langen, komplizierten Zeremonie verlangen, wenn man schon Probleme hat, die kleinen, einfachen Zeichen zu erkennen und zu deuten? Ich denke dabei auch an unsere Eule. Die meisten

Menschen hätten ihrem Besuch keine weitere Bedeutung zugeschrieben. Für uns hingegen war klar, dass etwas auf uns zukam, etwas, das wir uns nicht im Traum hätten ausmalen können.

Aber der Besuch der Eule war noch nicht alles. Ein paar Tage später, als David und ich abends bei Kerzenlicht gemeinsam am Küchentisch saßen und lasen, die Kinder schliefen schon, wurden wir durch ein lautes Bellen aufgeschreckt. David drückte mir eine große Taschenlampe in die Hand und griff nach seinem Gewehr. Für uns war das bereits Routine. Unser Hund bellte oft, weil er etwas witterte, doch meist handelte es sich dann doch nicht um eine direkte Bedrohung.

Wir traten gemeinsam hinaus in die dunkle Nacht. Aufmerksam leuchtete ich die Umgebung ab. Da fiel der Schein der Taschenlampe plötzlich auf einen riesigen Schwarzbären, der keine dreißig Meter von unserem Haus entfernt zwischen den Bäumen stand. Das Tier war alt, seine Schnauze grau.

David rief den Bären laut an. Doch dieser streckte, ohne sich um unsere Rufe oder das Bellen des Hundes zu kümmern, seine Pranken vor und schlug auf den Boden.

David feuerte einen Warnschuss ab, aber das Tier machte keine Anstalten zu verschwinden. Im Gegenteil. Es bewegte nun seinen Kopf langsam schwingend hin und her und federte mit den Vorderpranken einige Male auf dem Boden ab.

Erneut feuerte David. Der Bär rührte sich nicht, sondern blickte uns unverwandt an und schnaufte. Es war, als fordere er uns zum Kampf auf.

Der nächste Schuss traf den Bären direkt ins Herz, er sackte leblos zusammen. Ich schloss die Augen vor Schmerz. So ein majestätisches Tier. Warum war es nicht einfach davongelaufen? Warum war es so starrköpfig gewesen?

»Viele Menschen haben vergessen, welch große Kraft in der Darbringung eines Opfers liegt«, hörte ich David leise neben mir sagen.

Verwundert blickte ich mich zu ihm um und stellte erstaunt fest, dass sich unsere Kinder – von mir unbemerkt – auf der Veranda eingefunden hatten. Schweigend starrten sie auf den toten Bären, der im Licht der Taschenlampe fast surreal wirkte.

»Ein Opfer«, hatte David gesagt. Ja, der Bär hatte tatsächlich ein Opfer gebracht, ein enormes sogar. Er hatte sein Leben gegeben. Doch für wen oder was? Das würde sich uns – wie so oft im Leben – erst viel später zeigen.

Ein seltsames Gefühl überkam mich. Erst die Eule und nun der Bär. Es musste wirklich eine enorme Veränderung auf uns zukommen; eine Veränderung, so groß, dass sie beinahe unsere Vorstellungskraft sprengen würde. Wie aus der Ferne hörte ich eine Stimme flüstern: »Dies sind die letzten goldenen Tage in eurem Paradies.«

Bei diesen Worten machte mein Herz vor Schreck einen Sprung, und meine Augen füllten sich mit Tränen. Doch ich riss mich zusammen. Es bringt nichts, sich über Dinge aufzuregen, die man nicht ändern kann. Und niemand kann sich dagegen wehren, was das Leben für ihn bereithält. Deshalb ist es so wichtig, im Hier und Jetzt zu leben und jeden Tag, der einem geschenkt wird, sinnvoll zu nutzen. Ich möchte unser Paradies in der Wildnis nie verlassen, aber wenn ich es doch tun muss, dann wenigstens mit der Gewissheit, dass ich jeden Tag so gut ich nur konnte ausgeschöpft habe. Hier in der Wildnis habe ich die Freiheit erfahren, die Frau zu werden, die ich immer sein wollte. Und hier in der Wildnis durften unsere Kinder eine unbeschwerte Kindheit erleben. Die Erinnerung daran kann uns niemand nehmen, und wir werden jeden einzelnen Tag auf der Ranch für immer in unseren Herzen tragen.

Es sind oft nur wenige Sekunden, die ein Leben verändern. Sekunden, die David und mich zusammenbrachten, Sekunden, die mich nach Kanada führten und uns sogar für eine Weile bis nach Nova Scotia verschlugen. Unser Leben ist voller bedeutungsvoller Sekunden, die alles verändern. So nun auch die Begegnung mit der Eule und dem Bären. Was sie uns bringen werden, können wir im Augenblick nur ahnen. Aber was immer es auch sein mag, es ist ein Geschenk, eine Bereicherung. Nichts in diesem Leben wird einem auferlegt, das man nicht auch bewältigen kann. Und wenn die Veränderung, die die Eule uns gebracht hat, bedeutet, dass wir unser Wildnis-Paradies verlassen müssen, dann werden wir das auch schaffen, selbst wenn es im Augenblick unmöglich erscheint. Die Kraft des getöteten Bären ruht nun in uns, und wir nehmen sein Opfer dankbar und demütig an. Die Lebensweisheiten, die wir alle, insbesondere ich, in der Wildnis gelernt haben, werden wir nie vergessen.

»Reichtum ist nicht, was wir an materiellen Dingen anhäufen, sondern wie viel wir an andere abgeben. Realität ist nicht, was wir mit unserem Verstand wahrnehmen, sondern was wir sehen, wenn wir die Welt mit unserem inneren Auge betrachten. Sich selbst zu finden heißt nicht, alle Brücken abzubrechen, sondern ins Gleichgewicht mit sich und seinem Umfeld zu kommen. Respekt gebührt den Ahnen und Geistwesen.« Diese weisen Worte bringt der Wind mit sich, wenn er den Berghang hinabweht, über unser Haus streift und das liebkost, was mir meine Kraft gibt und das Allerwertvollste in meinem Leben ist: meine Familie. Und diese umfasst nicht nur David und meine Kinder, sondern alle Lebewesen unserer Welt und der Welt der Ahnen.

Nachwort

Es ist kaum fassbar, wie die Zeit fliegt. Gerade haben David und ich unser zwanzigstes Jubiläum gefeiert. So vieles ist in dieser Zeit geschehen, so vieles hat uns bereichert und verändert, dass es uns manchmal fast unwirklich erscheint. Aber es gibt Beweise für die Ereignisse der vergangenen Jahre. Nicht nur unsere Ranch Shaheylah, die uns jeden Tag vor Augen führt, was wir mit unseren eigenen Händen geschaffen haben, oder unsere Bücher, die als stille Zeugen auf dem Bücherregal im Schlafzimmer stehen.

Es sind vor allem unsere Kinder, die uns zeigen, dass wir die letzten beiden Jahrzehnte mit sinnvollen Aufgaben gefüllt und den für uns richtigen Weg gefunden haben. Haley, die im Sommer siebzehn Jahre alt wird, ist zu einer hübschen, klugen und umsichtigen jungen Frau herangewachsen. Der Heimunterricht hat mit ihr so toll geklappt, dass sie eine Klasse überspringen durfte und nun per Fernschule an den letzten Kursen für ihren Highschool-Abschluss arbeitet. Für den kommenden Herbst haben wir sie auf dem College angemeldet. Sam, nun fast fünfzehn, überragt David bereits und arbeitet auf der Ranch mit ihm Seite an Seite. Der zwölfjährige Isaac steht ihm nicht viel nach. Die Flexibilität des Heimunterrichts ermöglicht es den beiden, schon jetzt Kurse in Berufsrichtungen zu belegen, die sie interessieren, und sich in Eigenständigkeit und Verantwortung zu üben. Und die knapp achtjährige Mara profitiert, wie alle jüngsten Sprosse einer Familie, von den Erfahrungen ihrer Geschwister. Besonders freue ich mich jedoch über den freundschaftlichen Umgang in unserer Familie. Mein Mann und meine Kinder sind meine besten Freunde.

Macht es mir zu schaffen, dass die letzten zwanzig Jahre so schnell vergangen sind? Kaum. Immer wenn ich in dieser Hinsicht einmal wehmütig werde, halte ich mir zwei Dinge vor Augen: Niemand lebt für immer, also müssen wir die Zeit, die uns vom Schicksal gegeben wurde, so gut es geht zum Besten für alle nutzen. Und irgendwo habe ich mal diesen Satz gelesen: »Die Jahre, die ein Mensch gelebt hat, sind nie verloren, sondern werden zu den Leben der Jüngeren hinzugegeben.« Wenn ich also durch meine Erfahrungen und mit meinem Wissensschatz nicht nur die Leben meiner eigenen Kinder bereichern konnte, sondern vielleicht auch ein wenig die meiner Leser, dann war kein Jahr verloren. Andere Wesen, wie die Eule und der Bär, opfern ihr Leben für uns Menschen und unsere Mutter Erde. Da dürfen wir gern etwas zurückgeben.

Wenn ich meinen Kindern nur einen Satz mitgeben könnte, dann wäre es bestimmt dieser: »Lauscht den Stimmen der Geistwesen und folgt eurem Herzen.«

Was wir für die nächsten zwanzig Jahre geplant haben? Nichts! Wir lieben Kanada und unsere Ranch, aber man darf sich nicht selbst die Zukunft blockieren. Vielleicht ziehen wir übermorgen auf eine Südseeinsel oder auf eine Olivenplantage. Wir nehmen jeden Tag, wie er sich uns bietet, und gehen, wohin das Flüstern der Ahnen uns verschlägt.

Danksagung

ein größter Dank gilt David sowie Haley, Sam, Isaac und Mara, die mich bei all meinen Vorhaben so großartig ermutigen und immer Verständnis aufbringen, wenn ich mal wieder bis lange in die Nacht gearbeitet habe und am Morgen entsprechend verschlafen bin. Ohne euch würde ich meine Arbeit nicht schaffen, ohne euch würde mir die Inspiration fehlen – und ohne eure Liebe könnte es mich gar nicht geben!

Ein ganz großes Dankeschön geht außerdem an meine Eltern, die uns all die Jahre über so lieb unterstützt haben. Ich danke euch für euer Verständnis, eure Liebe und die unzähligen Pakete, die ihr uns aus Deutschland geschickt habt.

Meiner Oma Ulla danke ich für ihre Begeisterung für große Familien und ihre Liebe für das Unterrichten. Beides hat augenscheinlich auf mich abgefärbt!

Oma Ursel danke ich fürs Zuhören und für ihre uneingeschränkte Liebe.

Rosaleen danke ich von Herzen für das Vertrauen, das sie in mich gesetzt hat, ihre wundervollen Geschichten und vor allem für ihre weisen Ratschläge.

Und bei allen anderen Menschen, nicht nur bei denen, die ich in Kanada kennengelernt habe – sondern auch all jenen, die mich noch aus Deutschland kennen und die mir über die Jahre hinweg geholfen, die mich inspiriert und mir als Vorbild gedient haben –, möchte ich mich ganz herzlich bedanken. Es sind zu viele, um sie hier vollständig aufzuzählen. Ihr wisst, wer ihr seid. Ich habe euch nicht vergessen.

Mein Dank gilt auch all denen, die mir Steine in den Weg gelegt haben, den Zweiflern und denen, die mir nichts Gutes gewünscht haben. Ihr habt mich dazu gedrängt, Entscheidungen zu treffen, die Hürden zu überwinden und einen positiven Ausgang zu erstreben, und habt mich dadurch am Ende stärker gemacht.

Und schließlich gilt es noch, den Geistwesen zu danken und der schöpferischen Kraft, die unser aller Leben in den Händen hält. Hei Chicka, danke für alles.